U0606033

华中科技大学文科"双一流"经费资助项目
（2023WKFZZX105）成果

2024年湖北思想库学术创新项目(HBSXK2024002）成果

华中科技大学筑牢中华民族共同体意识研究专项
（2021ZLXJ007）成果

乡村振兴背景下
村支书群体能力提升研究

XIANGCUN ZHENXING BEIJING XIA
CUNZHISHU QUNTI NENGLI TISHENG YANJIU

岳奎 著

人民出版社

目　录

前　　言

　　在一般意义上,现代化是由传统农业社会向现代工业社会转变的过程。中国式现代化也不例外。美国著名学者亨廷顿在对后发现代化国家考察中,提出了"现代性孕育着稳定,现代化滋生着动乱"①的命题,这是对现代化带来社会结构深刻变动、利益格局深刻调整和思想观念深刻变化,从而引起的社会矛盾和不稳定的概括。然而,中国作为传统的农业大国,却在现代化进程中创造了经济高速增长和社会高度稳定的世界奇迹,呈现出既充满活力又拥有良好秩序的显著特点,实现了对"亨廷顿"命题的超越。党的二十大报告给予中国式现代化以明确定性,指出"中国式现代化,是中国共产党领导的社会主义现代化,既有各国现代化的共同特征,更有基于自己国情的中国特色"②。"双高"奇迹的创造离不开坚持中国共产党的领导这一

---

　　①　[美]塞缪尔·P.亨廷顿:《变化社会中的政治秩序》,生活·读书·新知三联书店 1989 年版,第 41 页。

　　②　习近平:《高举中国特色社会主义伟大旗帜　为全面建设社会主义现代化国家而团结奋斗——在中国共产党第二十次全国代表大会上的报告》,人民出版社 2022 年版,第 22 页。

本质特征,更是通过具有使命型、先进性的中国共产党进入国家和社会之中,通过自身的政治优势、组织优势动员和组织群众创造出来的。党的二十届三中全会提出,城乡融合发展是中国式现代化的必然要求。必须统筹新型工业化、新型城镇化和乡村全面振兴,全面提高城乡规划、建设、治理融合水平,促进城乡要素平等交换、双向流动、缩小城乡差别,促进城乡共同繁荣发展。①

在中国式现代化的"拼图"中,相对城市的发展而言,农村始终是短板和弱项。经过 40 多年改革开放的发展,尤其是党的十八大以来的艰辛努力,党团结带领全国各族人民完成了消除绝对贫困的艰巨任务,进入了全面推进乡村振兴的新阶段。作为实现中华民族伟大复兴的一项重大且艰巨任务,全面实施乡村振兴战略的深度、广度、难度都不亚于脱贫攻坚。要做好这一工作,首要的在于坚持党对农村工作的全面领导,确保党在农村工作中总揽全局、协调各方,保证农村改革发展沿着正确的方向前进。乡镇党的委员会和村党组织(村指行政村)是党在农村的基层组织,是党在农村全部工作和战斗力的基础,全面领导乡镇、村的各类组织和各项工作。村支书(指农村党支部书记,本书统一用"村支书""村支部书记")作为村域乡村振兴工作第一责任人,也是党对农村工作全面领导的"落地者",责任无比重大、使命无上光荣、能力至关重要。要把农村基层党组织建设成为宣传党的主张、贯彻党的决定、领导基层治理、团结动员群众、推动改革发展的坚强战斗堡垒,都离不开村支书各项能力的发挥。

---

① 《中共中央关于进一步全面深化改革　推进中国式现代化的决定》,人民出版社 2024 年版,第 22 页。

一个关键的问题是:村支书能力是如何在农村基层治理中呈现的? 这个问题的答案不是在理论上能够完全说清楚的。要回答好它,我们需要从村支书治村的实践中去观察。本书紧扣"能力"这一核心要素,从村支书治村所涉及的上、下、内、外和自我五个维度出发,围绕讲政治、求稳定、寻发展、促团结和合时代的内在要求,结合大量的访谈调查建构了村支书五个方面的十大能力,即政策领悟能力、政治执行能力、联系群众能力、应急处突能力、链接资源能力、带动致富能力、组织建设能力、引导决策能力、自我提升能力和自我调适能力。同时,我们还选取了实地访谈调查中的14位村支书作为分析样本,围绕能力如何建设、能力如何发挥,能力建设中的难点、能力发挥中的堵点等进行了全方位考察,充分展现了不同村支书的能力变迁历程、组合特点及变化动力。

本书的主要结论包括:

第一,村支书的能力体系是一种榕树型的能力网络体系。村支书是农村基层治理的"中枢",上承国家政策和各级政府任务要求,是党和国家方针政策在农村落地的具体执行人;下接村庄的所有居民,是推动乡村社会实现有效治理的主导者;外部要面向市场等广阔资源,是实现村庄共同富裕的带路人;内部要做好班子的组织团结工作,是农村基层党组织高质量建设的推动者。每一个层面上的能力都不可或缺,但又有所区别,它们通过集中于村支书自我成长能力之上而彼此密切相关、紧密联系,形成能力网络。分析村支书某一方面的能力并不能完整解释村支书的治村实践,村支书本身在实践中搭建了一套复杂有序的能力体系,我们将其称之为榕树型的能力体系。

第二,村支书的能力呈现具有典型的非均衡性特点。这一非均衡性特点与每位村支书的能力基础和面对的结构环境密切相关。自改革开放以来,村支书的治理能力和发展能力的显示度呈现明显递升趋势,也最为村支书自身所看重。但高显示度并不等于高重要性,而是村支书基于结构环境和自身基础所寻求的一种优势组合的产物。如何通过优势组合形成"优势主导"以推动村庄的有效治理和高质量发展,是重要的实践难题。本书的具体能力维度章节充分展现了这一点,实践探索的先行需要理论上的进一步深化,而这不是一般的理论想象所能够完成的。

当前,我国已经进入以中国式现代化全面推进中华民族伟大复兴的新征程,面对新的时代任务,面对新征程上"最艰巨最繁重的任务仍然在农村"的现实,我们仍需高度重视村支书的能力建设。本书立足于村支书能力体系的建构,但更重要的在于大量村支书能力发挥的生动事实。能力体系建构指引村支书行动的方向,而生动事实本身就是村支书的行动本身,也将引发读者生成比作者更有广度、更有深度和更有高度的思考。如果能达成此目的,那么本研究的工作就没有白费。

绪　　论

一、乡村振兴视域下的村支书

习近平总书记指出："农村政策千条万条,最终都得靠基层干部来落实。我国有几百万农村基层干部,常年风里来雨里去,同农民直接打交道,是推动农村发展、维护社会稳定的基本力量。"①在几百万农村基层干部中,村支书则处在最关键、最前沿的位置。《中共中央国务院关于实施乡村振兴战略的意见》指出："建立实施乡村振兴战略领导责任制,实行中央统筹省负总责市县抓落实的工作机制。党政一把手是第一责任人,五级书记抓乡村振兴。"②村党支部书记是五级书记中的最后一个层级,肩负的使命光荣,责任重大,是推进乡村振兴各项举措最直接的组织者、领导者和推动者。一个好的村支书既能引领一支队伍、建好一个村子,也能盘活一地资源、推动一方发

① 习近平:《论"三农"工作》,中央文献出版社 2022 年版,第 103 页。
② 中共中央党史和文献研究院:《十九大以来重要文献选编》上,中央文献出版社 2019 年版,第 179 页。

展。在乡村振兴和农业农村现代化的进程中发挥着至关重要的作用。

（一）村支书是党和国家方针政策在农村落地的执行者

习近平总书记指出："农村党支部在农村各项工作中居于领导核心地位"①。村支书作为农村党支部的"班长"，是党和国家各项政策在农村的具体执行者、操作者和推动者，扮演着"上接天线、下接地气"的重要作用。这就要求村支书能对政策有整体性认知和把握，同时也需要村支书在农村党员干部和群众中做大量细致的动员、宣传和组织工作，并通过这些工作把广大干部群众紧紧团结在基层党组织周围，共同为实现乡村振兴而努力奋斗。首先，村支书要提高对政策的领悟力，其自身必须提高政治站位，提升政治素养，能够将自己在乡村治理中所承担的使命和职责，放在政治的高度上去理解、认识和把握，要能够善于从政治上观察思考、深学细悟、吃透把准政策，始终把牢农村工作方向，把中央和地方各项政策措施理解好、把握好，才能够更好地应对新时代乡村振兴和发展的各项问题。其次，村支书不仅要自己走在前列，对中央和地方的政策文件一体学习、融会贯通，还要及时向党员同志和群众进行政策宣讲，真正让党和国家的惠农政策走进千家万户，惠及广大群众，真正让党和国家在农村的方针政策能够为群众所接受，使党的意志和主张转化为群众的自觉行动。如此，村支书才能更好地实现农村党员干部与群众思想统一，进而在调动他们积极性和创造性的过程中实现行动一致。如，贵州

---

① 习近平：《论"三农"工作》，中央文献出版社 2022 年版，第 102 页。

省遵义市播州区鸭溪镇金钟村党总支书记谭喜作为将党的二十大精神传递到千家万户,利用大喇叭这一群众"听得懂、乐意听、记得牢"的方式宣讲党的二十大精神,吸引了不少群众驻足倾听,村民们边除草边听喇叭里的宣讲。用通俗易懂的语言跟村民们讲政策、话发展,从大家最关心的身边事说起,慢慢引入到党的二十大精神上来,让党的二十大精神在村里深入人心、落地见效、开花结果。① 最后,村支书还要坚定不移地把党的好政策落到实处。这种落实需要村支书身先士卒、身体力行、以身作则,用自己的实际行动,发动党员跟着干,影响和带动群众一起干,才能避免"上热下冷""干部干、群众看"的尴尬境遇,才能使惠农的方针政策从外部要求转变为内在主动,进而保证乡村各项工作中沿着正确的政治方向前进,跟上党中央和上级党委对农村发展的要求。

(二) 村支书是推动乡村社会实现有效治理的主导者

"群雁高飞头雁领。"新时代的乡村治理,必须依靠坚强有力的村支书担好农村社会治理的主导者角色,才能推动乡村实现有效治理的目标。这就要求村支书要有扎根在群众之中、密切联系群众的工作能力,同时又能够协调好、处理好基层治理中的各种矛盾纠纷以及可能的风险,实现基层治理有序而又有活力。一方面,村支书是服务群众的"勤务员"。村支书处在联系群众、接触群众和服务群众的最前沿,最能够听到群众真实的声音,明白群众内心的想法,也最能

---

① 潘树涛:《田间响起大喇叭　收听方便受欢迎》,《贵州日报》2022 年 11 月 26 日。

够了解到上面难听到、难看到但群众最为关切的"大"问题。因此，村支书要时刻询问自己"我是谁"，思考自己"依靠谁"，铭记自己"为了谁"，要能够放下架子，走进群众，与广大群众站在一起、想在一起、干在一起、坐在一起，想群众之所想、急群众之所急、解群众之所难，真切为群众服好务、办好事、排好忧、解好难。只有这样，才能够与群众打成一片，感情才能够不断升温，才能够得到群众的拥护，村里的各项事务也才能够得到群众的大力支持。另一方面，村支书是基层矛盾的"调处员"。农村基层是广大农民群众生活的场域，伴随着乡村社会利益格局的深刻调整，许多矛盾纠纷纷纷涌现出来。面对潜在的、涌现的和可能的各种矛盾，村支书应紧紧围绕乡村政治、自治、法治、德治和智治，以政治为统领、自治为基础、法治为根本、德治为先导、智治为支撑，做到张弛有度、协同配合，打造乡村治理共同体。同时，要大力倡导并帮助村民养成文明的生活方式，使广大群众真正做到内化于心外化于行，"培育文明乡风、良好家风、淳朴民风，改善农民精神风貌，提高乡村社会文明程度，焕发乡村文明新气象"①，实现把矛盾化解在萌芽状态，把文明扎根到田间地头。如，霍邱县夏店镇砖佛寺村党支部书记、村委会主任金其华面对村里的矛盾纠纷，坚持"不调解成功决不罢休"，以法育人、以理服人、以情感人。这些年来，金其华调解的矛盾纠纷连他自己也数不清楚，全村1224 户人家，他调解过各类纠纷所涉及的家庭就有 700 多户，带领乡亲们共同建设了一个平稳有序、欣欣向荣的村庄。②

---

① 郇敏学、任晓华：《乡村振兴的文化之维》，《光明日报》2018 年 5 月 25 日。
② 班慧：《村里有个"倔"书记》，《安徽日报》2023 年 4 月 22 日。

（三）村支书是实现农村共同富裕的模范带头者

2021 年,习近平总书记在回信勉励云南省沧源县边境村的老支书们指出,"脱贫是迈向幸福生活的重要一步,我们要继续抓好乡村振兴、兴边富民,促进各族群众共同富裕,促进边疆繁荣稳定",勉励村支书"继续发挥模范带头作用,引领乡亲们永远听党话、跟党走"①。村支书作为推动乡村发展的重要推动者,是老百姓致富路上的带头人,要当仁不让做带领村民实现共同富裕的"领头羊"。一方面,村支书要把握发展方向,把路指准。村支书作为实现共同富裕的模范带头人,首要的是要把路选择准。村支书要善于抓住党和国家布局农业农村优先发展的机遇,想点子、找路子。如,党的二十大代表,陕西宝鸡的"养猪书记"张凌云,依托村里的合作社,探索供种、防疫、治污、技术指导"四统一"的养殖帮扶模式,先后带动 400 余户群众致富,户均增收 8000 多元,使槐北村成为远近闻名的富裕村。同时,还依托槐北村生猪养殖优势产业,形成了"党支部+龙头企业+合作社+农户"抱团发展模式,实现了村、企、社互利共赢。不难看出,村支书有经验、有思路、有能力让农村集体经济"动起来"、乡村振兴"活起来"。浙江省淳安县枫树岭镇下姜村党总支书记姜丽娟也是如此,紧扣强村富民目标,2019 年 6 月,下姜村联合周边 20 余个行政村,牵头成立"大下姜乡村振兴联合体",实行平台共建、资源共享、品牌共塑,携手邻村迈向共同富裕。2021 年,下姜村人均可

---

① 《引领乡亲们永远听党话跟党走　唱响新时代阿佤人民的幸福之歌》,《人民日报》2021 年 8 月 21 日。

支配收入达 46959 元,是 2001 年的 20 多倍。① 另一方面,村支书要汇聚发展资源,把路走实。村支书要根据所在乡村的实际情况,挖掘乡村发展潜力,要善于把乡村的各类要素有机整合,根据确定的发展方向,化资源为资本,"要使群众认识自己的利益,并且团结起来,为自己的利益而奋斗"②,推动乡村产业和项目的共兴共建、人才资源的共用共享,促进共同富裕。

(四)村支书是农村党组织高质量建设的推动者

农村党支部是党在农村最基层的组织,是"宣传党的主张、贯彻党的决定、领导基层治理、团结动员群众、推动改革发展的坚强战斗堡垒"③。高质量的农村基层党建是推动实现经济社会高质量发展的关键抓手,是乡村振兴的根本之策。④ 推动农村基层高质量党建,村支书责无旁贷。"要推动乡村组织振兴,打造千千万万个坚强的农村基层党组织,培养千千万万名优秀的农村基层党组织书记。"⑤ 一方面,村支书要带好队伍,当好"班长"。村支书作为农村党组织的"班长",要十分清楚这个岗位的关键性作用和决定性意义,搞好

---

① 窦皓:《浙江淳安下姜村携手邻村迈向共同富裕》,《人民日报》2022 年 10 月 12 日。

② 陈燕楠:《党的群众路线研究》,人民出版社 2014 年版,第 21 页。

③ 《习近平谈治国理政》第三卷,外文出版社 2020 年版,第 51 页。

④ 欧健:《乡村振兴视域中村支书的角色期望及培养机制建构》,《深圳大学学报(人文社会科学版)》2021 年第 2 期。

⑤ 陈锡文、罗丹、张征:《中国农村改革 40 年》,人民出版社 2018 年版,第 153 页。

班子的建设,带好队伍,用党关于农村的最新理论路线方针政策教育引导群众,帮助广大群众站稳政治立场、保持政治定力、坚定政治方向,将党员干部拧成一股绳,才能发出千钧力,促进班子成员在思想上、政治上、组织上、行动上保持一致,做到政治上互相信任,工作上相互配合,强化农村基层党组织"战斗堡垒"作用,增强农村党组织的凝聚力。例如,山东省三里沟村党支部书记郑晓东在中央一号文件发布后认真学习,以踏平坎坷成大道的闯劲、不破楼兰终不还的拼劲和咬定青山不放松的韧劲,抓党建、写心得、定制度,同党员一起带头学习和工作,增强村党支部的战斗堡垒作用和党员的先锋模范作用,抓三里沟村实业,提三里沟村风貌,展三里沟村生机。[①] 另一方面,村支书要选好用好人才,当好"伯乐"。人才资源是第一资源,是党的事业兴旺发达的关键支撑。村支书要鲜明树立新时代选人用人导向,竭力发掘优秀人才,注重培养后备人才,在乡村振兴事业中磨炼人才,确保把真正爱农村、爱农业、爱农民的优秀人才聚焦在基层党组织周围,使农村基层党组织充分发挥好在农村工作中的战斗堡垒作用。

二、村支书能力研究考察

(一)关于能力的相关研究

在研究村支书能力之前,必先得搞明白何谓能力。即先要对能

[①] 赵晓明、翟倩:《小村大事——优秀村支书的乡村振兴故事》,《中国社会报》2023 年 2 月 24 日。

力的概念进行界定,厘清能力的分类与结构,还需了解能力如何生成、如何培养。由于能力本身十分复杂且具有隐匿性,不是一种实实在在的有形物质,所以我们很难直接观其特征与规律。但学术界对于能力的研究视角多样、成果丰富,为丰富我们对其的认识奠定了坚实基础。

1. 关于能力的界定

国外学者对"能力"的认识不尽一致。美国社会心理学家戴维·麦克利兰(D.C.McClelland)从一手材料入手,直接发掘那些能真正影响工作业绩、提高组织效率和个人事业成功做出的实质性贡献的个人条件与行为特征称为能力(Competency)。① 杜波依斯(Dubois)认为,能力是为达到或超出预期的质量水平的工作输出所必需具备的个性特征,如动机、技能、社会角色、自我形象、所有的知识等。② 而在我国古代,"能力"一词就已经被多次引用。其最先出于《吕氏春秋·适威》:"民进则欲其赏,退则畏其罪;知其能力之不足也,则以为继矣!"其后,《史记·李斯列传》:"上幸尽其能力,乃得至今"也提到了该词。在《辞海》中,"能力"是指个人用来有效因应特定环境及情境的知识和技能③。在《汉典》中,"能力"则是指完成一项目标或者任务所体现出来的综合素质。尚风祥将能力定义为:

---

① McClelland."*Testing for Competency Rather Than Intelligence*",*Am Psychol*,1973.

② [美]杜波依斯:《基于胜任力的人力资源管理》,于广涛译,中国人民大学出版社2006年版。

③ 《辞海》,上海辞书出版社1980年版。

人顺利完成任务过程中直接起调节作用的个性心理特征。① 而根据刘晋伦的解释,能力指的是"顺利完成某种活动的本领",它是指人准确、快速、有意识地完成某种实践性或思维活动所必需的诸要因的组合。②

综上所述,"能力"是个体在现实行动中表现出来的获取物质资料、从事社会生活、驾驭某种活动的实际本领、能量和熟练水平,能够使人从外部世界中解放出来并且充分认识自身的内部世界,使人顺利完成某一活动并且认识世界和改造世界,是生产力的根本源泉,它包括体力、智力、道德力、审美能力、实践操作能力等一般能力,从事某种专业活动的特殊专业才能和为社会而奉献的创造能力。③ 从马克思主义的基本理论来看,能力是促进人和社会发展的根本力量。可见,其含义主要有两个方面:一方面为某人目前实际已经具备的解决各种问题的能力,另一方面为某人可经由后天学习或者刺激进而展现出来的解决问题的潜在能力。所以,能力也总是和人完成一定的实践联系在一起的,人在实践活动中表现出来的能力是不同的。离开了具体实践既不能表现人的能力,也不能发展人的能力。

2. 关于能力的结构与分类

其一,英国心理学家斯皮尔曼(C.E.Spearman)的"能力二因素说"。斯皮尔曼根据人们完成智力作业成绩时的相关程度提出能力由两种因素组成:一种是一般能力或一般因素(general factor),简称

---

① 尚凤祥:《现代教学价值体系论》,教育科学出版社 1996 年版,第 63 页。
② 刘晋伦:《能力与能力培养》,山东教育出版社 2001 年版,第 3 页。
③ 韩庆祥:《能力本位论》,中国发展出版社 1999 年版,第 81 页。

"G 因素",它是人的基本心里潜能(能量),是决定一个人能力高低的主要因素,如观察能力、记忆能力、思维能力等;另一种是特殊能力或特殊因素(specific factor),简称"S 因素",它是保证人们完成某些特定的作业或专业的活动必须的因素,如算数能力、机械能力、想象力等。[1] 其二,美国心理学家桑代克(Edward Lee Thorndike)的"能力三因素说"。桑代克反对斯皮尔曼的二因素论,提出了"智力三因论",他认为可能有三种智力:抽象智力,包括心智能力,特别是处理语言和数学符号的能力;具体智力,即一个人处理事物的能力;社会智力,即处理人与人之间相互交往的能力。其三,英国心理学家阜南(P.E.Vernon)在斯皮尔曼"能力二因素说"的基础上深化提出了"能力层次结构理论"。他认为,能力也有一定的层次等级,顶端是一般因素,类似于斯皮尔曼"二因素"中的 G 因素;其次是言语和教育能力、操作和机械能力两大因素群;第三层是小因素群,如言语和教育能力又可分为言语因素、数量因素等;最后一层是特殊因素,类似于斯皮尔曼"二因素"中的 S 因素。其四,美国心理学家瑟斯顿(Louis.L.Thurstone)的"基本心理能力论(primary mental abilities)"[2]。瑟斯顿凭借着多因素分析的方法,提出他的基本能力学说,认为人的能力可分为词的理解、言语流畅性、数字计算能力、空间知觉能力、记忆能力、知觉速度和推理能力这七种平等的基本能力因素,各因素既相互联系又彼此制约,共同体现出特有的能力水平。其五,能力的信息加

---

① 王亚南、刘昌:《斯皮尔曼:从智力二因素论的创立到方法论上的突破》,《南京师大学报》(社会科学版)2011 年第 6 期。

② Thurstone,L.L.(1935).*The Vectors of the Mind*.University of Chicago Press.

工理论（intellectual information processing theory）。这种理论把人的能力看成一个过程，它由不同的阶段组成，并且是由某些更高的决策过程组织起来的。能力是为了达到一定的目的，在一定的心理结构中进行的信息加工，包括感觉输入受到转换、简约、加工、存储、提取和使用的全部过程，如模式识别、注意、记忆、视觉、表象、言语、问题解决、决策等。

3. 关于能力的生成

能力是人的创造力在某一领域里的充分展现，能力并非一成不变而是处于一种发展的状态，可以在后天的社会实践中培养。也就是说能力是动态的，这就要求我们树立动态的能力观，即既不能以为拥有某种能力就沾沾自喜、故步自封，也不能因为没有某种能力就安于现状、自暴自弃。

一般来讲，能力生成的过程会经历认知期、贯通期、自动期和创作期四个阶段。第一是认知期。能力生成的认知期主要是受教者对于施教者示范、讲解或某一榜样人物在某种活动的行为表现过程和结果进行观察、揣摩、模仿，认知到正确实施和完成活动的行为过程的各个细节及其相互关系。第二是贯通期。受教者在之前的认知基础上，需要进行大量的变式练习和反思活动，需要付出大量的劳动。第三是自动期。这一阶段是受教者在贯通期的基础上自动获得的一种能力状态，受教者对这一行为过程已经内化到自己在无意识下就能操作成功。第四是创作期。受教者对自己所形成的"能力板块"重新进行分解、分析和认知，进而改进其中的某一部分，从而形成一种新的改进版的能力行为模式。也可以认为这一阶段实质上是回归认知期，开始新一轮的循环。这样,能力就会从无到有,不断深化、更新。①

(二) 关于村支书的相关研究

1. 关于村支书类型

什么人能成为村干部并治理村庄,是我国农村社会政治分析中的问题之一。从历史维度来看,中国乡村治理自古都是"能人治村"模式。改革开放之后,伴随着基层民主政治尤其是村民自治制度的发展,一些经营能力强、政治资源丰富、社会交往能力强的人进入村庄公共政治领域。同时,在以"带头致富、带领致富"成为全国农村基层组织工作的指导路线方针之后,大多数地方政府以"带头致富能力强、带领致富能力强"作为村两委建设的主要目标,致富能力成为能否顺利成为村干部的一个重要因素。大多数学者从"富人治村"②、"经济能人治村"③、"老板治村"④等来概括村干部的类型。大多数学者认为,能人治村在乡村治理中具有积极作用,如能人治村有利于社会稳定⑤、提升村庄公共服务⑥等。但是也有一些学者指

① 张彧然:《群农"优首":村支书能力建设研究——基于 Y 市 59 个村的调查》,湖北工业大学 2019 年硕士学位论文。

② 贺雪峰:《论富人治村——以浙江奉化调查为讨论基础》,《社会科学研究》2011 年第 2 期。

③ 卢福营:《经济能人治村:中国乡政村治的新模式》,《学习月刊》2011 年第 10 期。

④ 卢福营、戴冰洁:《"老板治村":乡村治理的新尝试》,《宁波党校学报》2007 年第 4 期。

⑤ 林采:《"富人治村"是一个和谐音符》,《人民论坛》2006 年第 5 期。

⑥ 郭剑鸣:《浙江"富人治村"现象剖析——基于浙江金台温三市 7 个村的调查研究》,《理论与改革》2010 年第 5 期。

出了能人治村的负面作用,如贺雪峰认为"能人治村压制了农村基层民主的发展;破坏和消解村庄的公共性;垄断村庄公共资源的使用机制"①。万慧进在多省市进行乡村调查后发现,"先富能人"担任村支书虽然具有资源和能力上的优势,其能人效应会使村庄工作更有效率,但是"先富能人"村支书容易出现从政动机不纯导致权力异化,其独特的社会背景将有可能削弱乡镇对村庄的调控能力,村支书政治素质不过硬也会降低农村基层党组织的凝聚力②。

随着农村社会的发展和国家对乡村发展要求的不断提升,相应地对村干部也提出了新的更高的要求,能人的内涵也更加丰富。崔盼盼以中西部能人村干部为研究对象,指出中西部的能人治村具有发展性、社会性和行政性的特征。这些特征决定了能人治村的村庄治理实践有着不同于中农和富人治村的样态。在自上而下的强发展导向和乡村两级弱发展能力的张力下,能人村干部的资源禀赋恰好满足和适应了当前中西部地区的基层治理需求③。韩旭东等将能人型村干部界定为拥有客观个人财富积累、熟知市场规律、具有一定组织协调能力且有能力带动村民脱贫致富,借助村干部这种正式政治身份参与村庄治理的精英④。李祖佩认为农业税取消后村庄主体精

---

① 贺雪峰:《论富人治村——以浙江奉化调查为讨论基础》,《社会科学研究》2011 年第 2 期。

② 万慧进:《"先富能人"担任村书记的绩效、存在问题及其对策——以多省市的乡村调查为例》,《中州学刊》2007 年第 3 期。

③ 崔盼盼:《乡村振兴背景下中西部地区的能人治村》,《华南农业大学学报》(社会科学版)2021 年第 1 期。

④ 韩旭东、杨慧莲、郑风田:《能人型村干部生成逻辑及其治村实践——基于三个典型村庄案例的经验证据》,《农业经济问题》2022 年第 8 期。

英承接国家资源的方式与村庄发展紧密相关,在资源下乡的过程中,村庄中交际能力强、关系网络广且关系重心和利益空间在村庄外的部分村民登上村庄政治舞台,成为政府在村庄中的"新代理人",契合了政府希望项目资源顺利落地以及村民希望获得更多项目资源的双重需求①。钱全则在"个体—集体"框架下将村支书划分为主动能人型、保守观望型、期待资源型、有待发展型四种类型。同时他指出,无论哪种类型都要切实明确五种身份与担当:第一要抓党建工作,做党中央方针政策的宣传者和实践者;第二要抓农村产业发展,做村集体经济的组织者和掌舵者;第三要做好干群之间的桥梁,做上传下达的沟通者;第四要推动民主自治,做政府和社会资源的整合者;第五要保持党员先进性,始终维护群众利益②。

2. 关于村支书的角色与行为

目前,关于村支书角色与行为逻辑的研究尚未形成定论。早期的研究以费孝通"双轨政治"③为理论观照,以村民自治为现实观照,徐勇提出对应"乡政村治"实践的村干部国家代理人和村庄当家人的"双重身份"理论④。该理论从结构主义的视角较为准确地把握了村干部在国家与社会关系这一二元化分析框架中的地位和角色。吴

---

① 李祖佩:《"新代理人":项目进程中的村治主体研究》,《社会》2016年第3期。

② 钱全:《乡村振兴视阈下村支书角色实践探究》,《湖南行政学院学报》2019年第2期。

③ 费孝通:《皇权与绅权》,天津出版社1998年版,第267—268页。

④ 徐勇:《村干部的双重角色:代理人与当家人》,《二十一世纪》(香港)1997年8月号。

毅则认为这种"双重角色"仅仅是一种结构上的静态定位,或者说还只是一种对应然状态的摹写。因此,他从"过程—事件"的动态模式下,分析行为主体在不同环境下呈现的不同特质,认为村政环境以及自身理性选择都会影响主体行为与角色形塑①。他认为在动态的乡—村互动关系中,村干部往往由于难以兼顾或平衡政府利益和村庄利益而陷入角色与行为的"双重边缘化"困境,并由此提出村庄社会秩序的"守夜人"和村政中的"撞钟者"是村干部的显著行为特征②。叶本乾认为,村干部处于政治系统和社会系统的边际地位,也正好处于乡镇、普通村民的两个利益的结合点和矛盾的触发点上。一方面他们拥有着"村民代言人"的政治身份,另一方面他们在实际职能履行过程中却带有明显的"政府化"倾向③。贺雪峰基于村庄类型和村干部的动力机制视角,将村干部角色分为保护型经纪人角色、中间人角色、"撞钟者"角色和盈利型经纪人角色④。还有学者认为村干部还可作为"理性人"代表自己,通过各种巧妙地保全并延续自身利益,成为"精致的利己主义者"⑤,即"理性人"角色。基于道义

　　① 吴毅:《双重边缘化:村干部角色与行为的类型学分析》,《管理世界》2002年第11期。
　　② 吴毅:《"双重角色"、"经纪模式"与"守夜人"和"撞钟者"——来自田野的学术札记》,《开放时代》2001年第12期。
　　③ 叶本乾:《村庄精英:村庄权力结构的中介地位》,《中国农村观察》2005年第1期。
　　④ 贺雪峰、阿古智子:《村干部的动力机制与角色类型——兼谈乡村治理研究中的若干相关话题》,《学习与探索》2006年第3期。
　　⑤ 龚春明:《精致的利己主义者:村干部的角色及"无为之治"——以赣东D镇乡村为例》,《南京农业大学学报》(社会科学版)2015年第3期。

逻辑之要义在于凸显村干部对"安全第一"的农民生存伦理驱动下，赋予了村干部"代理人""当家人""理性人"角色之外的"守义人"这一新角色①。

在全面实施乡村振兴战略和推进农村农业现代化背景下，党中央在全国各地推行村"两委"负责人"一肩挑"，村支书不仅要兼任村主任还需要兼任村级集体经济组织、合作经济组织的负责人，因此村支书群体被上级党委政府、村党支部、村经济集体和村民寄予了多重角色期望，村支书的角色和行为也引起了学术界的更多关注。张新文、张龙指出"一肩挑"使得村干部由不同的主体角色整合进了农村党支部书记这一核心治理主体之中。担任"一肩挑"的支部书记在村治场域内的角色主要包含理性经济人、基层政权代理者以及社区利益代言人三种维度②。欧健认为，村支书在乡村振兴战略实践中主要被赋予了以基层党建引领乡村高质量发展的责任人、本领过硬的乡村振兴带头人、推动乡村有效治理的实施者、农业农村现代化的推动者和文明乡风的引领者的角色期望，因而村支书也就成了各项工作的第一责任人③。包世琦指出，村支书是群众的"主心骨"，发展的"领头羊"，稳定的"顶梁柱"，是农村基层党建的"支点"，也是乡村振兴的"新动能"之一。在乡村治理体系中，村支书发挥着示范引

① 李晓飞:《代理倒逼行政:村干部在乡村建设中的道义驱动》,《理论与改革》2021 年第 5 期。

② 张新文、张龙:《村支两委"一肩挑"与乡村治理——基于复合科层式治理的阐释》,《西北农林科技大学学报》(社会科学版)2022 年第 5 期。

③ 欧健:《乡村振兴视域中村支书的角色期望及培养机制建构》,《深圳大学学报(人文社会科学版)》2021 年第 2 期。

领作用,其服务农村经济社会发展能力的大小直接影响着乡村治理能力现代化水平①。胡鹏指出,村干部在乡村振兴战略中的角色定位应是国家意志的践行者、乡村发展的领导者、经济提升的探索者、乡村文化的宣传者、公正和廉洁的代表者②。

3. 关于村支书能力的构成

随着党和国家统筹发展城乡发展战略的实施,农村经济社会发展进入快车道,不仅自上而下的各项任务指标要求更高,农民对美好生活的需求也不断提高,这些都对村支书的履职能力提出了更高的要求。孟焕民等以1313份农村党组织书记反馈的问卷调查和市委组织部派出的43名干部走村入户、无当地人员陪同、不受吃请的驻点调查所形成的15万字调研材料为主要依据,认为村支书队伍能力建设应该包括推动村级经济发展的能力、做好群众工作的能力、办好实事和解决实际问题的能力、积极正确引导群众关系和参与公共事务的能力、营造健康向上风气的能力和加强党组织自身建设的能力③。周联兵认为村干部需要提升方向思维、技治思维、项目思维、市场思维和巧治理思维能力,以实现更高水平的农村治理,促进农村更高质量的发展④。董江爱、郝丽倩指出,新时代基层实施"一肩

①　包世琦:《以农村基层党组织带头人建设引领乡村治理》,《人民论坛》2020年第15期。

②　胡鹏:《浅谈在新农村建设中提升村干部领导力的路径——以新疆伊宁县村干部职责履行为例》,《农业经济》2008年第7期。

③　孟焕民、陶若伦、张三林:《关于农村党组织书记队伍能力建设的调研》,《现代经济探讨》2012年第7期。

④　周联兵:《新时代农村治理视域下村干部应提升的五种思维能力》,《领导科学》2022年第1期。

挑"，对村党组织书记提出了新的要求，村党组织书记应以提升组织力为重点，提升政治能力、战斗能力和群众工作能力。还要以提高引领力为核心，发挥在集体经济发展、美丽乡村建设、三治融合、生活富裕等方面的引领作用，具体包括政治能力、发展经济能力、群众工作能力、村庄治理能力、文化素质、文明程度等方面的能力和素质①。韩鹏云指出农村基层党组织带头人在落实上级政策和任务时应具备一定的专业能力和统筹能力；在产业振兴发展上应具备更多的带动农民致富的思路以及破除发展的障碍，尤其要具备把握市场规律、掌握经济信息的能力等；在服务群众方面要掌握群众需求，提供高质量的服务②。徐行、田晓认为，在受到城市化进程加快、农业体制变革、农民阶层分化等外在因素的影响下，村支部书记更应提高适应新的形式、平衡干部责任与权利的能力，更应该提高自身政治水平和业务的能力③。

胜任力模型是了解研究对象所具备的关键能力特征的重要工具。部分学者在调查研究的基础上对村干部胜任力模型进行了构建。卢冲、庄天慧基于410位村干部调查数据，构建了包含价值认同度、脱贫责任感等七个维度的干部胜任力模型④。刘辉、梁义成

① 董江爱、郝丽倩：《新时代实施村党组织书记"一肩挑"的困境及出路》，《社会主义研究》2021年第2期。

② 韩鹏云：《党建引领下的农村基层党组织带头人队伍建设》，《中国特色社会主义研究》2022年第2期。

③ 徐行、田晓：《农村基层党组织建设的现存问题与对策思考》，《学习与实践》2011年第3期。

④ 卢冲、庄天慧：《精准匹配视角下驻村干部胜任力与贫困村脱贫成效研究》，《南京农业大学学报》（社会科学版），2016年第5期。

基于 155 位村干部的调查数据,构建了以个人影响力、成就欲望、管理领导能力三个维度的胜任力模型①。王卓、胡梦珠基于西部 5省 671 位村干部的调查数据,对村干部胜任力与村庄治理绩效之间的关系进行了实证研究,构建了涵扩核心能力、个人特质、工作技能和基本知识四个维度的村干部胜任力模型。其中个人特质是村干部胜任力的核心维度,较高的责任感、开拓意识、政治素养是高胜任力水平村干部应具备的关键特质,村干部群体工作技能水平低是抑制其整体胜任力提升的主要原因②。余秀江等将村干部胜任力类别划分为四大类别,分别为品质和工作态度、知识和技能、能力、经历与经验,并指出村干部应该具有责任意识并且能够廉洁自律;致富能力和解决问题能力是村干部实现新农村建设的重要能力;学习能力、沟通协调、知人善任是领导者必备的能力,而村干部的工作环节都与行政执法的观念与法律法规知识相关;村干部要顺利开展村民工作,与村民和其他村干部建立良好关系沟通能力极其重要,利用个人影响力和协调沟通能力与村民建立良好关系,有利于工作的顺利开展和提高工作绩效③。李勋华、何雄浪运用层次分析方法构建村干部能力指标体系,包括科学决策能力、村务执行能力、典型示范能力、协调沟通能力和学习创

---

① 刘辉、梁义成:《西部农村村干部胜任力的实证分析:基于 4 县 155 位村干部的调查数据》,《西北人口》2012 年第 2 期。

② 王卓、胡梦珠:《乡村振兴战略下村干部胜任力与村庄治理绩效研究——基于西部 5 省调查数据的分析》,《管理学刊》2020 年第 5 期。

③ 余秀江、黄颖、苟茜:《中国村干部角色、胜任力与绩效管理研究》,经济管理出版社 2019 年版。

新能力①。王曼具体对村支书胜任力进行考察,运用标杆研究方法,选择了5位具有影响力、先进性的农村优秀党组织书记典型作为研究对象,通过其关键事件提炼胜任力要素,构建出素养、知识、能力三维16项要素的农村党组织书记胜任力模型。通过调研数据发现,素养维度中党组织书记的责任感被认为最重要,知识维度中党组织书记对政策的熟悉和把握被认为最重要,能力维度中党组织书记解决问题的能力被认为最重要②。

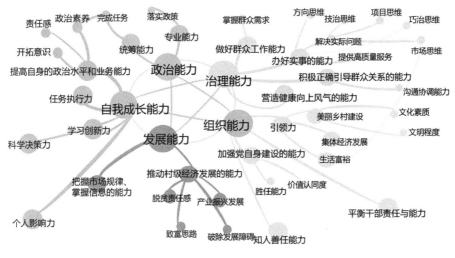

图 0-1　村支书能力构成词云图

4.关于村支书能力提升面临的困境和原因

面对农村经济社会的快速发展与变迁、农村基层治理复杂的现

---

① 李勋华、何雄浪:《村级干部能力指标体系构建与实证研究——以四川川南为例》,《北京工业大学学报》(社会科学版)2012 年第 6 期。

② 王曼:《乡村振兴战略背景下农村党组织书记胜任力模型构建研究》,《管理学刊》2019 年第 5 期。

实要求,村支书履职能力面临诸多考验。一些学者从内因来分析村支书能力不足的问题和原因。在当前推动乡村治理现代化的实践场域中,虽然部分年纪轻、学历高的村支书在履职过程中能够迅速接受新事物、运用新方法、解决新问题,做到应然角色和实然角色的统一,但仍然有部分村支书还存在着"角色距离",即在应然角色和实然角色之间存在差距。有学者指出,新时代的村支书当有全能之才。但囿于整个村支书群体还存在结构老化、文化程度偏低等现实问题。当前一些村支书依然固守于传统的治理理念和治理方式,而对于现代化的治理理念和治理思维还较为缺乏,不能够与时俱进地适应农村社会的快速发展,综合能力相对比较滞后。这部分村支书只能够维持乡村治理的基本底线,力求在乡村治理过程中"不求有功但求无过",逐渐形成了"老好人"治村、"庸人"治村的现象①。吕凯在谈到村支书如何保持先进性时讲到,一些村支书自身能力素质存在局限性,难以胜任书记职责。比如年龄偏大,文化偏低,学习能力差,培训受教育接受能力差,对党的路线、方针、政策理解不深,工作随意性比较大,对所主管的工作缺乏统筹能力等,集中表现为村支书的"难当"②。易新涛及其课题组成员通过问卷调查的方式,对农村基层党组织带头人队伍建设进行研究,发现农村基层党组织带头人工作能力不强主要表现为不会干、干不成,综合素质和工作能力难以适应新

①　李祖佩:《村治主体的"老好人"化:原因分析与后果呈现》,《西北农林科技大学学报》(社会科学版)2013年第3期。

②　吕凯:《农村党支部书记保持先进性的内在机理及路径——从奉化市蒋家池头村村支书谈起》,《宁波经济》(三江论坛)2011年第12期。

形势的要求。① 吴梅芳通过调查发现当前一些村党组织带头人带领群众致富能力不能适应新形势,在谋划发展尤其是在发展集体经济方面束手无策、力不从心,在化解农村基层矛盾上,没有能力解决一些实际困难和问题,协调能力不够强②。黄德锋指出,面对乡村振兴背景下农村社会的深刻变革,一些农村基层党组织带头人缺乏应有的政策理论水平、市场经济理念、科技文化知识和实用技术技能,对带领群众致富、发展集体经济能力欠缺、思路狭窄、方法陈旧,甚至无所适从。有的虽有一技之长和吃苦耐劳致富,但仍然缺乏带领群众致富的能力。③ 李志军基于 273 名村干部的调查,指出村干部出在最基层,工作涉及方方面面,需要具备信息获取、计划决策、组织协调、执行落实、沟通交际、利益整合等综合能力及一定的创新能力,而其政治素质、文化素质、法律素质和身心素质不够高,自学能力、实践能力不够强,对综合能力和创新能力的掌握较为有限,难以应用自如,制约着工作的开展,导致其陷入了职业倦怠④。

一些学者认为外因也是导致村支书能力提升面临困境的重要原

---

① 易新涛:《农村基层党组织带头人队伍建设的调查与分析》,《中国浦东干部学院学报》2019 年第 6 期。

② 吴梅芳:《农村基层党组织作用发挥状况的调查与思考》,《理论探索》2013 年第 3 期。

③ 黄德锋:《乡村振兴视阈下农村基层党组织带头人队伍建设研究》,《党政干部学刊》2021 年第 7 期。

④ 李志军:《新时代村干部职业倦怠及调适干预——基于广东省云浮市 273 名村干部的调查》,《云南农业大学学报》(社会科学版)2020 年第 4 期。

因。部分学者探讨了村干部职业行政化趋势给其治理村庄带来的负面影响。例如，贺雪峰指出，村干部职业化和报酬工资化是大势所趋，但是村级会理面临的服务、管理、组织动员、统计四项工资十分繁杂，加重了村干部负担，导致村级组织越来越机关化、文牍化，使得村级组织悬浮于村庄之上，与农民群众脱离了关系①。杜姣指出当前部分地方政府为了应对乡村治理主体去精英化带来的治理难题，采取村干部职业化改革举措。但是村干部职业化也在一定程度上消解了乡村治理的群众工作面向和干群关系的悬浮化②。如果村干部没有处理好自己的身份和权利，仅沿着行政化甚至科层化的管理规范的约束，单向度地将角色定位于"国家的人"，专注于"办事"而不是"治理"，也就必然主要办理"国家的事"，这就会导致"他们既没有被官僚群体，也没有被村民群体认同为自己的一部分③。还有学者从社会结构因素分析村干部能动性的缺乏。袁宇阳认为，压力型、道德型和关系型社会结构共同构建了当前我国部分地区乡村治理中的"结构化"困境。村干部置身于这种"结构化"困境中，积极作为能力和动力不仅被这种社会结构因素所钳制和制约，而且可能会促使乡村干部采取不积极作为的方式予以应对④。

---

①　贺雪峰：《村干部实行职业化管理的成效及思考》，《人民论坛》2021 年第 31 期。

②　杜姣：《乡村振兴背景下乡村治理主体的去精英化与村干部职业化》，《经济社会体制比较》2022 年第 2 期。

③　孙明：《历史视角下的村干部身份与治理模式思考》，《中国行政管理》2022 第 2 期。

④　袁宇阳：《社会结构视角下乡村干部积极作为的多重困境及其破解路径》，《农林经济管理学报》2021 年第 5 期。

5.关于如何提升村支书能力

一是加强村支书的教育培训。鉴于当前村干部普遍存在决策能力、执行能力、示范能力、协调能力和创新能力不强等问题,李勋华、何雄浪认为需要创新村干部培养模式,培养后备人才;建立区域性村干部培训中心,搭建培训平台;大力开展学历教育,提高整体综合素质;加强村干部培养力度,完善激励机制①。马建新指出要健全党员干部经常受教育的长效机制。根据农业产业结构调整、发展农村经济和增加农民收入的需要,对党员干部实行分类培训,还要大力推进现代远程教育,建立以针对性、实用性、开放性为重点的教育培训机制②。还有学者指出应培养村干部梳理正确的角色意识。通过积极组织村干部学习党的最新理论成果、政策文件精神以及相关法律法规,提高村干部的理论水平;创新培训方式方法,依托高校成人教育、地方党校等教育机构,发展新媒体平台等途径提升干部综合素质;善于利用各种正反面典型对村干部进行思想教育,以此来构建实然理想角色村干部队伍③。

二是优化村支书的选拔、监督和激励。聂继红、吴春梅指出要把政治过硬、本领高强、群众拥护作为村支书的选拔标准,内培外引人才选优配强村党组织书记。一方面要挖掘内生型新乡贤力量,另一

① 李勋华、何雄浪:《村级干部能力指标体系建构与实证研究——以四川川南为例》,《北京工业大学学报》(社会科学版)2012 年第 6 期。

② 马建新:《城镇化进程中农村基层党组织建设面临的挑战及对策》,《中州学刊》2016 年第 9 期。

③ 罗博文、吕悦、余劲:《村干部角色与乡村治理有效性——基于秦甘滇三村的案例分析》,《西北农林科技大学学报》(社会科学版),2022 年第 4 期。

方面要通过产业发展、政策吸引、乡情召唤等方式,吸引懂农业、爱农村、爱农民的各类人才致力于农村扎根乡村振兴①。杨银乔认为在乡村振兴过程中农村基层党组织带头人示范带动、教育引导等方面的不足,需要从完善选拔任用制度、构建教育培训体系、筑牢监督约束防线等方面作出努力②。王韬钦对农村基层党组织带头人工作认同度进行研究,通过实证分析提出了进一步明确农村基层党组织带头人的思想准入标准,提出了建立以思想考察为核心的农村基层党组织动态责任体系等建议③。张书林指出,在着力选优配强村党组织书记上,要加强和完善培育和选拔机制,提出坚持"输血"与"造血"合力培育村党组织书记、坚持从乡村优秀群体中选拔村党组织书记,推行村党组织书记"两推一选"和"公推直选"④。

(三) 村支书能力研究述评

一是从研究对象来看,既有关于村支书的研究更多的是将村支书与村干部、基层党组织队伍混合在一起谈论,相比较而言,单以"农村党组织书记"这一特殊主体为研究对象的研究较少,直接聚焦

---

① 聂继红、吴春梅:《乡村振兴战略背景下的农村基层党组织带头人队伍建设》,《江淮论坛》2018 年第 9 期。

② 杨银乔:《充分发挥农村基层党组织带头人在乡村振兴中的作用》,《中州学刊》2019 年第 3 期。

③ 王韬钦:《农村基层党组织带头人工作认同度研究——基于湖南各经济区农村社区的研究》,《西安财经大学学报》2020 年第 1 期。

④ 张书林:《新时代农村基层党建创新:困境、肇因、路径——基于对山东农村基层党建综合调研的视角》,《中共福建省委党校(福建行政学院)学报》2020 年第 3 期。

于"村支书能力"的研究就更为鲜有,要么泛泛谈之,要么直接省略。诚然,作为村"两委"队伍中的重要组成部分,村支书既有村"两委"干部的一般共性,但同时也有其自身的特殊性。因此,在研究村"两委"干部时,也必须重视对村支书这一特殊角色的分析。

二是从研究内容上看,学者通过对村支书身份与角色的分析,来揭示其在乡村治理中所发挥的职能和效度,进而从村支书的视角探讨完善农村基层善治、实现乡村振兴的路径。这些研究不仅深化了对村支书身份与角色的了解,而且有助于更好地解构乡村治理的现实情状。但在研究的具体内容上,关注的是村支书群体应该具备什么样的素质和能力等问题,或从应然层面探讨村支书在乡村振兴中的作用和能力,而缺乏具体实践层面对村支书个人能力和特质如何影响农村发展的实然性探讨。因此,对此要开展深入研究,既要注意从"应然"层面出发,也要注意从"实然"层面入手。

三是从研究方法上看,国内学者对"村支书"特别是"村支书"能力的研究方法还比较单一,实证研究多于规范研究、定性分析的运用多于定量分析,更缺乏系统深入的比较分析,这一领域有待今后研究的进一步强化。

三、研究方法与调查概况

(一)研究方法

一是文献研究法。文献研究有助于帮助我们对历史和当前的研究现状形成全面的认识,明确研究当前所处的水平、应该解决的问题和未来的生长点。前期通过中央与地方的政策文件、中国知网(CNKI)数据库、网络报道等,查阅并整理了相关文献,对村支书角色、能力等相关政策规定和学术研究进展有了整体性了解,并根据文献对村支书能力构成形成了初步认知,形成村支书能力体系的基本框架,为开展广泛的田野调查奠定了坚实的基础。

二是田野调查法。本书紧扣村支书的"能力"这一核心,围绕能力如何建设、能力如何发挥,能力建设中的难点、能力发挥中的堵点等进行全方位考察,仅从文献梳理中难以窥见其全貌。为了厘清这一现状和基本事实,本研究主要采用田野调查方法,试图通过深度访谈方法让村支书进行讲述。为此,本研究通过选取发展较好的村庄、选择相应的村支书进行面对面的深度访谈。面对面的社会互动(或其他通过手机及其他技术媒介的实时互动),是最直接、最经常的社会沟通手段。① 访谈是质性研究中的重要经验材料,通过对村支书的访谈既能够了解村支书的价值观念、情感感受和行为规范,也能更直观了解村支书过去的经历以及他们在乡村治理中的有关能力运用事件,还能够获得对村支书群体比较开阔、整体性的视野。访谈是循序渐进的过程,是由开放性访谈到半开放性访谈的深入。初期,进行开放性访谈的形式,以"拉家常"的形式,让村支书对村庄和其自己进行介绍,对村庄基本环境和村支书基本信息等有个大致的了解。随后,访谈逐步深入,根据前期设计好的调研提纲从村支书的政策领

①　诺曼 K.邓津、伊冯娜 S.林肯主编,朱志勇等译:《质性研究手册:资料收集与分析方法》,重庆大学出版社 2018 年版,第 787 页。

悟能力、政策执行能力、资源链接能力、联系群众能力等方面进行半开放性访谈,并适时对尚存疑问或故事进行追问。为了确保访谈质量,整个访谈过程遵循三大原则:一是注重历程梳理。细致梳理村支书的个人成长经历,尤其是村支书在进入村两委班子之前的工作经历,以及进入村支两委班子的抉择与心路历程,为观察其能力指向提供基础;二是注重事件挖掘(故事性)。注重对村支书进行深度挖掘和细致解剖,着力通过对事件的还原来观察村支书的判断、应对和处理技术与艺术,在事件的客观性中体悟村支书的能力内涵;三是注重个体认知(原则性)。创造宽松的氛围,让村支书自身来梳理能力要素、能力排序、能力组合、能力效用等内容,调查者要作为记述者。

三是比较研究法。经过深度访谈,本书选取了 14 位村支书的讲述材料作为研究基础。为了呈现村支书能力发挥全貌,本书运用了比较研究法。关于村支书能力的比较研究,是从被访村支书能力的现状并从中找出共性和差异开始的。其一是纵向比较,即对村支书在不同时期的能力表现状况和演进历程的动态展示,从村支书个人的人生成长经历、治村的经验与艺术中发现、找到具体的相关事件,梳理、总结村支书表现论述的自身能力,进而揭示村支书能力的发展与变化。其二是横向比较,即在相对静止的状态(稳态)下研究村干部能力的异同,在"乡村社会"这个情景中,梳理、比较不同地域和类型的村支书能力变迁、能力效用等内容,对村支书能力如何建设、能力如何发挥,能力建设中的难点、能力发挥中的堵点等进行全方位考察。通过将纵向比较与横向比较的结合,勾勒出村支书能力发挥与作用的生动画面。

（二）调查概况

本书关注的核心主题是"治理现代化进程中的村支书能力"，主要研究在全面加强党的领导和推进基层治理体系和治理能力现代化进程中，村支书的能力要素变迁历程、组合特点及变化动力，进而明确其对基层治理发展的挑战。

研究遵循"制度规定—个体塑造—基层治理"的逻辑线索：一是制度规定。村支书作为农村基层社会治理的关键人物，在国家的相关政策文本和制度文件中都有对其能力的要求，这是本书调查的起点，也是实践的理论参照；二是个体塑造。作为制度规定性的村支书能力只是起点和参照，村支书是独立的社会个体，而且每个村支书所面临的条件和挑战都是不同的，这就决定了不同的村支书在能力要素的变迁历程、组合特点及变化动力都是不同的，聚焦于村支书在其领导和治理实践中的实际状态展开调查是本项调查的基点，也是理论的实践过程；三是基层治理。主要是随着村支书的认知和行动的变化，其与基层治理现代化的日益强烈的内在需求之间有张力挑战，本研究将在实践基础上强化理论思考和政策反思。

为了检验制度规定的村支书能力体系，本研究经过大量的文献检索和分析，确定了村支书能力体系的理论模型，并依据理论模型拟定了访谈提纲。为了验证访谈提纲的科学性和合理性，研究主张在大范围调查铺开前进行试调查。为此，在前期大量调研的基础上，专程赴湖北省武汉市黄陂区长轩岭街道韩畈村对村支书邱汉波进行了深度访谈①。在试调查基础上,初步锁定了村支书的十项基本能力,并据此对访谈提纲进行了优化调整,确定最终访谈提纲。

本研究的正式调查采取的是集中与分散相结合的方式。其中,集中调研主要选取的是湖北省天门市、江西省九江市,共计 8 个村庄的村支书;分散调研的分别是河北省保定市、河南省登封市、安徽省安庆市、湖北省武汉市、安徽省阜阳市,共 6 个村庄的村支书,两者合计 14 个村庄的村支书。

为了研究质量保证,本研究坚持时间服务于质量,以访谈信息的完全、完满为要。同时,要确保有故事、有深度、有拓展,当好"照相机"或"录像机",着重照观村支书治村的细节,引导被访村支书在紧扣问题的基础上,尽可能地围绕话题进行拓展,以弥补访谈提纲问题的不足。最终选择了 14 位村支书作为有效的研究对象②,经过调查,课题组获得了大量的访谈资料和一手数据,其中整理形成文字访谈资料 45.1 万字,并有录音材料、照片材料、文书、档案等资料若干,希望通过对他们在农村基层治理和乡村振兴过程中所表现出的各种能力的真实描述,呈现出村支书能力运作的真实图景。

四、作为研究对象的村支书概况

根据中华人民共和国住房和城乡建设部统计,截至 2022 年 12

①　因试调查后对提纲进行了调整,所以试调查的村支书访谈材料并未作为本书的基础材料。

②　为了充分确保各被调查对象的权益,在保证资料真实可靠的条件下,写作过程中对村支书个人身份标识等相关信息进行匿名化处理。

月 31 日,全国共有 477915 个行政村。作为行政村的村支书,他们处在国家治理的末梢,又是走在广大群众面前的"领头羊"。本书选择了 14 位村支书作为研究对象,在几十万村支书中只是极少数,他们也不是被精心挑选出来的典型村支书,而是中国几十万个村庄中普通的极少数。正是因为他们的普通才更具代表性,更能在随机的选择中代表中国农村村支书的真实,才能更真实地反映中国农村发展与治理的状况。14 位村支书及其所在村庄的基本情况如下:

NQ 村位于河北省定州市蠡县境内,村庄 1150 户 4500 人,其中张姓约占人口一半;作为主要农业区,村内土地 4000 余亩,以种植蔬果为主。村书记 ZYS,男,高中毕业后在村里组织建筑队,后又创办企业,有自己的产业和工厂。换届时由群众自发选举为村主任,后当了一届副书记,三年后高票当选为村支书,连任三届,在村民之中有威望。

TX 村位于河北省保定市望都县境内,紧邻县城。村庄近 600户,不足 2000 人。村庄有一个现代农业产业园、四个鞋厂和一个纸箱厂。CTL,男,村党支部副书记,他 18 岁参军入伍,24 岁回村并组织开展一些简单的工作,25 岁被任命为副书记,后被选为村主任,并前后与六任书记搭班子,在村民中威信很高。他自身的主要职业是保险销售经理。

LY 村位于河南省登封市,村庄下辖 3 个自然村、7 个村民组,367 户 1464 人。总耕地面积 1540 亩,荒山面积 3000 余亩。村庄建有 300 亩黄桃基地和 10 多座蔬菜大棚。村党支部书记 SGX,男,1989 年担任村主任职务,任满一届后辞职。1994 年下半年赴北京打工,2000 年初回村并加入党组织。2000 年 3 月起担任村支书,2018 年 6 月卸任。2020 年 8 月,又重新担任村支书至今,工作能力强,能服众。

SF 村位于湖北省天门市,以丘陵地形为主,总耕地面积 3061 亩,主要农作物为水稻。村庄下辖 16 个村民小组,共有 540 户 2680 人。外出务工人员多。党员 61 人。2020 年村级集体经济收入达到 52 万元,被评为市十佳发展集体经济示范村,2021 年村级党组织被评为全市先进基层党组织。村党支部书记 YDX,做过木工,开过餐馆,办过砖瓦厂,经济思想活跃。1999 年担任村副主任,2001 年入党后并担任村党支部书记职务至今,招商引资企业 10 多家,极大带动了村庄发展。2017 年当选省人大代表。

XC 村位于湖北省天门市,以丘陵地形为主,总耕地面积 1224 亩,水产面积 700 亩。村庄交通便利,且有古城遗址。全村共 11 个自然小组,450 户 2200 人,常住人口 1723 人。党员 41 人。村党支部书记 HBH,1973 年生,1996 年入党。中专未毕业即在村里任职团支部书记、民兵连长,后任治保主任。1993—2002 年任镇武装部干事,2002—2007 年在武汉开办服装厂。2018 年起任职村支书。

ZC 村位于湖北省天门市,以平原地形为主,主要农作物有辣椒、洋萝卜、樱桃、番石榴等。地形较为低洼,暴雨时多发洪涝。总耕地面积 2400 余亩。村庄辖 6 个村民小组,465 户 1930 人,年轻人多在外地打工。党员 50 名,其中 26 人留在本地。村庄有中药材基地。村党支部书记 XM,从技校毕业后在华中农业大学获大专学历。2006 年开始担任村治保主任、计生专干。2008 年入党。2011 年任镇计划生育办公室信息统计员。2014年任村党支部委员,2016年任村党支部副书记、副主任,2018年起任书记、村主任。

ZWT村位于湖北省天门市,以平原为主,主要农作物是小麦和黄豆。全村下辖10个自然村12个小组。党员75名。村党支部书记WYF,在本地与别人合伙开厂,并做工程。2004年担任村治保主任兼村民组长。2007年入党,2008年担任民兵连长。2018年支部换届选举时,高票当选为村支书。

QL村位于湖北省武汉市,属于城中村。总面积约为2193亩,下辖4个自然村,自有居民1200多人,主要收入来源是打工、房租以及集体福利分红。村庄外来人口3000多人,主要从事餐饮业。村党支部书记LDF,1999年任村联防队长,2008年任村支两委委员,2018年至今任村书记、主任。上任后启动了搁置四年之久的还建计划,群众对其评价高。

WQ村位于安徽省安庆市怀宁县,以丘陵岗地和河谷平原为主,耕地面积134.3公顷,水域面积16.2公顷,林地面积251公顷。以水稻、玉米、棉花、油菜为主,并辅以林果业和养殖业。村庄下辖23个村民组,共528户2180人,外出务工人员约700人。多次被评为市"先进单位"、县五星级党支部。村党支部书记GST,男,1979年生,高中毕业后在村办砖厂任会计,1996—2000年在北京务工,2000年5月回村任村委委员,后任会计、文书、团支部书记等职,2011年任村主任,2014年7月当选书记并任职至今。

XYT村位于安徽省阜阳市,以平原为主,耕地4780亩,主要农作物为小麦、玉米,主要经济作物有西瓜(1000亩)、艾草(近200亩)、辣椒（200 多亩）、红薯（200 亩）等。村庄下辖 18 个自然村，23 个村民小组，1341 户 5002 人。村党支部书记 DPX，女，1970 年生，中专学历，2007 年入党。2002—2006 年，任村计生专干、妇女专干。2006—2010 年，担任村计生专干、妇女主任（合并后的 XYZ 村）。2010 年担任村委委员。2016 年 3 月—2018 年 8 月任村扶贫专干。2018 年 8 月—2021 年，任村主任、党总支副书记、妇联主席。2021 年任村党总支书记、村委会主任、妇联主席。曾先后获乡"优秀共产党员""三八红旗手"等荣誉称号。

HX 村位于江西省九江市，距县城 20 公里，三面环水，一面靠山。耕地面积 1326 亩，山林面积 6000 亩，主要以蚕桑、蔬菜、茶叶、花卉苗木等产业为主。村庄下辖 11 个自然村，16 个村民小组，共 720 户 3400 人。党员 64 名。曾获全省"脱贫攻坚先进村"。村党支部书记 FXH，2002 年加入中国共产党。1984 年加入镇企业建筑队，1986—2008 年在南昌建筑公司工作，后开办建筑承包公司。2009—2020 年，任村主任，2021 年当选为村支书。

NH 村位于江西省九江市，耕地面积 1700 亩，林地 9000 余亩，主产茶叶。全村共 398 户 1558 人，曾是国家"十三五"贫困村、省级深度贫困村。全村发展茶园近 1200 亩，长期有近 200 多户农户发展茶叶产业或者长期参与茶厂务工。村党支部书记 LJH，女，1988—1999 年为乡政府编外工作人员，1999 年转任村委委员，2011 年 11 月—2014 年 11 月任村委会主任，2014 年 11 月开始任村党支部书记至今。2021 年 6 月，被授予"江西省脱贫攻坚先进个人"称号。

XD 村位于江西省九江市，靠近九江城区。耕地面积 681.59 亩，山林面积 2439 亩,水面积 103 亩。全村下辖 6 个村民小组,12 个自然村,共有 284 户 1060 人。因地处自然保护区内,只能发展无污染产业。村庄有杨梅近 200 亩,山楂树 20 亩,猕猴桃 20 亩,火龙果、草莓 20 亩,枇杷果约为 15 亩,马家柚 20 亩。村党支部书记 CYG,男,1977 年生,高中学历。2002 年之前在广东省打工,主要从事家具加工。2002 年起先后任村民兵连长、村委委员等职务。2005 年加入中国共产党,2018 年当选为村支书。

JY 村位于江西省九江市,靠近九江城区。耕地面积 1200 亩,林地面积 4100 亩。全村下辖 9 个自然村,共 492 户 2100 余人。该村属于"十三五"省级贫困村,着力通过文化保护、生态重建、特色旅游等形式打造示范村。村党支部书记 FDM,高中学历,曾为中学代课教师,1992 年任村副主任,1995 年底当选为村支书,并任职至今。自营有民宿产业。

第一章　村支书的生成与能力图景

　　作为乡村社会中连接上级党委、政府与普通农民的桥梁,村支书角色重要,作用关键。习近平总书记早在 2014 年就作出批示强调,把选好、用好、管好村支书提到巩固党的执政基础的高度。在探讨村支书的日常处事能力之前,有必要回答一个基本的前提问题:谁能成为村支书? 成为村支书需要什么条件?

　　习近平总书记明确指出:"火车跑得快,全靠车头带。要加强基层党组织带头人队伍建设,注重培养选拔有干劲、会干事、作风正派、办事公道的人担任支部书记,团结带领乡亲们脱贫致富奔小康。"[①]"有干劲、会干事、作风正派、办事公道"是对成为村支书人选的要求,那么这些具体要求是如何落实到村支书的生成路径的呢? 而这些条件的具备程度又是如何影响村支书处事能力的发挥的? 这是本章要着力回答和解决的问题。

---

　　①　中共中央党史和文献研究院:《习近平关于"三农"工作论述摘编》,中央文献出版社 2019 年版,第 194 页。

第一节　村支书的职业成长路径

上文简要概述了村支书及其所在的村庄,本部分将进一步探讨村支书是如何能够能成为村支书的。前一个村支书指的是人物属性的村支书,后一个村支书指的是作为职业属性的村支书。从一般意义上说,能够在本乡本土成长中脱颖而出成为村支书,必然具备一定的主客观条件。本节将分两部分进行分析:一是对村支书的职业成长要素实态进行分析,二是从村支书视角看待能成为村支书的条件。

一、村支书职业成长要素实态解析

与政策文本对成为村支书的规范性要求不同,本部分将从两个维度三个方面来考察他们担任村支书的可能性。这两个方面指的是主观和客观上,从主观上看,他们首先要有担任村支书的意愿。这并不是说他们进入村支两委工作的一开始就是以成为村支书为目标,而是在个人意愿、组织要求和村民需求等多方共同作用下显现出来,并最终通过个人任职意愿而成就;从客观上,即便主观需求非常大,如果缺乏客观上的能力呈现,也是很难以得到组织认可的。而这种客观上的能力展现体现在他们任职村支书之前的职业经历上。鉴于此,本部分将分别从职业经历和任职意愿两个方面全面展现成为村支书的前置条件。

1.职业经历

村支书是一个村庄发展与治理的关键,这就要求没有一定的实力是没有办法成为村支书的。经过对14位村支书的分析发现,村支书之所以能成为村支书,有三种类型:一种是提升型,即任职前业是务工或经商,具备一定的经济实力后被吸纳进党组织并被选拔为村支书;二是转换型,即从村干部转换为经济能人,然后又从经济能人逐步转换为村支书;三是成长型,即从普通村干部或其他身份慢慢成长为村支书。

(1)提升型

改革开放以来,发展成为时代的重要主题。具备一定的经济实力是很多党委、政府选择村支书的关键,也是党员群众认可村支书的前提。在被调研的村支书中,有3位村支书是因较强的经济能力被党委、政府认可,从而被吸纳成为村支两委干部,最后成为村支书的。那就是NQ村的ZYS,SF村的YDX,XD村的CYG和HX村的FXH。

在当村支书之前,我是自己单干的,始终在村里搞企业。我是高中毕业以后留在村里开始搞建筑队,弄了10年;完了以后1992年底搞的这个企业,也有30年的时间了。在我搞企业的时候,上面(党组织)找到我,因为当时要找一些致富带头人做村支书,就让我搞村里面的工作。当时我也没应(答应)。后来,在偶然的换届的时候,党员们选上我了。(NQ-ZYS-20200722)

我是1999年上来的,1999年上来开始作村干部,2001年入党的,2001 年开始干书记一直到现在。我之前是做木匠 8 年,也开过餐馆五六年,办过砖瓦厂 7 年,好多生意我都干过,反正一直在做生意,基本没有停过。(SF-YDX-20210710)

我是在高中毕业后,就到广东那边去打工了,做的是家具加工方面的工作。2002 年回到村里来,2002 年之前在外面年打了几年工。那时候在外面,比如说怎么说,在外面工作时间长,就还是要落叶归根,可能还是要在家里附近的。后来 2002 年到村里,慢慢就做到现在。(XD-CYG-20210712)

高中毕业之后我就去搞建筑,学手艺,跟着一位师傅做事。1984 年,我们乡集体搞了一个基建队,去外面搞建筑,承包房屋。当时我就报名参加了这个队,总共有五六十人。报名后当时要去学习建筑这一块管理技术啊、施工技术啊什么的,学习一年。一年之后就去施工,基本上在本县,有个国营企业,就在那里搞。之后又到我们庐山等地,我们在那里建房子。当时建筑这一块单位付款不及时,1987 年的时候我们这个基建队就解散了。解散了以后我就到南昌市三金公司那里做工,之后在那边熟了,就和那些施工单位建筑单位拿些项目来做,后面也到了全国各地承包一些工地,在内蒙古两年,在北京三年。2007 年我回来,在村里开党员会,我也是党员,开会的时候说我们这个村有个新农村项目,当时那一个项目才两万块钱,我们村当时其他的小组都说 2 万块钱能做什么,都不要,我说我要,我那个小组要。我就跟我们组的说 2 万块钱拿给我们是做事,2 万块钱在那个时候也能做一点事。我那个时候就从一个山沟里,大概有

20公里远,我把自来水水接到组里来,我那个组上那个时候就通了自来水,那些道路基础建设我自己也加一点点钱搞起来了,所以说我那个组当时在村里是有名的,当时老百姓说让我来当村长,一起叫我当。(HX-FXH-20210712)

从这3位村支书的职业经历看,都比较复杂,不只从事一种行业。其中,YDX是一直在做生意,而ZYS和FXH都是从当地的建筑行业开始,然后转到经营公司。不过两人还是有差异,ZYS则是直接因致富能人的形态得到当地党委、政府和村民的认可,FXH则在经济能人之外,进一步通过领头为所在村民小组办理公益事业得到"老百姓说让我来当村长"的肯定。他们的职业门类多,而且实现了自身的致富,这两点充分显现了他们三人有头脑、有闯劲,是带领村民致富和村庄发展的基础前提。

当然,从被村民认可和党委、政府看重到成为村支书并不是一蹴而就的。据HX村的FXH说:"2009年我们老村委会换届,当时也是根据老百姓的呼声要换新班子,那些老班子都要换掉,当时我们的XWN书记就被选为我们的党委的支书,其余的老村干部就落选了,当时就他一个人,还有一个原来妇女主席。当时他就在全村大会上提出要选一个好村长,当时我是搞建筑行业的,提出要我出来,因为我是搞建筑的,村庄发展必然要靠建设。"(HX-FXH-20210712)

与FXH同期被看重的XWN也是经营能人,两人一人为村主任,一人为村支书,搭档十二年,把一个贫穷落后的乱村变成了一个明星村,实现了"家家有资产、户户有股份、人人有就业、年年有分红"。直到2021年,FXH才由村主任接替XWN成为村支书实现"一肩挑"。相比于 FXH 经历十二年才成为村支书不同,ZYS 和 YDX 则从被吸纳到村支两委班子很快成为了村支书。据 ZYS 说:"一部分老党员就问,选上你了你干呗?我说选上了就干吧。就这么一句话,我就以高票入选了。人们看着你能为老百姓办点事儿,就这么着自发的就进了这个支部了。进了支部当了一届副书记。等到第二次,三年以后,第二次选举的时候,那我就选上了当了书记了。"(NQ-ZYS-20200722)

(2)转换型

相比于提升型村支书来说,转换型的村支书多了一个前置性环节,即他们本就在村任过职务。只不过因为经济、政治或其他原因而放弃在村任职,选择外出务工或经商而成长为经济能人。从所调查的 14 位村支书来看,基本上可以分为两类:

第一类是双重被动转换。因为政治原因而被迫辞职,选择外出经商,这是第一次转换,即从村干部到经济能人,如 LY 村村支书 SGX。据他说:"我 89 年就开始当村长了,但我当时只干了一任。我第一任当村长的时候,恰好我当时刚高中毕业,一开始就在村里搞了一个小砖厂。后来选举的时候,有部分群众就建议我去看,我一开始不想干,但是后来还是把我选起来了。选了我后,不干也不好,就开始当村长了。其实我在这个村里有个好条件,我父亲是村里的老中医。他当时就是治病救人的,而且他这个人'很别',无论到谁家看病,都不吃别人的不喝别人的,无论刮风下雨他都随叫随到。他也是这么教育我们的,要有礼貌。也就是在这种前提下,我出来了。"(LY-SGX-20210720)

按照 SGX 的说法,他因在村里办砖厂而成为致富能人,再加上他父亲作为老中医治病救人的先天条件,于是被村民推选为村长。但是在一任之后因超生问题被迫辞职。但即使在因超生问题被迫辞职的当口,SGX 还是被党组织发展为了党员,被发展为党员就为他后来回村担任村支书打下了基础。

到 2000 年,作为经济能人的村支书 SGX 被迫实现了第二次转换,即从经济能人到村支书。之所以是被迫,在于 SGX 不是主动回村工作,而是在党委政府的动员下回村的。之所以党委政府要动员 SGX 回村担任村支书,在于 LY 村迫切需要一个能够"起死回生"的人。据 SGX 口述:

> 我去北京做了七年生意,在这期间村里换了五任支部书记。当时有的时候半年就会换一个。当时还要交公粮什么的,别的村都能搞好,我们村就连公粮也不交了。就是在这种情况下,在党委政府下来调研考察的时候,领导问大家你们这个村谁能出来干好。在这个过程中,因为我之前干过几年村长,于是就有人提到我了。领导问我是干什么的,下面的人说我现在是在北京做生意,也不会回来了。党委政府多次来调研,得到了这个信息,所以他们攒着这个劲儿找我。

> 因为那个时候也没有电话、没有手机,也不好找人,直到 2000 年春节我回家过年的时候,我一回村里,乡党委书记就派乡长来找我谈话,做我的工作。他说让我回村工作,我说感谢领导,但是我没办法回村工作,现在只是因为春节到了,要过节才回村里,我在北京还有别的事儿需要做,走不开。他听我这么说

还是一直做我工作，非要我干，就不让我走了。正好也是凑巧，村里修铁路，我弟弟的房子需要拆迁，房子拆迁的话，家里肯定要有人照顾着，还要盖新房。当时我父亲也上年纪了，需要人照顾，于是我弟弟就和我商量让我在村里先照顾着这些，生意的事儿他回北京帮我照料，当时就说快了的话一个月多一点，慢的话两个月多这些事儿就能搞好，我就可以回北京。我就因为这个事儿，正好在家待了几个月。

在刚开始的时候，镇上领导天天来找我，轮番来做我工作，但是我一直都没答应。后来他们和我说，让我先干几个月，干到收完麦子，因为6月份要交公粮，我们这个村又两三年没交过公粮了，他们想让我在这几个月干一干，完成我们村今年交公粮的任务。领导找我，书记乡长来找我，村里有几个比较正义的老头也来找我，当时在家的时候，在这种情况下我其实也没答应，但是就直接把我选上了，让我去干。没办法，我就这样被选上了。"（LY-SGX-20210720）

村支书SGX从2000年开始担任村支书至2018年6月，按照他自己的说法，"是因为身体原因"而卸任村支书职务，而后于2021年8月再次被召回担任村支书。这其中的波折在于村庄再一次遇到困境："因为我这两年没干，没干之后下边搞的各项工程被认为是违法占地。实际上美丽乡村违法占地，在规划那个项目的时候，国土局都有备案，土地是要调整的。但是我不干了之后，也没人管没人问了。市里一共有8个美丽乡村，剩下那几个都调整了，只有我们村没人管没人问，没有调整然后拆了。所以在我没有干的这几年，上级对我们村的定位是"软、贪、散",上级评比红旗黑旗的时候,我们村是黑旗。对村里的整个项目投资也都放弃了,没有任何资金了。乡上新书记来之后,开始对我们村进行整改,然后做我工作要我接着出来干。他们做了我一年的工作,我都没回来干,最终是书记想办法给我弄回来了,2020 年 8 月 4 号我就回来接着干了。"(LY-SGX-20210720)

第二类是双重主动转换。其中,第一重主动转换是因经济原因而主动辞职,选择由在村担任村干部到外出务工或经商。在 14 位村支书中有 2 位村支书是如此经历,即 XC 村的 HBH 和 WQ 村的 GSX。HBH 则是中专未毕业即在村里任职,半工半读,先后担任团支部书记、民兵连长、治保主任和村委副书记,其间抽调到镇武装部担任干事(1993—2002 年),2002 年辞职到武汉汉正街从事服装生意至 2007 年;GSX 于 1990 年高中毕业后在 WQ 村的村办企业担任会计,1994 年底到镇饲料公司工作。1995 年结婚,1996—2000 年在北京务工。据两人口述,辞职的共同原因是"工资待遇低"。从辞职的年龄来看,HBH 辞职时 29 岁,GSX 辞职时 26 岁,正处于结婚成家和养家糊口的关键时期。很显然,面对工资待遇难于养家糊口的巨大压力,促使他们主动辞职,这是第一重主动转换。第二重主动转换则是从务工或经商转向回村继续工作。HBH 表示是"有了资本后又回到村里做事,2018 回村里参加选举",而 GSX 则说,"到 2000 年,村里有个干部因为生病就没干了。当时的村书记就打电话让我回来。当时我就综合考虑:一是家里的孩子要回来读小学;二是考虑村里原来的老一届的领导对我也还很器重,也想作为一个培养的对象。于公于私两方面考虑,我就跟我爱人从北京回来了。2000 年 5 月份我就参加了村里面的工作,接替那个村干部的职务当了委员。从 2000 年一直到 2011 年,从事了会计、文书、团支部书记等工作。2011 年当时我们村的书记生病去世了,我们那个村主任就接替了当时书记的职务当了村书记,我就当了主任。2011 年 8 月到 2014 年 8 月,我当了三年主任。从 2014 年 8 月到现在已经当了 7 年的书记了。"(WQ-GSX-20210725)

与 HBH 曾经真正担任过村干部不同,GSX 原来一直是在村办企业或乡镇企业工作。他的回村工作虽然是受到老书记的邀约,但他更多是实现自身的理想,正如他自身所说"考虑到村里原来的老一届的领导对我也还很器重,也想作为一个培养的对象",这体现出他自身很强的主动性。如果说 HBH 是因为有经济实力的主动,那么 GSX 则是因政治期待的主动。

(3)成长型

不论是提升型还是转换型,都需要经历村内与村外两种环境的博弈才能完成。与这两种类型,作为成长型的村支书则没有经历外出务工或经商的历练,而是在本乡本土(含外嫁到村)中,通过党组织的选拔和自身的努力逐渐成长起来的。从调查的 14 位村支书来看,6 位村支书属于此类,占比 42.9%。总体来说,他们可以细分为三类:

一是能人成长型。即在成为村支书前是本地经济能人或文化能人,而后被选拔进村级组织并成长为村支书。ZWT 村的村支书 WYF 和 JY 村的村支书 FDM 属于此类,两人分别是经济能人和文化能人。其中,WYF 在进入村委班子之前,与朋友合伙在当地开办加工厂,并自己接一些小工程。在这个过程中,一直担任所在村民组小组长。2004 年进入村委担任治保主任,2008 年成为民兵连长,直到 2018 年担任村支书。在他整个的职业历程中,都没有离开过当地。同时,在进入村委班子工作后,因在地的优势,他的产业也一直在延续经营。这两点是他与提升型村支书不同的地方。提升型村支书因为离地务工或经商,而回村后相关的产业也随之结束。与 WYF 不同,JY 村村支书 FDM 在到村工作前是当地中学的代课教师,主要教授语文和政治。1992 年 7 月 16 日通过村民选举担任村委副主任,随后担任主任,并于 1995 年成长为村支书。不论是 WYF 还是 FDM,都是本地的能人,他们的职业范畴都没有超出本地,也对本地最为了解。但相比于 WYF 来说,作为文化能人的 FDM 成长为村支书的时间很短,从到村任职到担任村支书仅三年不到。

二是组织培养型。所谓组织培养型,指的是被党组织作为重点人才进行历练,而后一步步培养为村支书的。ZC 村的村支书 XM 和 TX 村的 CTL 即属于此类。

我是本村人,我当村支书刚好满一届,但是我从事村里的工作时间蛮久,2006 年开始就到村里工作。因为我从小的时候,包括我的爷爷以前就在村里做过会计,从小就有跟党走、奉献基层、为民服务的想法。从技校回来后,村里推荐我去上了党校,然后在华中农业大学获得了大专学历。我也去过别的乡镇干过,最后服从安排回到本村。一开始是担任村里的治保主任、计生专干。2011 年开始在镇里当计划生育办公室信息统计员,2014 年成为 ZC 村党支部委员,2016 年担任 ZC 村党支部副书

记、副主任,2018 年起任村支书。(ZC-XM-20210711)

　　我是 18 岁当兵,当了 6 年兵。回来以后,就在建筑公司上了几年班。在 85 年、86 年那时候有一个整风,在那个全体党员会上要有个发言,让我写点。县里说这个小伙子写得挺好。那时候村里班子基本上就是比较频繁的换,后来上级就关注我了,就找我谈话,说这次你们就组织一下这个年轻的,毕竟我那时候才二十五六岁。我说我不行,这村里面的情况我都不太熟悉,于是我就接了二把手。实际上,这是突破口,我就这么着当的副书记、村长。(TX-CTL-20200721)

按照 XM 书记的说法,他是因爷爷是村里会计,有一种传承,在技校毕业后就回村,并相继在党校和高校学习。这两次学习经历在于他是被作为重点培养对象而获得的,在于提升他的能力。他回村后又在村级和乡镇都历练过,积累了一定的基层工作经验。正是这两方面的培养,使他在担任村支书职务时仅 32 岁。与 XM 书记不同,CTL 书记则是退伍军人,因一次偶然的发言被党组织所看重,再加上当时农村社会特殊的政策环境和 TX 村村支两委班子不很得力,很快被组织选拔担任村主任职务。两人担任村主职相差近三十年,但也反映出不同的组织培养方式。相比于对 XM 的精心培养来说,对 CTL 组织则是更多地让其通过实践历练。

　　三是工作成就型。所谓工作成就型是指从进入村支两委班子入手,是依靠自身一步步努力和工作成就成长为村支书的,NH 村的 LJH、QL 社区的 LDF、XYT 村的 DXP 属于此类。其中,作为所调研 14 位村支书中仅有的两位女书记 LJH 和 DXP 都属于工作成就型,她们两人都属于考试进入乡村干部队伍的。LJH是考进乡广播站做播音员,DXP则是通过考试担任村计生专干,在当时两人的学历均较高,前者是高中学历,后者是中专学历,都属于外嫁入当地村的。不过,两人都是凭借自身的能力一步步干到村支书职务的。其中,LJH是在改制后下放到村里任职,先后担任计生专干、妇女主任,竞选村主任,担任村书记;DXP也是先后担任计生专干、妇女主任、扶贫专干,竞选村主任,而后担任村主任、妇联主席和村书记的。在主要由男性担任村庄主职干部的乡村社会,女性成长为村主任或村支书凭借的是过硬的工作能力。属于此类的QL社区LDF,则是从18岁开始即在村任职,按照他的话说,"我是村里本地人,在1995年就在村里,当时叫联防队,是一名联防队队员。1999年任命为联防队长,2008年任社区两委委员,2018年至今是桥梁村书记、主任。"(QL-LDF-20210729)

总的来说,14位村支书的职业经历大体上代表现今村支书的成长背景。在乡村振兴的大背景下,14位村支书的职业经历表明,目前担任村支书职务的都是具有一定经济实力或经济能力,具有长期在村任职工作经历的能人。应该来说,他们均具备带领村民、引领村庄走向更好的未来的基础。

2. 任职意愿

能人能否真正带动村庄的发展,离不开他们的任职意愿。首先,从能担任村支书来看,必然是得到了党组织和群众的信任,而村支书能否不负组织和群众的信任是任职意愿的一个层面;其次,在乡村振兴大背景下,村支书作为一个村庄的"班长",如果心中没有树立建

设与发展家乡的信念,也很难以带领村庄和村民走上更好的发展
轨道。

(1)不负组织和群众信任

从 14 位村支书的职业经历来看,他们都是在本村人(有两位女
村支书是从外村嫁到本村的),而且都在村支两委位置上得到过历
练并最终成长为村支书的。从这两个层面上看,他们并不是"空降"
部队,而是为村民所"知根知底"的。而且在历练之后,更是被党组
织所认可的。如 XYT 村村支书 DPX 在担任村支书之前是村里的扶
贫专干,据所在乡副乡长说:"我 16 年在冉庙扶贫办上班的时候认识
的丁书记,她那个时候是扶贫专干,当扶贫专干的时候工作就非常认
真,争先创优的意识比较强,也比较能吃苦耐劳,对工作也确实比较
负责任。比如说,那个时候的工作都是信息化、电脑化的,她那么大
的年纪都是自己主动学,自己主动做,所有的工作不管再晚再累,她
都加班干好,还得干到最好。我们和她下去走访的时候,群众对她的
评价也比较高,群众工作做得也比较好,和群众之间的关系处理得也
比较好,这一块确实得到了大家的认可。工作这一块也是一个雷厉
风行的人,虽然说个子不高,但是干起工作来,也是一个雷厉风行的
女同志。所以说 2018 年换届的时候,我们根据当时的实际情况,选
举的新晋村主任,现在是我们新任命的村党支部书记,这一块确实不
错。"(RM-SJG-20210804)按照副乡长 SJG 的说法,DPX 具有吃苦耐
劳、认真、爱学习、积极主动、负责任等一系列特质,而且群众基础扎
实,得到了党组织和群众的一致认可,所以组织和群众把他们推到村
支书位置上,是一种基于认可的信任。

然而,他们是如何看待组织和群众的信任的呢? DPX 书记是如此回应的:"咱干的就是这一行,咱就是这个职业。他们问我挣多少多少钱,我就对他们包括村两委新进的这些干部首先强调一点,我们到这个村里来,我们不要讲报酬,你要讲报酬,你要想发财,你不要到村里干。因为你干到底也不会发财的,而且付出的也比较多。你如果有不付出的想法,认为我自己付出的和我得到的不成正比,心里不平衡,那你怎么能把工作做好? 你都做不好这个工作了,那你还在村里干啥呢?"(XYT-DPX-20210717)在 DPX 看来,组织和群众的信任就是一种责任。所以,唯一的回报就是尽力做好这个工作,不是为了发财,也不要心里不平衡。

NQ 村村支书 ZYS 是在党支部换届选举的时候以高票当选为村支委委员、副书记。在他看来,他之所以当选是"人们看着你能为老百姓办点事儿",而对于被党员推选,他是这样描述的:"在换届的时候,一次机会就是说老百姓、党员们自发的选上我了。因为我是党员,所以其它同志就选了我。我当时比较犹豫,一部分老党员就问,选上你了你干呗? 我说选上了就干吧。就这么一句话,我就干上村书记。"(NQ-ZYS-20200722)这种在党内的高票当选,是所有党员的一种信任。因为 ZYS 经营有自身的工厂和企业,是典型的经济能人。村庄党员期望 ZYS 能够带领村民实现致富,ZYS 书记的回应是"我说选上了就是吧",而 ZYS 也没有辜负党员和组织的重托,在位置上兢兢业业,把一个"烂村"带上了正轨。村支书 WYF 则更为详细地阐述了群众的信任与自身的不负信任之间的关系:

2015 年的时候,村里的老支书比较欣赏我,问我能不能上来为村里担大担子。我说,我坐这个位置的话,必然要对得起大家。这次组织委员找我谈话的时候问我有没有什么想法,我说我做了十几年,一直都没什么想法,我换届从来不想和别人抢什么位置。当时组织委员问我如果组织上推你出来,你怎么选择。我说,如果真要我做的话,需要具备两个条件:第一,组织上信任我,这是前提。第二,如果说群众不拥护我,我也不做。毕竟这个工作要面对千家万户,如果群众不拥护工作就很难推进。所以这是两个基本条件。当时支委换届选举的时候,34 个人有 32个人选了我,还有两个人是因为画圈弄成了打勾,所以算废票了,但他们也都是选我了,所以当时算是全票选我。大家都是很支持我的,我说那行,我自己内心就想既然组织上信任我,群众又这么信任我,那我在位一天,就做好一天,这是我做人的原则,所以说实话,这三年来,我的工作做得问心无愧。(ZWT-WYF-20210711)

在 WYF 看来,自身要担任村支书职务,需要来自组织的信任和群众的拥护。他要求把村支书的个人信任转化为组织信任,又通过村支委换届选举证明了自身能够得到党员的拥护。正是在这种双重作用下,他回应的是"我自己内心就想既然组织上信任我,群众又这么信任我,那我在位一天,就做好一天"。而对于如何"在位一天,就做好一天",村支书 LJH 谈到了这个问题,据她说,"就是一步一步把事情干好,主要是对待老百姓就像对待我的家人一样,用心去跟他们交流。我一步步走过来,我家里包括我母亲今年已经是 50 年党龄的党员,我女儿也是党员,我们家里就是与党保持一致,跟党走,想把事情做好。一边是家风熏陶,一边是自己心里为人民服务的想法。我就是一股心对人,不管是老百姓,还是上面的领导,哪一个人到宁红村我都是用真心真情对待。"(NH-LJH-20210714)

（2）改变家乡的信念

按照 WYF 书记所说的"在位一天,就做好一天",不是要做"撞钟者",而是要积极工作,成为村庄的"改变者"。要从"撞钟者"向"改变者"转变,必须要能够激发在心中潜藏的改变家乡的信念。在所调查的 14 位村支书中,都是积极的行动者,而他们的行动都是建立在改变家乡的信念基础上的,要么使村庄贫穷落后的面貌有所改观,要么使乱村得到了治理与发展。

一是想扭转家乡的贫困局面。在改革开放的浪潮之下,乡村社会的一些能人走出乡村,通过在外务工或经商成就了自身,有识之士则在这种自身成就中看到了家乡的贫穷落后,从而萌生了扭转家乡贫困局面的想法。

我们 SF 村人口很少、面积特别小、比较穷,典型的丘陵地带,很怕旱,每年抗旱都比较困难。就是因为抗旱比较难影响了我们这里的种植,每年的抗旱我们村庄都需要花费 5、6 万到 7 万,每亩贵 100 多,老百姓承担不起,而且种地收益也比较低。太穷了,就想回来建设村里。(SF-YDX-20210710)

党委政府安排去参加选举,自己也想为老百姓办点实事办点好事,因为我小时候没有实现的梦想,现在有了经济实力,人也比较成熟了,就想回来为村里做点事,因为 XC 村还是比较穷的,想要带领村民致富。(XC-HBH-20210710)

一是有一种想要把家乡建设得更好的信念;二是从小在农村生活,能够深刻体会到家乡的村民为了解决温饱问题的艰辛,所以也一直也有想把穷村变富村的愿望。(WQ-GSX-20210725)

随着当村里书记的时间越长,随着自己年龄的越来越大,就越想做一点事留给后人来评论。我曾经跟区里柯书记在我们村座谈。我说了有两点,第一个作为本村村民有一种幸福感。因为基础设施这些建设都搞得很好。我是土生土长的,所以有一种幸福感,幸福指数高。作为村里的一个书记,有一个成就感。当一个书记,一点事都不做,那肯定是不行的。(JY-FDM-20210712)

首先是情怀,毕竟我是在村里土生土长的。很多大学生回家创业,我相信也是这个情况,因为看到自己家乡发生变化,这是一个值得骄傲的事情,第二,希望在以后,老百姓能对我有一个好的评价。只有真正为老百姓着想了,老百姓才对你有好的评价。(QL-LDF-20210729)

从以上几位村支书的讲述中可以鲜明地看到一个词"变化",就是期望自己的家乡能够发生改变。无论是 SF 村村支书 YDX、XC 村村支书 HBH、WQ 村村支书 GSX 眼中的村庄贫穷,还是 JY 村 FDM 眼中的成就感,抑或是 QL 社区 LDF 想得到好的评价,都需要立足于村庄的改变来实现。在所调查的 14 个村庄中,HX 村的改变可以用翻天覆地来形容,而作为村支书的 FXH 谈起当时回村的考虑如是说:"我跟 XWN 书记说要搞就搞嘛,反正我们一个人富也没什么好的,大家富,老百姓这样信任我们,以这种呼声,这种期愿让我们来办我们就办好。所以说自家赚的钱,不要赚,我们自己留下来慢慢用也没事。反正儿子慢慢大也会赚钱,不能只靠我们,做这样的事对我来说没有多大的压力。既然是个党员,就要干一个党员的义务,一心为村里做事,所以说我们就这样的。"(HX-FXH-20210712)

二是扭转村庄的乱局。在所调查的 14 个村庄中,也有一些村不仅是贫穷,而且是乱村,是真正的难点村。LY 村就是这种典型,据村支书 SGX 说:"在北京的这五年里,村里换了五任村书记。有的时候半年就换一个。咱这个村放在过去的话就是说是一个'邪气'比较重的村,歪风邪气大。一个社会里往往正气不足了,邪气就会上升。有些人认为干部是想管他们,于是就有抵抗情绪,还想着去找干部麻烦。他们始终受这种想法影响,不认为干部这么做是好的,不认为干部就是需要去管理村子,帮助村子发展,这是他们的职责。在这种情况下,如果干部压不住这种邪气,那他肯定就没办法开展工作了。(LY-SGX-20210720)

为了改变村庄的混乱局面,当地乡镇党委把 SGX 请回担来任村支书。他团结带领村民积极行动,着力改变村庄的混乱局面,把村庄带向了正确的方向。2018 年,随着 SGX 的离任,村庄再一次陷入困局。乡党委不得不于 2020 年再一次把 SGX 请回村担任村支书。

> 我回来之后一看,发现老百姓的地因为美丽乡村项目毁了,过去老百姓还能种地,现在地也没了。然后项目也失败了,没有经济效益,村集体经济收入就更不用提了。在这种情况下,我也感觉很难受……最后我要回来的时候,我也没办法了,就去拜访

我的朋友,航院的张教授(负责该村美丽乡村建设规划)。见到她后,我说 LY 村的情况你也知道,你之前也关注过,现在我想请你再过去一趟,看看这个项目还有没有救。当时她和我说你不要问我 LY 还有救没有,我只问你一句话,你还有当初的那份激情没有。我和张老师说,我这次既然出来了,就没有退路了。一是有部分群众,对我有很大期望,我出来了就不能辜负他们。二是有些人和我不太对付想看我笑话,就想把一切责任推给我。再加上党委政府对我的信任,我是一点退路都没有了。(LY-SGX-20210720)

面对村庄的困境,作为曾经的村支书"感觉很难受"。虽然他打心底不愿意干,但是却又主动承担起拯救村庄的重任。正如他的朋友询问他还有没有当初的那份激情,他的回答是"我这次既然出来了,就没有退路了"。所谓"没有退路",就是必须再次改变村庄发展的颓势。应该来说,作为一名党员,作为曾经的村支书,如果在心底没有改变家乡的决心,是难以勇挑拯救村庄的重担的。与 SGX 的经历相类,作为 NQ 村村支书的 ZYS 所面对的也是一个乱村和穷村。

怎么说呢,因为我在干这个村支书之前,前面有几任干得不好,村里面摊了好多账。等我当副书记的时候实际上是干的正书记的工作。我们当时那个书记干了几个月,因与黑社会有勾连,进监狱去了。他进去了,所以说下届的书记自然而然就是我了。因为那时候年轻,就是说个人经济生活上没什么问题了,真就是有一种心理就是把村里的工作做好,想干一番事儿。上来以后我才知道,村里面这么大,有这么多的事儿。一开始没想到这么多人,咱们想着和企业差不多,因为咱们搞企业搞了这么多年了,有经验。结果村里面的事儿比企业上的事儿还要烦琐。我上任的时候,村里面连张信纸都没有。特别特别贫穷。后来经过这几年的奔波、奋斗,村里面现在办公条件等什么都改变了。现在条件很好,账也没什么了。你想我上任的时候,1970年代的账都还在,都没给人家开支,都是我上任以后给他们结的。也难着呢!要不说每次一到换届选举,这票上我都不用担心,不能说满票吧,但是肯定能达到80%。(NQ-ZYS-20200722)

ZYS 所接手的是上任村书记刚刚进监狱的村庄,这少不了带来村庄的震荡。但是,作为经济能人,除考虑自身的经济状况外,他想的是"真就是有一种心理就是把村里面弄一弄",就是要把一个乱村、穷村带上发展轨道。NQ 村从一个特别贫穷、欠债不少的村到还清贷款、办公环境改善,是离不开 ZYS 改变村庄的信念的。所以,他才能如此自信的表示每一次换届选举不是满票也能达到80%。

总的来说,在所调查的村支书中,不论他们是被动还是主动担任这一职务,最终能得人心,离不开他们主观意愿的建构。他们能够担任村支书,离不开党组织的信任和群众的支持;他们自己愿意担任村支书,没有只关照自己的生活,也离不开改变家乡的信念的加持。在这一信念的加持下,他们在工作中更加勤勤恳恳以回报党组织和群众,从而催生了不负人民不负党的强大动能。

二、村支书的威望生成方式

上文对村支书职业成长要素的分析,厘清了所调查的村支书在成为村支书之前的职业经历和任职意愿。事实证明,不论是从职业经历,还是从任职意愿来看,所调查的村支书是有资格、有能力、有条件担任这一职务的。但是,面对村庄的发展困局或治理困局,村支书该如何破局,又该怎样在村域社会树立自身的权威呢?按照 ZC 村 XM 书记的说法:"我觉得让村民们推荐我去当村支书,首先第一个是做人的本性是善良,敢奉献,不计较回报。我认为做任何事情都是积累出来的,什么事情都不是偶然的,通过慢慢的积累,通过做的实事一步步获得民众的认可。"(ZC-XM-20210711)很显然,威望的生成是有一个积累的过程。乡村社会具有"属人"的特性,而人的活动又体现为"做事",而这个过程是通过做人与做事体现出来的。为此,本部分将从为人和做事两个方面来分析。

1. 为人"正"

一个土生土长的农民要成长为村支书,离不开党员干部的信任与拥护。没有正派的人品是难以得到拥护的,即便是一时的得势,也是难以持久的。NQ 村村支书 ZYS 明确说:"因为我是从企业上上来的,咱们个人在村里面没有任何污点,在老百姓当中也没有污点。所以咱们出来了,咱们敢说话。所以说这人吧,做事儿必须得学会做人。你人品要不正,你上来你也干不了。你凭什么说人家啊,这真是那个观点。为什么说新手上来他好干啊,说起来他是一张白纸,他没有劣迹。再一个干村里的事儿,你要是私心大,你也干不了。也不是说全为集体吧,但你得有一颗公心。你就得为老百姓着想,特别是当一把手。"(NQ-ZYS-20200722)在 ZYS 看来,只有自身没有污点,才好去带领大家,人品正才能有正气;只有人品正,才好去号召村民做事,这就是让村民信任你是公正的。这一点也为 TX 村村支书 CTL 所认可,他认为:"首先你不能太自私了,真的!你要是什么都想着自己,这老百姓可都看在眼里。"(TX-CTL-20200721)LY 村村支书 SGX 将其上升到"人格"的高度。"首先是说句实话,还是我说的,我个人认为是人格的问题,先做人后做事。你这个人得不到别人的认可,那你想做事就做不成。思想要正派,为民着想,没有私心,始终想着为人民服务,最终就是想办法为群众谋福利。"(LY-SGX-20210720)在他看来,只有思想正派,没有私心,心中始终装着群众,才能得到别人的认可。

然而,SGX 书记所说的思想正派,心中装着群众不只是嘴上说说,体现在他为打开村庄工作局面的谦逊低调上。他并没有把自身当作"高高在上"的干部,而是深入到每个村民小组中,深入群众之中去解决问题。

> 当上干部后,我就开始召集当时的村委干部。其实他们都不干活了,但毕竟是一个村的,我也认识他们,就一个个跑去找他们,喊他们开个会。我去找他们的时候,也是掂着酒拿着瓜子,过去条件差只能这样,去找他们喝酒。喝完酒了我和他们说,虽然现在我出来干工作了,但是我也干不了几天就会走,工作还是以你们为主,毕竟我也出去了好几年了,有些工作别人搞

不成的我也没那本事,不过日常工作我们还是得好好做。他们一听我这么说,都说好,可以,没问题。这个时候虽然答应得很好,但是吃完饭了再喊他们,他们都不来了。说白了,那个时候村子就是乱着的。虽然答应了,但是该不来还是不来。其中有一个是秘书,正好我们俩是一个家族的,都是姓史的。我就和他一起,从每个生产队走起,先上队长家里找他去聊,一次不行就两次,做他工作。把队长们家的转了一圈之后,就开始找老党员、老干部聊,下去转,当时可以说碰到的钉子、难题多的数不过来,晚上经常就熬通宵。(LY-SGX-20210720)

SGX 接手的是一个乱村,虽然他获得了村支书的职位,但并没有得到村民甚至村支两委干部的认可。即便这些干部表面上答应了 SGX,但并没有人真正把他的话当一回事。面对这种局面,SGX 并不怨天尤人,也不是强行发号施令,而是越过村支两委干部深入到村民组中,去做村民组长、老党员和老干部的工作,让他们感受到自身的真诚。正如 SF 村村支书 YDX 的说法:"还是做好自己。因为农村老百姓的素质不比城市里的,多数人有小农思想,你想要把他们素质提高,首先你要做标本,先把自己提高了再说,先把自己做好了再说,不然,你说他,他跟你对着来。"(SF-YDX-20210710)

2. 做事"实"

为人是否正派,要靠做事来体现。只有真正为村民做事,即便短时间内村民不理解,但最终"群众的眼睛是雪亮的"。要在村庄快速建立威信,就需要解决群众期待的问题,实现群众利益的满足。在乡村振兴大背景下,还要在推动村庄发展上着力。只有让群众看到村庄的改变,看到你所带来的生活的整体变化,才能生成持久的认可。本部分将从解决群众的期待和促进村庄的发展两个方面来分析村支书的威望生成。

（1）解决群众期待

中国特色社会主义进入新时代,我国社会的主要矛盾发展为人民日益增长的美好生活需要同不平衡不充分的发展之间的矛盾。人民日益增长的美好生活需要体现在多个维度,而且是不断变化的。作为村支书,必须要准确把握村民期待的变化,并在工作中予以解决。对此 QL 社区书记 LDF 一上任就通过重启还建项目快速得到了村民的认可。

> 在我上任前有一个还建项目一直没有落地,已经搁置了 4 年。这是在我上任后启动的项目,现在还建第一期已经完成了。这边 4 栋楼已经完成了,现在开工的有 5 栋。这是我们小李村的还建计划,也是重点项目,一期 4 栋楼现在已经封顶落成了,现在进行的原来规划的是 4 栋楼,现在改成 5 栋楼了,因为有户型的区分,我做了一个微调,目的就是把老百姓的还建房都全部落实到位,就是今年年底要落实到位的事情。这个项目已经上了 4 年没启动,是我上任后以后启动的,原来因为没有落实到位,老百姓本来都要上访的。后来我上任以后,我半年时间就把项目重新启动了,今年年底就能完成,基本上按照市里的要求,必须今年年底全部完成分配到位。（QL-LDF-20210729）

QL 社区的还建计划是为了安置拆迁群众的居住问题。然而,在 LDF 担任书记职务之前,还建计划搁置了长达四年时间,这严重影了居民的生活,也是社区居民的最大期待。所以,LDF 上任之后很快重新启动还建计划,还把居民生活环境需要落实到位,从而很快站稳脚跟。按照 SF 村村支书 YDX 的说法:"我们村能搞到这么好,有一个主要原因就是我给老百姓一个很安心的存在,让他们感到很安心、很安定。他们觉得我做的事情确实是为他们好,这是第一要素。因为老百姓看一个干部,就看你是不是在为他做事,这对他们来说就是主要的,如果你做的一件事情有一点点是为自己,老百姓看着,老百姓都不会相信你。老百姓就看我们怎么来做,看是不是往发展来做、是不是为幸福生活来做,这个东西就是这样的。"(SF-YDX-20210710)在 YDX 看来,为老百姓做事,让他们看得到、感觉得到是第一位的。只有让村民感到安心,那才有威望。当然,有不少村书记是在担任村书记职务之前就在积攒着这种威望,而方式毫无疑问也是为村民办实事。XC 村的 HBH 之所以能从副职干部提升为村支书,离不开这种奉献。

> 以前我是副职干部,当时能力是有限的。1995 年的时候,当时我分管村里的笑城七组,给村里修路,当时顶着很大的压力。一个是因为没钱,二是因为没耕地,当时有很大的矛盾,老百姓也不愿意捐款,我们就修了一条石子路,当时石子路是比较先进的,很多村里主要都是泥路,因为村里有很多种蔬菜的村民,早上两点到三点就要用板车、自行车把菜推到集市上去卖,推的时候那个菜有几百斤,泥路不好走,推不动。我自己有亲身体会,因为我也去卖过菜,这个老百姓无法生活,只有把路修好才能放心地走。同时,老百姓主要以种田为主,水沟是纵横交错

的,水沟比较宽,有一米多宽,干农活比如挑着秧苗和稻谷的时候不容易跨过去,很容易倒在水田里,老百姓耕种非常辛苦,所以我们自筹资金,找外面的人捐款,给老百姓做工作少捐点钱。除了修好全组的石子路,还修了26座小桥,解决了路和水沟问题。(XC-HBH-20210710)

除了解决老百姓日常出行和耕作的道路、沟渠问题外,针对老百姓的耕地分配差异问题,YDX又主持了村民土地的重新回收和分配,而且这种分配是以人口为单位的平均,从而使YDX得到了村民的积极支持。以人口为单位的重新平均分配体现的是一种公平,还要积极动员党员干部的参与,并在这种参与中保证公平公开,尤其是资金使用上的。

我记得当时刚开始通村公路的时候,最开始政策资金只有八十几万,但是实际上需要一百多万。我们需要把路修完整,后来就靠捐款。钱捐了之后我们把事情做了还有剩的,最后就是哪里捐过来的剩下的按比例退还给老百姓。不像以前的资金,剩下来多了还是少了老百姓不清楚。通过这件事情以后老百姓就知道我们确实把事情做了,做了哪些事,钱是如何使用的,很放心,知道钱多了会退下来。现在就是说有什么困难啊,不管是村里种田种地的,还是说出去的那些老板,都出钱出力尽力来做。现在村里搞美丽乡村建设,其他村是等着政府的政策资金来建设,但有的时候遇到村里老百姓的迫切需求无法立马满足。我们一旦发现老百姓遇到困难比如说生产啊、尤其是环境改善、美丽乡村建设,都是我们前期把规划搞好,发倡议书集资捐款。

基本上我们是政策上做到,然后我们的老百姓参与集资来辅助。(ZC-XM-20210711)

我上任之后,2019年开始修了8个小组的通组路。争取项目是前提,还有就是缺口资金。缺口资金我就去村小组开动员会,把这个项目给大家讲一下,项目现在缺口还有多大,小组要发展,公益事业需要全民参与,只有参与进来才有意义。我开个动员会,选3到4个代表,在小组里面村民们的款项全部由他们对接,村民他们转到代表手上,谁收到就在群里公示。12组31户,墙上公布的是十五万九千元,也就是说户均都过五千元。他们的捐款一部分是补修路方面的这个缺口,还有一部分搞小组的公益事业,比如装路灯、铺祭祖路。反正这个捐款就是代表收、代表管、代表用,我们村委监管。因为我们首先就是公开我们的观点,这个路首先不是强制性的摊派,我们现在就是为了把自己小组的路全部搞通。因为上面给的指标是有限的,比如你这个实际有1.2公里户户通,但说不定他给的指标也就是0.8或者0.9公里,但是还有0.2或者0.1公里总得要(补齐),不能说这些家通了,然后其他人家门口又没做,这个也不行。这反而会激化矛盾。所以那肯定就是统筹安排,把资金搞起来之后,把这个缺口补给施工方。多的钱,他们小组代表用到小组建设上面。我们村的小组很多都有路灯,其他小组就没有。我上来之后的2019、2020年,两年修了8个小组的路。(ZWT-WYF-20210711)

不论是ZC村村支书XM,还是ZWT村村支书WYF,都在为村民解决修路的问题上动员村民的参与,尤其是资金的筹集上,离不开每一位村民的支持。不过,从访谈情况看,村支书的威信并不是来自于此,而是来自于在筹措的资金有剩余时,如数退还村民的筹资。通过这一筹一退,让村民看到了以村支书为代表的村干部是真正干事的人。从以上的案例中可见,有些村支书是通过一件事获得村民的认可,有些则需要通过多件事才能逐渐转变村民的观念,但最为关键的还在于村支书的初心是不是为民办实事。对此 ZC 村村支书 XM 提到,"主要就是看我们干部的初心在哪里,如何获得老百姓的认可,就是多做事,每周我们都会组织一个集体的公益劳动,你自己做得多,老百姓也都是看在眼里,你就慢慢地在老百姓眼里有了地位,有作为,才有威信,有威信之后才有地位。"(ZC-XM-20210711)所以,只要以老百姓的需求为重,以大多数人的利益为要,即便短期内受到一些阻碍,从长远来看,是能够得到群众的理解和支持的。这些理解和支持就在时间的浸染下转化为威望。

(2)促进村庄的发展

除了解决村民的现实期待之外,也有村支书是从村庄发展的大局入手来做事。刚刚上任村支书的 YDX 所面对的是一个债台高筑的村庄,摆在他面前的难题是如何化解高昂的债务。据他说:"我是2000 年 2 月份给我宣布的副支书,但是到了 2000 年 3 月 15 号,就直接给我宣布成支书了。给我宣布成支书后,我就开始下去工作了。我那个时候,村里的债务是 80 万。因为当时我们是两个村合成一个村,债务还是比较高的。我上来之后进行了很多发展,因为我们村是合并村,再加上是近郊,交通区位是比较好的,所以我们就开始招商引资,逐渐形成一个高新区产业园,这是我们发展的第一步。另外就是我们整个村集体资产的盘活,以及工业这块的招商引资,很多企业的加入,使得我们村就发展得快一些。现在我们 SF 村就基本形成了以工业产业包括各项建设这样一个大的发展框架。"(SF-YDX-20210710)

作为村经济能人的 YDX 为村庄找到了发展的出路,那就是利用村庄近郊的特点和优越的土地资源引进企业,并逐步形成了自身独特的发展思路。而谈到他如何能够带领村庄突破困局,"第一就是把村里的事当成我们发展的第一要事,我们领导班子一定把所有的项目资金用好、用到位,让每一分钱发挥最大作用;第二就是我们要带头,带头做好自己的形象,我们的形象就是 SF 村的形象,我们的工作能力和工作态度决定着 SF 村的发展,我们要靠自己的努力带领SF 村的发展,不要指望别人,一步一个脚印认真做"。(SF-YDX-20210710)SF 村的发展不是一蹴而就的,而是一步一个脚印向前推进的。在向前推进的过程中,"多跟党员、老百姓沟通,多听他们的呼声,只要老百姓提出了要求,我们就会开会讨论,党员干部同意了,我们就做"。(SF-YDX-20210710)

与 YDX 所面对的是一个债台高筑的局面不同,FXH 担任村主任的时候所面对的不仅是一个穷村,还是一个乱村。为此,他和时任村书记 XWN 通过外出考察,确定要进行土地流转、发展蚕桑、统一建房以优化住宅等一系列工作。

笔者在该村调查时,能够看到村庄的农业产业化、住宅城镇化的图景。也正是通过产业的发展,村庄集体经济得以不断壮大,村级组织的战斗力才得以不断增强,而在群众中的威信也得到不断提升。

总的来说,在新时代的背景下,能够成功担任村支书,大多经历了一个威望的积累阶段,或者即便没有,也必将在上任后通过一系列有显示度的工作来积累自身的威信。这些威信之所以能够成就,在于他们首先为人要正,有一颗公心,想的是如何带领村民和村庄发展,而不是自身的"小发展"。当然,除了为人正直、作风正派之外,更重要的是要将这种"正"运用到为村民办事、为村庄谋发展当中,只有让村民看到村干部的努力,看到取得的成就,村干部的威望也就自然而然地生成。

第二节　村支书的理想形态:
来自乡村干部的认知

上一节从实践层面分析了村支书之所以能成为村支书的职业经历、任职意愿和威望生成,回答了"谁能成为村支书"这一问题。那么,从理想层面上看,村支书应该是怎样的,或者说具备什么条件才能胜任村支书的职务。本部分将从乡村干部的视角来看他们眼中的理想村支书是怎样的。在一般意义上,可以从村民、其他村干部、村支书自身和乡镇干部等多个维度来考察,但经过调查发现,村民对村支书的理想形态的认知是较为具体的,而这些具体的内容与其他村干部和村支书自身对理想形态的村支书的认知具有相类性。为此,本部分将分别从乡镇干部这一与村支书日常工作交往最为密切的群体出发,考察他们对村支书的理想形态认知。同时,从村支书自身出发,考察他们眼中的村支书理想形态,以形成对村支书理想形态的综合图景。

一、乡镇干部眼中的理想村支书

2018 年 12 月,第十三届全国人民代表大会常务委员会第七次会议修订通过的《中华人民共和国村民委员会组织法》规定:"中国共产党在农村的基层组织,按照中国共产党章程进行工作,发挥领导核心作用,领导和支持村民委员会行使职权;依照宪法和法律,支持和保障村民开展自治活动、直接行使民主权利。"[①]作为直接领导村民委员会的村党组织,按照中国共产党"下级组织服从上级组织"的原则,"村党的委员会受乡镇党委领导"[②]。在访谈关于村支书自我提升能力这一话题时,作为与村支书的工作来往与日常交流较为频繁的乡镇干部群体,他们对村支书的了解是多层次的。透过他们的眼光,我们可以更为清晰地认识村支书这个角色。

1. 选拔村支书的标准

在访谈中,RM 乡副乡长 SJG 为我们着重谈了这个问题,在他看来:"通过我这两年的了解,现在选村书记也好,村干部也好,一个是

①　《中华人民共和国村民委员会组织法注释本》,法律出版社 2021 年版,第 9 页。

②　《中国共产党农村基层组织工作条例》,人民出版社 2019 年版,第 7 页。

要有学历、眼界、发展意识,有些业务你要懂。以前有些村书记不识字的也有,但是你现在得有一定的文化水平。第二个得年轻,愿意干事,'镇得住事镇不住事'不是那么重要。我们乡现在 7 个村书记有 2 个女书记,女书记和男书记在'镇得住事'这块肯定不能比,但是比如丁书记,她一个女同志,她也不像其他人那样一眼看上去多大多厉害,多高大威武的形象,但是她一个女同志也照样能做好村书记。现在任何做一个事情都是按政策程序来,你只要有公心,做事公平,处理事情得当,大家都会拥护你的。现在也很少说有群众'闹事',除非你事情做得不得当,现在我们一般不会考虑这些东西的。"(RM-SJG-20210804)

按照 SJG 的说法,年轻,有眼界、学历和发展意识,愿意干事、处事公道等是选拔村干部的标准。而作为被乡镇看重的 XYT 村村支书 DPX,他所给出的评价是"工作能力、业务能力、包括处理群众矛盾、处理群众关系、协调能力、业务上都可以"。应当说,运用这些标准来选拔出适合的村支书并不简单,尤其是在"务工潮"仍然热兴的时代。对此,HX 村所在的 MA 镇党委书记就重点谈到了村支书的关键性和选择的难点。

他们村书记应该说因为我们更有体会,我在乡镇待得时间比较长,待了 10 多年。村书记这块,他是中国政权的最后一级。我说过一句话,村书记是关键。因为我们的村支书目前还是一个体制之外的。如果学历高的,他做个老师更合算,做公务员前途更广阔,这是一。第二个,我们要选拔最优秀的人到这来。目前的情况来讲,工资待遇、政治待遇各方面还是比较低,当村干部这么一年搞个四五万,你当个老师,再不行自己创业一年挣 10 来万。就发展空间上讲,这个支书发展空间太小了。第三个选不到的原因,农村工作太杂了太苦了太累了,有时还不被理解。所以这三方面也导致难选到合适的人,太难选了。(MA-YSB-20210712)

YSB 所谈的难点是客观存在的,但是村支书的待遇也好,学历也罢,都不是一蹴而就提升的。所以,问题的关键就在于,在目前的大背景下,选拔的村支书怎样才是合格乃至优秀的村支书,作为副乡长的 SJG 对这个问题的论述最为系统。

2. 优秀村支书的图景

一是公心与事业心齐备。在 SJG 看来,好的村支书应该有一颗务实的事业心,就是要能够"亲力亲为""脚踏实地",而不是脱离事务、脱离群众的官僚主义做派;同时,他还强调公心的重要性,不能优亲厚友,不能从中渔利,而要把公平公正作为座右铭。只有把严以律己和服务为民统一起来,才能是合格的村支书,也才能得到村民的支持和拥护。

当好一个村支书,要务实,工作要踏踏实实干。如果还想当村书记,工作还不亲力亲为,那肯定不行。不是说,我当领导了,光"指点江山",肯定不行,工作一定要务实,要脚踏实地地干。所有的事情最终落实到群众上,落实到项目上,那都是以实际为准。不是说我坐在办公室里面,我指挥这个,指挥那个,那样不行。比如说你要干一个项目,这个项目从前期的谋划到施工,包括工程质量的把关、资金的拨付,你作为村书记,作为主要负责人,你肯定要到一线去调度、去指导、去把关,务实是第一方面。

要有公心,要公平公正,因为村书记是一个村的领头雁,要发挥领头雁的作用,你要面向村两委、面向群众,而且是直面群众,要和群众生活在一起的,你的服务对象不可避免地要有你的亲属,因此,你必须要有一颗公心。如果说你要偏袒谁,或者说有优亲厚友思想,或者说你还想从中间得到好处,你肯定是得不到大家的拥护的,得不到大家的支持,工作能干好吗,那肯定是干不好的。(RM-SJG-20210804)

二是有积极的发展眼光。在乡村振兴战略背景下,发展仍然是乡村社会的第一要务。一个村庄实现什么样的发展,是与村支书是否有发展眼光密切相关的。当然,在有发展眼光的基础上,村支书还需要积极谋划、积极践行,把发展蓝图变成现实。SJG 从经济发展、产业振兴的角度提出了村支书要具备什么样的发展观问题。

要有发展的眼光,看问题一定要有发展的眼光。不管说脱贫攻坚也好,乡村振兴也好,下一步农村的发展也好,你作为一个村书记,对一个村的发展要起到一个把握大局的作用。你看任何一个事情,要有发展的眼光看待问题,不是说村里面我来开个会,安排你的工作你干好就行。村里面的一个产业的发展,一个村怎么发展,基础设施你要谋划,你要积极跟进,招商引资你要引进项目,要扩大集体经济收入,这都是村书记要做的。村书记第一要积极争取上级的资金项目,跑双基;第二要积极招商引资,引进企业才能带动就业,才能带动当地财政收入和税收;第三要积极谋划,增加集体经济收入,只有集体有钱了,村里有钱了,你想办的事才能办好,群众才能支持你。要有耐心,在处理矛盾面对一线群众的时候,我们说"上面千根线,下面一根针"。从中央省市区,每个事都有机关部门负责,但是最终落脚点还是落在村里,村里面就是村书记带着两委干部,一个村书记所有的工作都要懂。比如说住建局的要懂城建这一块业务,卫健委的健康这块要懂,教育局的要懂教育。但是你到村里面,你所有的业务都要懂,要有耐心,要善于学习,所有业务要学会"十个手指头弹钢琴",啥都得会,工作压力很大。上级督导来检查,面对群众矛盾的时候,群众反映问题,群众有意见,村书记还要受一些委屈,我做这么多事,群众不理解。村书记就得有耐心,工作处理不好肯定是不行的,但是也得把群众矛盾解决好。(RM-SJG-20210804)

在 SJG 看来,村支书的工作是全面的,有的时候甚至是"十个手指头弹钢琴"。虽然农村工作涉及的范围广,但是实现农村发展是主要方面。作为村支书要有发展的眼光,将自身的工作致力于乡村社会的更好发展。在这里 SJG 基于农村发展的需要,对村支书提出了三个方面的要求。首先是争取上级的资金项目,通过政策支持为农村的发展带来契机。其次是招商引资,引进企业,通过产业发展拉动就业,为群众谋福利。最后是增加集体经济收入。集体经济的壮大是农村发展建设的坚强经济保障。正如其所说的那样:"村里有钱了,你想办的事才能办好,群众才能支持你。"

三是要有主动且善于学习的意识。中国共产党之所以成功的一个重要因素是不断学习、善于学习,通过学习走向未来。村支书作为一个村庄的"领头羊",要带领处于相对弱势地位的农村走向未来,离不开对政策的学习、向先进的学习。只有通过学习，才能找到村庄的发展差距，才能明确村庄的发展方向，才能厘清村庄的发展道路。SJG 认为，对于村支书而言，学习是把握政策、跟上发展步伐的基础。村支书想干事和干成事特别是干好事是两个概念。从想干事到干好事的实现往往离不开学习。对于村支书来说学习涉及的范围是较为广泛的。SJG 提出的很多方面的学习内容，包括学习政策法规、党史、习近平新时代中国特色社会主义思想、经济发展、环境保护等多方面的知识。

　　要主动学习，学习很重要。有些村干部对学习这方面，前期不重视，我们的要求是"想干事，能干事，干好事"，有些村书记想把这事给干好，认为自己干的是好事。但是具体的学习不到位，一些政策、法规，包括政策的方向把握得不准，干工作的过程中就会出现问题。所以说要善于学习，不学习，好多工作，好多新的思想，你就把握不准。比如说我们学党史，你干工作不能违背我们的宗旨，违背一些政策法规，所以我们每个月、每个星期都有学习计划，村书记肯定要带头学，学习党史，学习习近平新时代中国特色社会主义思想。并不是说这些书猛一看都是"大道理"，但是如果你细细地钻研，看的时候就会有收获。现在任何一个部门下来巡视也好，下文件也好，前面都会看习近平总书记是怎么指示的，他的重要论述在这方面是怎么说的，怎么安排的。比如说经济发展与生态环境保护这块，以前有人认为，我为了发展经济，给群众增加经济收入，就会忽视了和环境保护之间的平衡。如果说你没学习，虽然说你的产业落地了，但是你和环境保护有冲突的话,你一样是错的,所以说你一定得学习。还有一个经济发展与土地之间的关系,你经济发展不能占用耕地,前期我们好多路,好多企业工厂,都是违规占地,所以我们拆除了很多。这就说你得学习,得跟得上上级的要求,这就是学习的重要性。(RM-SJG-20210804)

二、村支书眼中的理想村支书

上文我们就乡镇干部眼中的理想村支书进行了分析,接下来我们将重点关注村支书自身对做好村支书工作、自我提升能力的目标的认知情况。当事人的经验与感悟是具有鲜活实践经历基础的,对于我们深入了解村支书提高自我提升能力有着显著的帮助,特别是对今后就提高村支书的自我提升能力提出切实可行的新举措有着重要意义。"按需供应"是精准有效的前提,只有深入了解村支书本人的所思所想,我们才能在今后的研究中做出更为接地气的实践方案。整体来看,村支书眼中的村支书呈现有趋同性的方面,也呈现有差异性的方面,本部分将从这两方面分别展开分析。

1. 一致性认知:德、能、事业心齐备

党的二十大报告指出:"培养造就大批德才兼备的高素质人才,是国家和民族长远发展大计。"①坚持德才兼备、以德为先是党对干

---

① 习近平:《高举中国特色社会主义伟大旗帜　为全面建设社会主义现代化国家而团结奋斗——在中国共产党第二十次全国代表大会上的报告》,人民出版社2022年版,第36页。

部任用的重要原则。村支书作为党在农村最基层的干部,党对其"德"的要求是明大德、守公德、严私德。作为村支书自身和乡镇干部对此的认识是:

第一就是人品,第二才是能力。人品好,再有能力加在一起,就能带好一个班子。干一番事业,他得有事业心,不能说吃饱混天黑。一人品,二能力,三事业心。村里的班子,不是爹娘置的事业,属于铁打的江山流水的兵。所以说,要带好这个班子,首先人品,你自己得过硬,站的正行的端,你说谁,你才敢说话。你要是行不端做不正,你敢说谁啊,(别人会)给你两句。二是你得有能力,你没能力,光人品好你发展不动。你还得有事业心,把它当成事业来干。我这一届,我当村干部,我干了什么了?你得有这么个心理。老百姓原来生活怎么样,我通过几年的奋斗,我把它改造成什么样了,这是一种事业心。所以说这人品、能力、事业心加在一起,能把这个班子带好。因为书记主任一身兼,两个班子都得你带,所以很容易干好一番事儿。再有机遇,政策的机遇,那你干什么事儿都没问题。跟着国家政策,有机遇要抓住机遇,有机会别放过去。"(NQ-ZYS-20200722)

我觉得一个优秀的村支书就是要服务能力、治理能力、创新能力强,还有思想品行要好。最重要的首先是思想品行好。(ZC-XM-20210711)

能力需要具备,品质也得具备,品质也不能差。说实话,没有品质,一方面,路你肯定走不远,群众也不会认可你,领导也不会看上你。你以自己的私心自居,那你啥事能干成?(XYT-

DPX-20210717）

在 NQ 村村支书 ZYS 和 ZC 村村支书 XM 看来，人品好是第一位的，它强调的是村支书自身要正派，做到严以律己，"自己得过硬"，"站的正行的端"。同时，在他们的看法中，能力是排在第二位的。有德无才不行，而有才无德更不可行，需要做到德才配位，德才相辅相成。但是，村支书 ZYS 进一步认为要当好村支书还要有事业心，没有干事创业的决心，人品好和有才能并不能转化为现实的发展与治理效能。村支书 ZYS 的这一观点也得到了其他村支书的支持：

> 我老这么说，我说你看这届班子，你们几个都是年轻的，你们一个个把它当成一份事业来干。为什么啊？我当时跟我工人也是这么说，我说这企业是谁的，现在买卖是我的，要干着是大家伙的，大家伙靠它吃饭呢，大家伙要养着它。这始终是我的一种精神理念。你上村里干来，你就把村里这事儿当成个事业来干。你干成了，将来会觉得很欣慰。我当时给我的工人们一开会就说，做事之前先学会做人。你做人做不好，你这事儿不可能做好。你要人品不好在村里干，你不可能干出好事儿来。
> （NQ-ZYS-20200722）

> 我觉得最主要的还是要有强烈的责任感和使命感。没有责任感和使命感就不会心甘情愿地去做，就不会认认真真地去做。还要有奉献精神，需要对农村有感情，有奉献精神。能力的话，是需要综合能力的，群众工作都是以感情为基础的，需要平时为人处世的积累。所以说，做任何事情首先得把人做好。
> （ZWT-WYF-20210711）

我觉得最主要的是要有公德心,有政治素质,心里要想给农民办事,要有这个想法,这都是强迫不好的,也是装不出来的。(XC-HBH-20210710)

因为我干的时间比较长了,自己的宗旨是自己做事一定要有原则,我也经常和别的村干部说这一点,在原则的范围内做事就不需要考虑别人对我的评价了,无论别人对我的评价是好是坏,我都不在乎这些评价。老百姓说我好也行,说我坏也行我都不在乎,因为我在原则范围内做事,我问心无愧。或许你今天不认可,但我相信通过我的努力别人以后会认可我。别人有些时候也会和我说一些群众对我的议论,但我和他们说你能不能说点别的话题,你不要成天和我说这些,我不愿听这些东西。因为在农村,我做事求问心无愧,别人对我满意就满意,不满意就算了,我自己只要做事有原则就好。(LY-SGX-20210720)

在上文村支书的威望生成中,我们也可以看到村支书是如何做人做事的,而这来自于他们对做人做事背后的理念支撑。这就是 NQ 村村支书 ZYS 眼中的事业心,它将其作为精神理念;ZWT 村村支书 WYF 则将其称为责任感、使命感,而且也强调了做人的重要性;XC 村村支书 HBH 称为"公德心";LY 村 SGX 将其称为原则,强调"在原则范围内做事"就问心无愧。所以,综合来看,德、能与事业心是缺一不可,三者相互支撑。

2. 对村支书能力序列的认知

村支书的能力序列是一个较长的能力链,它包括成为村支书的前置性能力,当好村支书的首要能力,以及村支书能力体系中的序列差等。本部分将分别从这三个方面来看村支书是如何认识理想的村支书图景的。

一是对前置性能力的认知。在所调查的村支书中,对前置性能力有一个共识性认知,那就是必须得有一定的实力,尤其是经济实力。

在村支书 CTL 看来,没有一定的经济实力难以立足,更遑论带领村民,让大家信服。而在 ZYS 看来,只有具备一定的经济实力,才能生存下去。他从对比的层面分析了村庄办公条件的变化,尤其强调在条件较差时候的苦日子,而正是通过发展使得整个村庄越来越有实力。但无论如何,他们都强调要当好村支书,必须要了解经济实力的重要性。

二是对首要能力的认知。对于在与德相配的各种能力中,何种能力排在第一位,所调查的村支书有不同的认知。基本上有 4 种观点:(1)驾驭全局的能力。CTL 认为,村支书首先得有驾驭全局的能力。所谓的驾驭、权衡的能力就是对村支书大局观的一种变相表征。CTL 认为大局观念强是村支书带好班子、赢得群众信任和支持的核心要素。从大局出发,着眼全域,村支书在日常管理与处理问题上就能更为平稳,也能得到村委班子成员的认可,更能得到群众的支持与理解。相反,如果大局观念不强,则会出现"受累不讨好",自己辛苦付出而事与愿违的窘况。除此之外,CTL 认为,大局观念是评价党员干部的重要指标,特别是在基层党员干部的考核上,驾驭全局的能力应排在首位。

书记主任的,有时候他不管是在村里,包括乡镇,首先得有驾驭全局的能力。没驾驭全局的能力,其它能力再大也不行。什么叫驾驭呢? 就是处理班子、处理群众关系的能力。当然人性、党性他要不行,他也当不了。他当了最后也得走坏,走偏了。当好(村支书),除了政治以外,没有这个驾驭、权衡的能力也不行。有些支书,自己本事也不大,人家当这么多年,特别平稳,遇到事都能解决了,这就是(具备)驾驭的能力,每个人都说是。还有些人就是当了(村支书),辛辛苦苦,副书记不说是,委员不说是,老百姓不说是,人家也没多大毛病,你差什么? 要当好的吧,这个是要(具备)驾驭能力的,这就是要平衡。他们叫我评价干部的时候,你考核乡镇干部的时候,我说,第一个就是这个书记驾驭全局的能力得有。"(TX-CTL-20200721)

(2)带领群众致富的能力。在 SF 村村支书 YDX 看来,最重要的是带领村民致富。"我觉得对我来说最重要的就是带领老百姓致富的能力,这是第一要素。因为现在支部书记都是选举上来的,这就已经是对支部书记进行了一个考察,但是他考察不了一个书记的致富能力。而且带领致富,首先你还得自己富,你自己都穷,还能带领别人致富嘛,不可能。"(SF-YDX-20210710)他进一步认为,要能够带领群众致富,首先得自身富裕,如果自身都穷,即便是整天喊带群众致富也是空口白话。

(3)政治能力。WQ 村村支书 GSX 认为:"政治能力从大局来讲是排在第一位的,村支书必须要有政治立场、要从政治角度组织和领导群众。"(WQ-GSX-20210725)

(4)组织能力第一。XYT 村村支书 DPX 认为:"我认为组织能力应该放在第一位,说实话,没有组织就啥都没有了。没有一个好班子就啥都弄不成,一个好班子对我的支持是非常重要的。"(XYT-DPX-20210717)

当然对这四种能力的看法与村支书自身的经历和所面对的村庄环境密切相关。CTL是退伍军人,从退伍后就在村庄任职,起步是村主任,工作时间长达30多年,无论职务为何,都是村庄事实上的"掌舵人"。这种独特的经历和特殊的工作时间,使他对驾驭全局有更深层次的理解。而SF村村支书YDX所面对的是一个穷村,而他上任之后也是从招商引资等入手把村庄产业一步步做起来的。他的实践决定了他将带领群众致富能力排在首位。作为WQ村村支书,GSX从大局层面把政治能力放在第一位,但他更为看重组织能力:"我觉得是组织能力。村支书组织能力强,就能够发动一方,发动一方就能推动一方,推动一方就能改变一方。只有班子建设好了,才能带领整个村庄发展。正如我刚刚提到的,'群众安宁不安宁,要看班子一班人,班子安宁不安宁,要看村支书这个带头人。'"(WQ-GSX-20210725)XYT村村支书DPX是一位女书记,作为女性相比于男性村支书来说,更需要争取班子成员的支持才能把工作推进好。总体来说,四位村支书给出了四种答案,也代表了村支书的政治、组织、带领致富和驾驭全局能力的重要性。

三是对能力排序的看法。在XYT村村支书DPX看来,能力排序应该是:组织能力、政治能力、治理能力、发展能力和自我调试能力。在他看来,"没有组织就啥都没有","政治能力要把握好这些政策啊,不能一塌糊涂地去干,得有头绪,最起码的路要走清楚,看不见前面,闷着头走,掉坑里怎么办?”“要把村里管理好,管理不好还能发展吗? 如果前面都做好了,村里面肯定发展的好,连治理都谈不上何谈发展?”(XYT-DPX-20210717)实际上,在村支书眼中,各种能力确实有一定的先后次序,但都是缺一不可、相辅相成的。在 GSX 看来:“村支书必须要有政治立场,要从政治角度组织和领导群众。有了政治能力,也必须具备组织能力。组织能力具备之后,就能慢慢地锻炼好发展能力和治理能力。我认为组织能力是发展能力和治理能力的基础和保障。这三个能力在政治能力的统领之下,既有平行关系,又有交叉关系。”(WQ-GSX-20210725)

总的来说,不论是从乡镇干部的角度,还是从村支书自身来看,理想的村支书认知呈现出一定的共同性,那就是为人与做事的结合。这与村支书的实践形态有高度的一致性。当然,本书着重探讨的是村支书的能力问题,但并不意味着从“为人”层面来分析村支书不重要,而是“为人”也是体现在“做事”当中,而事情能否做成,则取决于能力的大小和能力的发挥。

第三节　村支书的能力体系建构

村支书的能力研究可以从量化的视角切入,也可以从质性层面进行分析。从量化视角的研究需要充分的人力支持。受限于人力和资源,本书摒弃了量化研究。然而,本书不是纯粹的规范研究,不是从理论出发建构村支书的能力体系,而是从实地调查进行切入,以村支书的认知与工作实践为基础点,重新建构村支书的能力体系,以为本书接下来章节分开定性论述村支书的能力构成及实践呈现提供基本框架。

一、村支书能力结构模型

基于国外能力素质和创新能力以及国内村支书研究实际等方面的研究成果,本研究试图建构村支书能力结构模型图,所谓能力结构模型就是由决定能力的组成要素(内因)、影响因素(内外)及能力的表现形式等组成的有机模型。该模型由内在潜能层、实际能力层、外在环境层三层结构组成,核心层是潜能层,最外层是环境,中间层是实际能力。具体如图 1-1 所示。

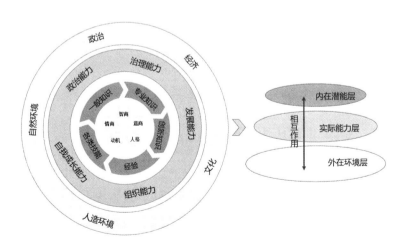

图 1-1　村支书能力结构模型图

一是内在潜能层,指的是村支书先天具备或是在前一段时间内通过学习和实践培养的智商(智力水平)、情商(情绪控制能力)、意商(意志控制能力)、动机(愿意做某事的念头)、积累的知识(一般知识、专业知识和创新知识),训练所得各项经验和技能的综合。在第一章中,研究探讨了村支书的生成逻辑,对村支书之所以成为村支书的职业经历、任职意愿和威望生成等进行了实践总结。研究表明,村支书的职业经历不仅仅是一种客观经历,也是成为村支书的潜能展现。这种潜能展现,既积累了作为村支书应该具备的知识和做事的风格,也塑造了村支书的动机与意愿。

二是外在环境层,是实际能力的重要影响因素。环境不仅是能力的使用对象,反过来也制约或激发潜能的培养和发挥。环境层主要由自然环境和社会环境(政治、经济、文化环境等)组成,一般情况下社会环境比自然环境对能力的影响更大。内在潜能层和外在环境层的相互作用就是实践活动,村支书的实际能力总是通过其在环境中的各种活动表现出来。现任村支书大多数在改革开放前后的浪潮以来出生的。改革开放以来,我们党领导农民率先拉开改革大幕,不断解放和发展农村社会生产力,推动农村全面进步,实现了由温饱不足向全面小康迈进的历史性跨越;党的十八大以来,党始终坚持把解决好"三农"问题作为全党工作的重中之重,举全党全社会之力打赢了举世瞩目的脱贫攻坚战,推动农业农村取得历史性成就、发生历史性变革,迎来了全面推进乡村振兴的新征程。可以说,如此有利的环境不仅为村支书能力的发挥提供了所需的物质和信息,同时也为通过教育和激励机制,培养和引导村支书提高和发挥自己的能力创造了优渥的条件。

三是实际能力层。这一层处于外在环境层与内在潜能层之间，受到内外双重力量的作用。不论是村支书积累的知识也好，明确的动机也好，都要通过一系列事件的处理来体现出来。这些事件是在一定的外在环境中发生的，受到外在环境的强有力左右。在这种内外双重作用下，村支书必须要依靠一定的能力来推进事件的解决。因事件所属的范畴进行区分，村支书也应具备相应的能力，而这些能力就构成了村支书行动的基础所在。

二、村支书能力体系

村支书是农村治理的核心角色，理解村支书的具体能力就要从其所处的角色应对的挑战和问题入手。本书认为村支书是一个枢纽型角色：从纵向来看，其上连基层政府，下对普通民众；从横向来看，其对内是村两委组织的领导者，对外是面向广阔的社会（含市场）带领村庄发展和村民致富的带头人。所有这些能力作用于村支书一人之身，这便是"自"的层面。从这个意义上，本书将村支书的能力图谱概括为政治能力、治理能力、发展能力、组织能力和自我成长能力五大类核心能力。

1. 政治能力

村支书是党的组织体系中的重要一环。作为党和国家各项政策在农村的具体宣传者与执行者，能否在开展乡村发展与治理的实践中与党中央保持高度一致至关重要，考验的是村支书的政治能力强不强、高不高。所谓村支书的政治能力，指的是村支书在进行一系列政治社会活动中所展现出的接受政治任务、完成任务要求的能力。作为从自上而下的政治过程角度理解的能力，它的展现方式是通过村支书自身的努力将党和国家的政策方针转化为村民的自觉行动。

为了实现这一目标，村支书首先要有政策领悟能力。所谓政策领悟，是指理念上的，就是对政策的深度认知与理解，确保自身能够领悟政策内涵，并将政策精神传递给村民。这一前后相继的过程是一个从接受政策到输出政策的过程，完成的是党和政府到村民的衔接工作。在领悟政策的基础上，才能实现把政策原原本本地落实好，确保政策见效果，并为村民所满意，这便是政治执行能力，也是实践行动层面的能力。

2. 治理能力

基层治理是事关国家治理的重要基础。农村基层党组织要承担好领导基层治理的重任，重要一环在于村支书，在于村支书能否在乡村社会生活中带领党员干部密切联系群众，在于村支书能否有效化解各种可能的矛盾纠纷或面临的重大突发事件。所谓村支书的治理能力，指的是村支书在乡村治理的各项事务中体现出的联系群众能力与应急处突的能力。作为自下而上的治理过程理解的能力，它的展现方式是通过村支书的治理将群众塑造为与党组织保持同向而行以实现乡村社会稳定有序。

为了实现这一目标，村支书首先要强化联系群众能力。所谓联系群众，就是要加强与群众的意见沟通，通过制度化的渠道和情感化的方式让党群关系密切起来，进而通过贴心服务群众、守护好群众利益获得群众的真正认可。除了联系群众之外，面临乡村诸多棘手的问题和可能发生的重大风险时，村支书要能够妥善处置，把问题解决在基层、把风险化解在萌芽状态。所以，村支书的治理能力可以区分为联系群众能力和应急处突能力。

3. 发展能力

进入新时代以来，习近平总书记明确指出，发展是党执政兴国的第一要务。农村社会是国家发展版图上的弱项，是事关实现中华民族伟大复兴的关键。推动农村改革发展任务艰巨，职责重大，这充分考验着村支书作为发展"领头雁"角色的发挥。作为发展"领头雁"，必须要增强发展能力。所谓发展能力则指的是村支书具备的带领群众一同实现乡村高质量发展的能力，它的展现方式是通过村支书的带领实现村庄和农民迈向共同富裕。

为了实现这一目标，一个成功的村书记，往往善谋划、有思路，目光超前、洞察力强，能充分吃透、用好国家政策，主动"讨""要"各级各类资源项目；同时，他们也懂经营、会管理，善于把各类要素整合起来，化资源为资本，推动经济发展。只有实现各类政策、资源等要素的聚合，才能为壮大集体经济和带动村民致富提供良好的基础。从这个层面上讲，村支书的发展能力可以区分为链接资源能力和带动致富能力。

4. 组织能力

农村基层党组织是农村各个组织和各项工作的领导核心。习近平总书记指出："要充分发挥好乡村党组织的作用，把乡村党组织建设好，把领导班子建设强，弱的村要靠好的党支部带领打开局面,富的村要靠好的党支部带领再上一层楼。"①村级党组织能否建设好,与村支书的组织能力密切相关。所谓村支书的组织能力,指的是村支书团结动员党员干部积极发挥先锋模范作用,把村级党组织建设得坚强有力的能力。

为把村级党组织建设得坚强有力,村支书既要将组织建设好,把优秀的人才吸纳进基层党组织,并通过对其进行科学管理以确保发挥人的作用;也要组织引导党员干部有效参与村级决策,通过科学决策流程与有效的方法发挥每一位党员干部的主人翁意识。从这个意义上看,村支书的组织能力是基层党组织续存、发展、强大的基础,它的展现方式是村支书通过组织人员的统合及民主科学决策有效实现乡村治理目标,主要区分为组织建设能力和引导决策能力。

5. 自我成长能力

村支书工作涉及面广,处在上、下、内、外多重工作面向的枢纽位置。随着中国特色社会主义进入新时代,知识更新加快,使得一些村支书始终存在"本领恐慌"。再加上工作职责重大,所受到的压力也大。面对一系列"本领恐慌"和压力累积,村支书必须不断进行压力调适和能力提升。本书将其称为自我成长能力,指的是村支书在纷繁复杂的乡村事务中保持与时代同步发展、与人民日益增长的美好生活需要同进的能力。它的展现方式是村支书能够以轻松自如的心态和相适的能力处理所面对的各种乡村工作事务。

为了实现这一目标,村支书要不断增强自我提升能力,通过培训

---

① 习近平:《论"三农"工作》,中央文献出版社 2022 年版,第 280 页。

学习以及个人总结实践经验,不断提高自身处理问题的业务性能力与技能性能力,以确保能力与现实需要相适性。同时,村支书也要不断增强自我调试能力,确保自身在面临来自家庭、工作等各方面的压力与挑战时调适心情、从容应对的强大心理能力与心理素质。

由此,根据每种核心能力的实践呈现又进一步区分为十种具体能力,即:一是"上":政策领悟能力、政治践行能力;二是"下":联系群众能力、应急处突能力;三是"内":制度化的组织能力、非制度化的组织能力;四是"外":资源链接能力、带动致富能力;五是"自":自我提升能力、自我调适能力。(如图 1-2 所示)

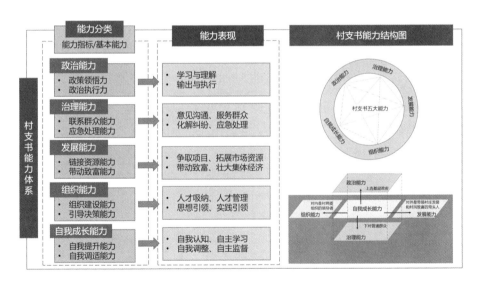

图 1-2　村支书能力体系概念图

第二章　村支书的政治能力

　　农村党支部书记是村党组织领导班子的"班长"，其首要职责是"宣传和贯彻执行党的路线方针政策和党中央、上级党组织及本村党员大会（党员代表大会）的决议"①。这一职责履行得好不好，关键在于农村党支部书记的政治能力强不强。《党政领导干部选拔任用工作条例》明确规定，考察党政领导职务拟任人选要"突出政治标准，注重了解政治理论学习情况，深入考察政治忠诚、政治定力、政治担当、政治能力、政治自律等方面的情况"②。党中央也明确要求各级领导干部要"不断提高政治判断力、政治领悟力、政治执行力"③。农村党支部书记是党在农村基层一线的关键人物，其政治能力强不强不仅直接关系到党的政策方针能否在农村落地落实，更是关系到广大农民能否听党话、感党恩的大问题。本章从政策领悟力和政策执行力两个层面考察农村党支部书记的政治能力，并通过对 14 位农

---

　　① 《中国共产党农村基层组织工作条例》，人民出版社 2019 年版，第 10 页。
　　② 《党政领导干部选拔任用工作条例》，人民出版社 2019 年版，第 17 页。
　　③ 《习近平谈治国理政》第四卷，外文出版社 2022 年版，第 47 页。

村党支部书记的实地访谈分析其政治能力的呈现状况和效用、提升的难点等,以全方位评估政治能力作为村党支部书记的首要能力如何体现以及如何建设的问题。

第一节　政策领悟能力

农村党支部书记处于党在农村工作的一线位置,是"上面千条线,下面一根针"中"针"的位置。其对上要承接党的各项方针政策和各级政府的任务,对下则要把上级的方针政策和任务落到千家万户之中。能否从政治上吃透党的各项方针政策,能否有效把各项政策任务传达到所在村庄的每一位村民,是农村党支部书记政治能力的重要体现。本部分将农村党支部书记的政治能力称为政策领悟力,并从政策认知能力、政策理解能力和政策输出能力三个一以贯之的维度,通过14位村党支部书记的实证材料予以把握。

一、政策认知

政策认知是领悟政策的前提,它决定了解和获得政策的过程是否顺畅。通常来说,村支书主要通过例会学习、培训学习和自主学习等方式提升自身的政策认知能力,从而为政策理解与输出打下基础。

1.政策认知方式

（1）例会学习

一项来自党和政府的方针政策，最终进入民众的视野之前总是要在组织内部经过自上而下的层级式传递。村党支部书记处在农村基层一线，是政策传递的末梢。其通过何种方式接触到政策将直接影响其对政策的理解和输出。访谈中得知，几乎每位村支书都会每周例行去乡镇党委、政府开会，学习中央传达的新政策。例如 XYT 村 D 书记提道："我们每周一全乡的书记主任都会开会，等于是例会。每次开会都学习新的文件，新的知识，我们都有资料。每周一把新的政策、新的文件、新的精神、新的会议领回来。"（XYT-DPX-20210717）不同地方开展例会学习的方法也有所区别，JY 村所在的镇政府会根据干部实际工作情况动态调整例会时间及会议内容。"开始是一周一开会，后来是两周一开会，现在主要就是开脱贫攻坚的例会。但我们是把所有的融入到扶贫例会。首先是讲扶贫工作，后面是各班子布置他们的工作，然后乡镇党委书记一一点评。会议具体内容包括：第一，学习习近平总书记讲话、扶贫文件之类的。第二，各村的书记或者第一书记汇报工作，然后布置工作。"（JY-FDM-20210712）

（2）培训学习

除了组织系统的例会传递外，培训也是系统学习党的方针政策的重要方式。LY 村 SGX 书记谈到："以前都光开会了，现在一般就是办学习班，包括党员、两委干部，必须得培训，现在是党员也要求必须培训，培训后考试。"（LY-SGX-20210720）WQ 村 GXS 书记提到他会通过每年政府的党员培训班、县里春季的三干会、村支书业务宣传会等一系列会议了解上级政策要求。在被问及这些会议是否对自身工作有帮助时,该书记认为:"我觉得帮助还是很大的,只要真正地认真去学,既然县委、政府安排了这些培训学习,虽然是规定性的培训学习,但是只要认真学都能学到东西。学不学得到东西,关键是看你如何看待这个事情。我觉得我们学习这些理论上的知识,对把我们的本职工作做好有帮助。"(WQ-GSX-20210725)前往典型模范村庄学习也是培训的一项重要方式。NH村LJHBH书记讲道:"我们像赣州啊好多地方都去了,关心他们的乡风文明和政策帮扶政策等内容,他们经验传授的多了,总结了一整套经验,现在我们的电脑里面都有,在家里都看。发展产业,他们赣州有些地方确实做得很棒。学习之后,回来我们也会发扬我们村的特色,一步一步向他们看齐。"(NH-LJH-20210714)党的十八大以来,党中央坚持以习近平新时代中国特色社会主义思想武装全党,并通过党内集中教育的方式推进党员干部的学习深化。各地农村基层党组织开展专题培训加强学习,普遍落实县级党委每年至少对村党支部书记培训一次、乡镇党委每年至少对农村党员集中培训一次的要求,把学习习近平新时代中国特色社会主义思想作为必修课。

(3)自主学习

无论是参加例会,抑或参与培训,农村党支部书记的学习大多具有一定的被动性质。作为村级党组织的核心,他不只是被动的"撞钟者"。角色期待要求他能够主动学习。以"三会一课"为例,这是农村党支部日常组织生活的一项重要内容。为了能够开好"三会一课",农村党支部书记需要主动学习相关主题内容。"现在这村里本身还有三会一课。你这支部有三会一课,你在村里必须得按照这个政策走。那些会议得开,要求干部的讲党课、学习党史这些也得学,这都要求我们主动学习政策内容,不然没法讲啊。"(LY-SGX-20210720)村支书在日常工作中还需要同村民打交道,由于当前信息传播方式便捷多样,村民对国家政策也多有了解,这就倒逼村支书加强政策学习以应对村民的各种询问。在这方面,SF村YDX书记讲道:"村里订阅了很多报纸杂志,像《人民日报》《湖北日报》都是我们自己订的,没事就看一看,了解国家政策。我们自己从习近平总书记讲话、新闻中进行自我理解,再给老百姓宣传,你给老百姓讲一次党课,要去了解一些新的东西,国际国内形势,虽然我们水平不是很高,但别人问起,我们还是要知道,要是你自己都讲不明白,别人怎么相信你呢? 这一块我们也是在不断学习,不断提高,再就是通过网络媒体去了解,有像学习强国这种专门的学习平台,我们就多去了解、学习国家的政策、发展,再传达给老百姓,让老百姓关注国家发展。"(SF-YDX-20210710)农村作为熟人社会,村支书的理论素养会在与村民打交道的过程中显露无遗。村支书无论是为维护自身的形象角度抑或单纯好面子,都需要理论支撑,这是村支书主动学习政策的一大动因。

中央政策精神是村支书主动了解把握的重要内容,但在实际政治生活中,直接上级的政策文件要求是学习的主要对象。农村基层党组织作为农村基层任务的执行者,必须清楚上级乡镇党委、政府对各项任务的具体要求。正如DPX书记所说:"政治能力方面很重要的就是要把握好这些政策,不能一塌糊涂地去干,得有头绪,最起码的路要走清楚啊,走路不看前面,闷着头走,掉坑里怎么办?"(XYT-DPX-20210717)。由于农村基层工作的复杂性和特殊性,大多数村支书都同乡镇各业务部门保持密切关系,这有利于他们更好地领会上级要求,在工作中也更方便同领导沟通解决问题。NH 村 LJH 书记在学习扶贫政策时提到,他经常会在扶贫工作中遇到吃不透扶贫政策导致任务难以完成等情况,这时"扶贫办的领导经常来指导我们,政策吃不透就向他们请教。一些不理解的地方我们自己不知道就打电话给扶贫办的领导咨询,让他们给我们指导"。(NH-LJH-20210714)

总的来说,受学习模式相对统一的影响,在问及不同村支书最为了解哪种政策时,绝大多数村支书认为是"乡村振兴",但由于各地区工作内容不同,部分村支书也会谈及"厕所革命""宅基地确权""三变改革"等政策。为进一步了解村支书对政策的认知程度,会考察村支书对"乡村振兴"的理解情况,询问其是否了解"乡村振兴"政策内容、具体要求等,大多数村支书都能够较好地回答。其中,大多数村支书对生态振兴、产业振兴最为关注。村支书的政策认知对其工作方向有较大影响,很多村庄正如火如荼地开展美丽乡村建设就是例证。由此可见,政策认知虽然是一项基本的政策领悟能力,却对村支书及乡村发展起着重要作用。

2. 政策认知成效

通过学习进行的政策认知,最终落脚在是否能够理解政策,展现了村支书对其所学政策的内化情况。政策理解程度是村支书认知政策过程的结果,也是村支书做好政策输出与执行的必要保障。对此,XC 村村支书 HBH 明确了"吃透"上级政策的两个方面:"首先在大体上,我们开会也在宣传,中央的新闻、报纸也在看,总体方向还是要掌握,像习近平总书记的讲话,你要仔细听完,大体上还是要读懂,总的路线、大的方针还是要掌握,比如刚才说的粮食安全,你要保底,保护粮食安全,战略储备。其实要结合村里的实际情况,因为村里有些情况不能完全照政策来,只要把那个目的达到,采取各种各样的方法。"(XC-HBH-20210710)

(1)"吃透"政策在于把握方向

XD 村 CYG 书记认为:"首先肯定要知道上面的精神,例如乡村振兴这个政策,需要了解具体什么叫乡村振兴。我们要把它吃透,知道这个政策具体做什么事情,我们才可能结合它分项或者怎么做,再是我们村两委讨论,咱们继续实施。就像这个政策涉及范围很广,确实很好,这个东西不像脱贫攻坚,主要是针对贫困户。乡村振兴的范围很广,可以做产业,可以做基础设施,可以做环境卫生,等等,还有什么公益事业,这些都是很相对的事情。"(XD-CYG-20210712)"吃透"政策精神是一个较为抽象的概念,上述村支书的说法大体介绍了何谓"吃透"精神,然而研究村支书的政策理解力需要进一步了解如何"吃透"这一问题。根据 CYJ 书记的回答,我们进一步追问他是通过何种方式获知政策内容,并如何通过学习得出自己见解。CYG 书记针对这一问题说道:"首先肯定是学习文件了,这也是上面必须让学习的。另外开会老领导也会讲乡村振兴各方面知识,再有就是通过手机学习。通过多种方式才了解这块。"

乡村振兴作为党和国家的一项战略规划,是一个复杂且艰巨的系统工程。村支书在带领村民实施乡村振兴战略规划时,难免会遇到各种困难。是否能够及时解决问题、如何解决问题都是对村支书"吃透"政策的重要考验。谈及这方面问题,CYG 书记说道:"困难肯定有,我就假设我做个产业属于乡村振兴,是吧?假如我想要做好产业振兴,需要做产业的话,我们也不能盲目地上这个项目,投资的话我们前期也要做规划,要请人做设计,具体哪个地方怎么做,哪个地方做什么东西。这就不能凭着个人的想法,拍脑袋想嘛干嘛,这样肯定会影响整体的规划。"(XD-CYG-20210712)虽然 CYJ 书记的回答是如何推进乡村产业,但也揭示了他对乡村振兴内容和乡村振兴目的的了解情况。

被问及如何理解"吃透"政策精神,以及自身在学习政策过程中面临怎样的难题,ZC 村 XM 书记认为自己由于平台较低、眼光不够长远,而且大多都是以普通群众的角度去考虑政策,因此有些政策在理解上也存在问题,需要通过学习加强与上级的沟通加以解决。他谈道:"要吃透的话,第一还是学习,自己不懂的话还是要学习,就和做人是一样的,因为这些政策不是盲目性的政策,而是很多人深思熟虑的成果,要是吃不透的话,我第一就是反省自己,看自己是不是哪些方面有短板,才会对政策摸不透。"XM 书记通过美丽乡村建设的例子向我们详细说明了一个政策从不理解到理解的过程。当时 ZC 村在乡镇政府的要求下开展美丽乡村建设,但美丽乡村建设是通过政策资金拨款进行的,然而 ZC 村能够得到的资助并不多,ZC 村想尽办法筹集资金,最终只建成几个小微景观并进行房屋整治。XM 书记认为,美丽乡村建设花费了大量资金做"面子工程",ZC 村部分道路、农田、水利等基础设施问题受美丽乡村项目影响迟迟无法解决。因此,XM 书记并不能理解上级乡镇政府为什么要把项目资金全部用于建设美丽乡村项目,但当看到部分项目建成后对村庄发展的隐形带动作用,XM 书记释然了。"当时不理解的时候,站的不够高,没想明白,就按照政策要求被动来搞,先搞着看一下,做了一两件事之后发现确实应该来搞,之前整治房前屋后的污水当时就想着搞了之后老百姓不珍惜,我们现在美丽乡村走了四分之一,污水搞好了之后,发现整体效果有带动,老百姓就融入起来了。"(ZC-XM-20210711)

综上所述,虽然大多数村支书都认可要"吃透"政策精神这一说法,但在客观上村支书对于政策的学习领悟能力有高低之分,因此对于政策的理解能力也各不相同,当问到村支书对学习领悟上级政策精神有何经验的时候,LY 村 SGX 书记认为:"关于吃透上边政策这一块儿,首先你得多学习多领会,当然还参加专门组织的培训。说句实话,你干的时间长了,上级的政策就像是(好学生)上学学知识一样一点就透了,上级的文件、政策看一下大概就知道是怎么回事了,上级的导向在哪儿,目前的工作重点在哪儿,心里都有数了。"(LY-SGX-20210720)

(2)"吃透"政策要有机结合

基层工作经历会对村支书理解政策产生影响,在工作中总结出的经验能够帮助村支书较好地理解政策。NQ 村 ZYS 书记认为,政策分为具体性政策和象征性政策两类。具体性政策就像是一个个任务,是需要按照要求加以解决的。而象征性政策像是一种仪式化的活动,在党组织的日常活动中需要遵循。在 TX 村,老书记 CTL 根据自身工作经验的总结与 ZYS 书记相似。CTL 书记讲到,在具体性政策方面,讲政策就是在讲权威。CTL 书记在工作中遇到较难解决的纠纷,就会搬出相关政策为自己背书,在这种时候讲理大于讲情。而在象征性政策方面,CTL 书记认为这部分政策讲情是大于讲理的,这类政策一味地强制大家接受用处不大,还有可能激起大家的抵触心理。

> 有些时候说真的,农村啊,光讲政策的话,有时候讲不通,那这个时候就得讲情了。有些时候光讲理也不行,还得用点强硬的手段。经过这么多年的工作,现在村里大小户,没有谁我没打过交道。年轻的时候搞工作,经常需要串门进屋,那时候一想到要串门进屋就从心里发怵,不愿去。不过现在没那种感觉了,因为老百姓都认可了,咱也给老百姓办过很多实事儿。实际上要是真正地从工作来讲,你就说党的政策怎么着,必须执行,那个可能我觉得占的比例还不到百分之五十。大部分就是说我们干着呢,你看上面有这么个要求,你得支持工作,这个我觉得有时候在农村还占一定的比例,甚至比讲政策那个比例还大。(TX-CTL-20200721)

各个村庄的自然资源禀赋与文化资源不尽相同,村支书在工作中遇到的各种问题也有所差异。村支书受自身多年在村经验影响,会在理解政策时根据村庄的发展情况有自身的需求与偏好,这就导致不同村支书对同一政策的理解、把握不尽相同。当前带领村庄发展,就是要做好乡村振兴工作。由于各地不同的地理条件和人文环境,村支书需要深刻理解乡村振兴战略规划并总结出适合本村发展的振兴之路。ZWT 村 WYF 书记对此就有深刻认识,他认为"首先我觉得要整治村容村貌,人居环境整治是最基本的东西,这是美丽的前提。我觉得从我们欠发达的地方来讲,先提美丽乡村跨度大了些,要先整治人居环境。步子跨大以后很多东西衔接不上。比如现在全市都在搞美丽乡村试点,搞试点就有一个问题,因为一个村里面只能选一个小组出来做试点,不可能全部推广,政府也没那么多钱。那这个点势必会造成其他村民心理不平衡,这是很普遍的现象。如果说发展比较均衡的村还好一点,要是发展不均衡问题就更大。有些村组通路问题都没解决,现在重点投资这里,那矛盾就会更深了。所以我觉得这种试点就可能失败。我一直认为,搞美丽乡村的投入不要放在农户这块,而是直接投入到公共区域这一块。公共区域整治是一个过程,不可能一下子就能搞成美丽乡村。"(ZWT-WYF-20210711)WYF 书记在深刻领悟美丽乡村政策基础上,将政策推进分解成一个个阶段,合理规划 ZWT 村在每一阶段应该解决的问题。WYF 书记的认识在一定程度上帮助 ZWT 村规避了政策实施时群众之间的矛盾,促进了村庄公共事业的发展,体现了村支书政策理解程度对村庄发展的巨大影响。

二、政策输出

农村的发展离不开村民,政策的宣传是否有效,最终还需要看广大的农村群众对政策的认识度、理解度如何。这就要求村支书用最朴实、最亲切、最简单的"群众语言"向群众传播党的好声音、宣传党的好政策。作为基层干部,村支书要在读懂、吃透各项惠民惠农政策的基础上结合当地群众实际进行"翻译",用好用活各类宣传教育资源,将一项项惠农惠民政策宣传到每一户每一个群众。

1. 政策宣讲方式

为了把政策红利转化为发展与治理效能,把政策按时如实传递给党员干部群众是展示村支书政策输出能力的重要标尺。除了针对党员干部的常规性开会与谈心之外,标语宣传也是重要的宣传方式。

(1)开会与谈心

上级各项政策下达后,村支书通常会及时地把新的政策、文件、精神带回村中向党员干部传达。LY村SGX书记坦言,是"通过开群众代表会、党员会、村委干部会等帮他们解读政策"。XYT村DPX书记谈到,她每周在参加乡例会后,会在村中召开全体村干部会议,向村干部传达学习内容,将政策的各项要点分解开来,一点点安排好村干部如何落实工作,"比如最近的安全生产、防溺水、厕所革命之类的。我都是每周一开会回来,要么下午传达,要么第二天早上传达。"(XYT-DPX-20210717)除了专项政策传达之外,党组织的党会也是重要的途径。ZC村XM书记介绍道:"对于党员我们通过开支部主体活动,民主生活会,经常讨论。还有座谈,小型的交心。"XM书记将"三会一课"当作政策宣传的重要方式,尽管XM书记定期召开"三会一课",积极向村中党员传达政策要求,也会遇到党员对政策产生质疑、不理解政策的情况。这是政策宣传过程的痛难点,面对这种情况 XM 书记会主动开展谈心交流。

"党员对于土地流转、美丽乡村有不理解,不要说他们了,我刚开始看到政策文件的时候也有不理解。但后来我通过自己的学习知道这样是对的,我觉得他们应该是处于之前我所在的阶段,因为他们觉得做这些事情是应付居多,包括我们之前那个一村一景,当时有的党员就不理解为什么花这么多钱建这么一个大广场,觉得是一种形式主义。但是我就跟他们讲村里是怎么规划的,大广场建成之后对村民生活有啥好处。现在村里有这个大广场以后,村委会也有了新的办公地方,村里变得整洁了,基层组织战斗力起来了,老百姓有了休闲娱乐的地方,就觉得这样做是对的。湾子整治整体搞好了,每个村民的小家带动下环境也好了,包括在外面的老板回来以后投资搞花园之类的,村民看到以后纷纷效仿,这样环境就慢慢越来越好。"(ZC-XM-20210711)谈心谈话是村支书开展政策宣传工作的重要补充手段。身处乡村基层党组织的党员受自身认识影响,在一定程度上存在政策认识偏差问题,这需要村支书加强思想教育工作,通过开展谈心谈话,帮助此类党员学习、理解政策。

(2)标语宣传

政策宣传方式除了开会、谈心等措施外,宣传标语的建设也有很重要的作用,LY 村 SGX 书记就十分重视标语宣传工作。在调研时正逢 LY 村开展宣传标语拆旧换新工作,对原先与现在实际不符的宣传标语进行清理,规范宣传标语内容,张贴乡村振兴宣传布。"政策好不好,百姓来评价,方针明不明,宣传很重要。通过张贴乡村振兴发展新蓝图,以通俗易懂的文字和简单明了的叙述方式向群众普及了乡村振兴道路怎么走、乡村振兴战略实施原则、乡村振兴战略实施意义和乡村振兴战略20字总方针总要求,让群众一读就懂,一看就明,在思想认知上起到了很大的开导作用,便于下一步群众配合工作。"(LY-SGX-20210720)LY村党组织还通过宣传栏、广播、入户宣传等方式,同步开展政策宣讲和说明,讲老百姓能够听懂的话,积极号召群众配合村里开展工作,共同助力乡村振兴。

2. 政策输出重在因地制宜

政策的红利关键在落地。SF村村支书YDX认为在通过各种方式不断学习政策后,需要重点把握政策中与本村发展相关的内容,宣传工作要将上级政策要求结合本村发展实际进行。具体而言,"说到政策传达这块,我觉得要结合自己村的特色,要了解老百姓的思想、想法。我们村现在在村里的主要是老人和小孩,真的让他们去学习,难度很大,他们没有这个精力和时间去学习。但是我们要主动向他们宣传,给他们普及,并把事情做出来给他们看到,让他们看到咱们国家政策的好,他们看到后也是很感恩的。在我们村我们每一次活动、每一个项目建设都要给老百姓开会,在他们完全了解的情况下,我们才会做,让他们真正明白我们是为了大家致富。你不能高高在上,你是为老百姓服务的。而且作为村干部要做好一种平衡,你要领会领导的意思,而且你要把领导的意思给老百姓解释清楚,只有二者都做好了,我们的工作才能做好,不然很难做的,你把老百姓搞好了,上面不一定满意,但是你全按照上面的,老百姓不一定理解你。

所以,我们村干部这个纽带作用一定要发挥好。"(SF-YDX-20210710)因地制宜地输出政策十分考验村支书的工作能力,体现了村支书工作方式方法是否灵活变通。ZC村XM书记在宣传政策时总结出一个大致流程,"第一还是要分析大环境,分析大环境以后再根据我们村的情况分析事情的必要性和紧迫性,明确这个大环境下需要干什么做什么,这些都要让老百姓清楚,给他们指明方向。"(ZC-XM-20210711)

第二节　政治执行能力

在河北省阜平县考察扶贫开发工作时,习近平总书记指出,"要原原本本把党的政策落实好"①。基层党组织作为党在基层的"神经末梢",是贯彻落实党中央决策部署关键的"最后一公里"。村支书作为农村党组织带头人,更是肩负着落实好党在农村各项要求的重要任务。村支书政治执行力的重要表现就是能否贯彻落实好党和国家的各项决策部署。在政治执行过程中,村党支部书记要统筹好政策执行、制度执行、理论执行三项重要内容。不断提高自身建设,巩固政策与理论执行的理论功底和实践基础,把制度执行贯穿政治执行全过程,切实保障政治执行及实施效果。

---

① 习近平:《论"三农"工作》,中央文献出版社2022年版,第26页。

一、政策执行

"良法美策在于能行。"新时代以来,党中央以人民对美好生活的向往作为制定政策的依据,而这一系列以人民利益为重的政策能否落到实处,关键在于执行。贯彻执行党的各项政策,关键要做到有令即行、有禁即止,确保中央政策部署在乡村各领域的推进不出现"断头路"。村支书作为政策执行的"最后一公里",他对政策执行方式的选择直接关系到政策执行是否到位,更是直接关系到广大群众能否听党话、跟党走、感党恩的大问题。

1. 政策执行方法

作为政策落地的最后"一公里",执行政策只能靠"实干"。按照SF村村支书YDX的话说:"政策执行就是要靠实干,要让村民看到村里的发展,发展才是硬道理。如果我们村发展好了,给老百姓带来了福祉,老百姓自然而然地就会去了解政策、相信国家。只要让他们亲身体验到政策红利,像这个房子改造好了,村里绿化好了,道路修好了,环境卫生全都做好了,他们都是看得到的。我们一边做就会一边给他们宣传。"(SF-YDX-20210710)

YDX所说的是一种执行政策的总方略,那就是通过实干让老百姓享受到国家政策的红利。在具体的执行过程中,村支书通常会采取一些方法来确保政策有效落地。

(1)把原则摆在首位

TX村CTL书记在村中最怕遇到与土地有关的纠纷,恰巧在农村事务中,同土地有关的政策是多且复杂的。以分土地举例,CTL 书记认为给近年来村里新添的孩子、外嫁来的媳妇分地这件事十分困难。他说:"这件事情不是说弄不了,就凭我们的工作能力啊,弄了,但是不太容易,不好干。"CTL 书记认为早些年村中人少的时候,因为人人都能分得土地,分土地签字就相对容易。然而最近五年来,TX 村一年新添大约 20 名婴儿,新增嫁到 TX 村的媳妇大约 10 名,共有 100 多人要分地,CTL 书记认为当前把这个地分配好就很不容易。面对分地的困难,CTL 书记最开始通过宣传党的政策这种方式试图解决问题。但仍有部分村民对土地分配不满意,拒绝签字。

"你得以中央为准。凡是不以中央为准的这个事儿,最后弄不了。不管是你解决老百姓的事儿,还是什么土地纠纷,是要灵活处理,但是还得以政策、法律、法规这些为准绳。就开始讲呗。讲一批走一批,讲一批走一批。有的就听中央的规定,有的就相信这些政策,被这些政策影响。有的我不管你那个,反正你得让我活着,就是赖着了是吧。还有一部分就是用感情,说好的走一部分。就没签这个,三十年承包的这个。最后县里头呢,说让 90%以上的人签了就行了,不要求 100%。"(TX-CTL-20200721)正所谓"取乎其上,得乎其中"。村支书在完成各项任务时,必须以政策要求为目标,按照要求贯彻落实。只有秉持这种理念,才有可能较好地完成任务要求。需要指出的是,部分任务客观上较难完成,因此不能对村支书太过苛责,就如 CTL 书记做三十年承包工作时,县里根据工作情况灵活调整工作要求这般。

相较于 CTL 书记的工作做法,NQ 村的 ZYS 书记则明确区分政治性任务和政策性任务。对于政治性任务,ZYS 书记强调要立刻执行好。"对于上级组织下达的政治方面的任务,这个必须得完成,我们会很快去做。因为现在政府啊,有好多实质性的,都把它划分到政治任务当中了。像什么旱厕改造啊,政府都派专人来指导。时间上面它有几个时间节点。到去年的七月份,它要求要完成到 70% 就可以。可是今年呢他们又要求,把那个剩的那点户又都给改了,要求到100%,今年就全改了。又给做工作呗,村里面贴点(钱)。"(NQ-ZYS-20200722)面对这种政治性任务,LY 村 SGX 书记认为:"上级要求的是旱厕清零就必须清零。有的群众可能不理解,现在不理解那也是得做工作,农村工作就是这样,做通了那就通了。"(LY-SGX-20210720)当然,在实际工作中村书记也会考虑村民的实际情况。仍以旱厕清零任务为例,村书记认为国家拿钱帮助村民完成旱厕改革,理论上这是有利于提高村民生活质量的。ZYS 书记说:"有些他就不愿意。特别是农村里,他有什么样的呢,他先想着我得施肥啊,种庄稼什么的,他就不愿意。到后来咱们给他做工作,也都改了。说这个,你施肥也不要紧,你也可以往外抽,这么着都改了。"(NQ-ZYS-20200722)但由于缺水,部分村民家中没有改成水冲厕所的条件。针对缺水这类农户,虽然有进行双屋改造这种办法完成旱厕改革任务,然而这样厕所就会盖到大门之外,占用了公共土地,影响村容村貌。SGX 书记深刻理解村民在面对改厕时的顾虑,但并不影响他完成改厕的决心。这一决心来自于他对政策出发点的认可和支持。

（2）把情感贯穿全过程

农村社会是典型的熟人社会,乡村治理在较大程度上表现为典型的"非正式治理"特点。村支书在推进各项政策要求时,也需要借助情感驱动促使政策落实。对此,ZC 村 XM 书记论述了感情与信任的关系,在他看来,要么是通过为村民服务建立感情,要么是以感情为基础进一步予以工作加深,但很显然,必须要建立感情。"我说我内心话,现在农村工作,十有八九都带感情,现在都是服务型工作,村支书有些时候,老百姓配合你工作是感情,还有就是最重要的你只要给老百姓做实事,时间长了之后,老百姓信任你,认可了之后再建立感情,我们和老百姓的感情关系就是建立在信任上。"（ZC‐XM‐20210711）

当然,政策执行强调的是责任的压实。但无论如何,在村庄社会中,这种责任压实仍然要靠感情来予以落地。SF 村 YDX 书记说:"我们江汉地区扶贫比山区好一些,我们这边的扶贫对象基本是老弱病残,孤寡老人比较多,再就是有大病这块。我们就按照市里政策去做。村里主要是给他们提供一种感情的服务,多看看他们,多慰问他们,把他们的困难当成我们自己的事,然后帮助他们申请低保、五保,对他们的生活来说已经可以了;在产业这块,能种地的就种地,不能种地的我们就是把土地尽量给他们流转,来增加他们的收入。我们要做的就是做好他们的思想工作,因为他们毕竟是基层的人民,他们缺少的是关爱,对他们关爱多一点、慰问多一点、困难给他解决多一点就可以了,就这么简单。我当了几十年支部书记,我觉得老百姓是很善良的,他们对我们没有很苛刻的要求。"（SF‐YDX‐20210710）

在 YDX 看来,"提供一种感情的服务"在村支书的政策执行中占有重要位置。因为 SF 村的扶贫对象基本以老弱病残为主,所需要的主要在于关爱。

当然,政策执行也并不是总能顺利进行。当上级要求的政策任务在乡村执行过程中出现阻碍时,部分村支书会打"感情牌"来推进政策实施。以美丽乡村建设为例,LY 村在开展美丽乡村建设修路时,需要扒两个寨门,拆两个庙,拆迁十二间房子,但是当时部分村民不支持。SGX 书记就每天就晓之以情,一个个去做思想工作。"困难是很多,那时候每天晚上去他们家通宵做工作。告诉村民不把这些东西拆了的话,修的路就会很绕,不方便,路顶多走一个拖拉机,寨门也会限制进村车辆的高度。从修路基到拆迁房子,将近弄了一年多时间。"(LY-SGX-20210720)

XD 村村支书 CYG 在宣传森林防火政策时,同样高度重视村民的思想政治工作。CYG 书记告诉村民:"庐山在国内外都有名气,不能受一点影响。我们开始几年防火任务,包括老百姓还有清明,那时候也是一样的了,祭祖。要做老百姓的思想工作,就是上坟不能烧纸了,就是文明祭祀了,肯定是要做老百姓的思想工作,他当时可能就接受不了,村民认为我一年上个祖坟烧点纸是吧,祭祖这应该是合乎情理。我们就不厌其烦地跟村民解释国家的大政形势,在这个过程中,我们就比较重视跟村里的年轻人解释,鼓励他们去做家里面的工作,通过多次的宣传解释,村民现在基本都不烧纸了。"(XD-CYG-20210712)

TX 村 CTL 书记认为,政策的实施要保证不能走样,保质保量完成,但是有些时候需要经过从用情到入理这个过程才能保障政策顺利推进。他说:"你没这个情入不了理,比如说,通过这么些年,夫妻闹矛盾啊,什么子女不孝,宅基地啊,你给他解决以后,人家感到我给你做过事儿,就觉得跟你有交情。有些时候,不能小看这个感情的作用,老百姓是很认这个情的。它不像行政,行政这些你说这干不了了,我调你去别的地方。你像书记跟副书记,跟村长打不好关系了,我把你调走。与乡亲的感情那是你即便不干工作了,也还有百年不散的老乡亲。所以说这种关系处理起来,处理关系的精力有的时候比干工作的精力还要大。"(TX-CTL-20200721)

ZC 村 XM 书记对此深有同感,他认为现在村支书做的大多是服务型工作,工作时会带着对不同村民的不同感情。同时,他也认为村民配合工作是村民讲感情、重感情的表现。建立感情需要为老百姓做实事,只有长时间地付出、不断带领村庄发展才能赢得老百姓的信任,"我们和老百姓的感情关系就是建立在信任上"。(ZC-XM-20210711)

总的来说,村支书作为农村基层党组织带头人需要按要求完成上级布置的各项任务,这是村支书的责任与使命,具有强烈的政治性。但同时,村支书作为村中的一员,也必然会用到"非正式"手段帮助政策推行。由此可见,村支书在领导基层治理推进政策执行的过程中,需要兼顾"情"与"法"。面对纷繁复杂的村务,村支书需要将各类村中事务分门别类,针对不同类别采取相应的解决方法。村支书在农村开展工作,既需要村干部帮助,更需要广大村民配合。政策推行归根到底是做"人"的工作,只有维系好干群关系、赢得干群支持,村支书才能更好地在乡村基层推动政策实施。

2. 冲突政策的执行

村级是各项政策落地的"最后一步",也是关键的一步。然而,自上而下的政策既有一致性的情况,也有冲突性的方面。对于自上而下的一致性政策来说,村支书执行起来相对容易,只要把握原则和情感就能够实现政策的落地。但是,由于上级政府职能部门分类较多,与村级是"千线一针"的状况。面对不同政府部门作出的要求,村支书在"穿针引线"时也会遇到矛盾。如何处理多条丝线齐穿针,既考验了村支书的工作能力,也揭示了村支书理解上级政策意图的程度。

从对村支书的访谈中了解到,土地是村支书谈得最多的政策冲突方面。乡村社会最为重要的资源是土地资源。在乡村振兴大战略下,要推进村庄的发展,离不开对土地的开发与利用。但是,在这种开发利用中,发展需要进行土地开发与政策限制土地的使用这一矛盾会有呈现,尤其是在一些发展比较好的村庄更为严重。

> 我们村发展很快,在土地这块矛盾就很多,在涉及土地问题上是比较难的。我曾经向省里面的领导专门谈到一个问题,就是盘活村里存量资产的时候,土地上出现很多问题。因为当时1980年代的时候,土地是手划的,现在是互联网定位搞的,所以以前的土地和现在的土地总有那么一亩两亩的差额,但这一亩两亩都是基本农田,你怎么搞,所以这个问题是很常见也是很大的问题,我为此也是伤了很多脑筋,进行反复研究。政策规定耕地你不能占用,但是按照原来划定的,又框在里面,所以这上面

的难度很大。

遇到上级政策冲突的情况就不太好弄。比如说土地项目这一块,项目部门为了按时完成工期逼着你开工,但是土地部门在你开工前没有手续的情况下,就不让你开工。这就是一个很典型的矛盾。不开工的话,政府通报,可是要开工的话,政府又没给土地手续。(LY-SGX-20210720)

SF村和LY村最为突出的特点是引进企业进行村庄开发,所以也是土地问题最为明显的两个村。当然,面对这种冲突,村支书肯定是不能违背国家的政策红线的。

遇到这种矛盾的话,只要不违反大的政策红线,就可以边开工边补手续。但是绝对不能越过这个(耕地)红线,如果要越过这个红线的话,那这个项目我宁可不要。就是因为出现了这种冲突现象,所以现在如果我们要搞一个项目的话,上级政府也会把所有部门都集合在一起,然后统一协调处理。政府虽然这么做了,但在实际的实施过程中还是会出现政策矛盾的情况。(LY-SGX-20210720)

每个部门都有自己的政策要求,所以我们这些厂家可能会被罚款,这块我们做的工作特别多,投资方那里我们要耐心解释,也希望他们配合,因为这不是部门的错,不是投资方的错,也不是我的错,这是我们国家政策的具体规定。所以我们积极地适应政策,多动点脑筋、多去和投资方沟通,用道理、情感去给投资方做工作,让他们理解我们。2013年开始搞这个工业园到现在,好多问题还是没有弄通,真的是难。

　　SGX 书记的回答中还提及一项关键内容,即"不能越过的红线"。关于红线,SGX 书记回答道:"红线就是土地的红线,比如说是建设用地就可以盖房、搞项目,可如果不是建设用地的话,绝对不可以这样做。即使是建设用地,也是需要手续的。"按照 SGX 的说法,"红线"就是底线,在不违背底线的情况下可以采取灵活的工作方法。正是由于对政策的高度理解把握,SGX 书记才得以在上级政策要求相互冲突的情况下同上级部门斡旋,推动项目建设。而 SF 村村支书 YDX 则说出了村书记的苦恼。因为政策的限制,导致引进的企业难以如数落地,所以不得不"用道理、情感去给老板做工作"。不过,虽然这种工作使得村书记不讨好,但是他也明确表示"只能适应政策",而不是"抱怨"。

二、制度执行

　　习近平总书记指出:"制度的生命力在于执行。"①将制度优势更好转化为治理效能,确保制度的坚决执行是关键。村支书是否能够按照党中央的决策部署把制度执行好、维护好,使其充分发挥效能是村支书政治能力的一项关键要素。为了保证党的领导和基层民主的发展,国家出台了各项制度予以保证。本部分将以村民自治制度和党的领导制度为例来观察村支书的执行情况及其实践效果。

---

　　① 《习近平谈治国理政》第三卷,外文出版社 2020 年版,第 128 页。

1. 党的领导制度执行

习近平总书记指出："办好农村的事情，关键在党。党管农村工作是我们的传统。这个传统不能丢。"①在新时代，加强党对农村工作的领导制度得到进一步强化，其中"一肩挑"改革是集中体现。所谓"一肩挑"指的是"村党组织书记应当通过法定程序担任村民委员会主任和村级集体经济组织、合作经济组织负责人"②。村庄是否能够按时完成"一肩挑"改革，以及"一肩挑"的改革实效是评估村支书制度执行能力的重要标准。

ZC 村当前已完成"一肩挑"改革，XM 书记认为"一肩挑"改革符合国家要求，不论是形式上还是实质上村支书都已经能够"一肩挑两担"。ZC 村的"一肩挑"之所以效果好，与 XM 书记能够较好地理解"一肩挑"政策有关。XM 书记认为"一肩挑"是一项利于乡村基层党组织发展的好政策，对村庄治理有很大帮助，"一肩挑"之后，XM 书记处理村中事务、推进项目落实更方便有效。

然而，"一肩挑"的实行并不是一帆风顺的，如 XM 书记坦言在改革初期遇到了很多困难。"主要就是老百姓还不够理解。还有一些班子的少数人觉得权力太集中，有点意见。从我内心来说，还是要去做实事，少说话多做事。"（ZC－XM－20210711）正是凭借多做实事，带领村庄发展、村民致富，ZC 村的"一肩挑"改革才取得了良好成效。

在"一肩挑"制度背景下，村支书在村里的领导地位得到了强

---

① 习近平：《论"三农"工作》，中央文献出版社 2022 年版，第 205 页。
② 《中国共产党农村基层组织工作条例》，人民出版社 2019 年版，第 16 页。

化,也对其能力提出了更高要求。正如村支书 GSX 所说:"'一肩挑'也缓和了村主任和村书记的关系,以前很多村就是书记不听主任的,主任也不听书记的,导致很多工作做不好或者效率低。难点就是对村支书来说责任更大、担子更重。什么事情都是找书记,这就考验书记的能力强不强,能不能安排得动,能不能把事情做得好,这就要求书记要具备很强的领导能力和领导艺术。"(WQ-GSX-20210725)SF 村 YDX 书记也从宏观上给出了对'一肩挑'政策的看法,"我觉得'一肩挑'政策对村里发展还是有好处的。因为村民希望发展的愿望和我们党的领导是相辅相成的。如果脱离党的领导,或者脱离村里群众基础,都是做不好。所以说,'一肩挑'还是很适应我们农村的发展的。"(SF-YDX-20210710)XC 村 HBH 书记也具体分析了'一肩挑'政策优劣,他认为"一肩挑"政策的优势在于精简干部队伍,便于人员安排,节约开支,提高了村干部工资待遇。同时由于解决了乡村治理权力分散的问题,上级传达的政策落实更加彻底,能够集中力量办大事。LJH 也认为,"一肩挑"之后有助于加强工作整合,能够避免中间流程过多造成的误差,而且减小了村干部的依赖性。

"之前两个可能也会有一点小矛盾,现在这样我们大事小事都有一个集体开会一起安排,听取大家对村两委的意见,统一协调,事情就好做,不用问我们两个村长书记,万一两个感情不好又产生矛盾,这就不太好。现在工作整合上会比较方便,之前又要跟村长说支书说,现在这个中间流程就少了,误差也少了。有些有交集的工作,考虑的也会更多。而且原先当村长的时候还有点依赖性,现在就没有了,现在做什么事情都要挑起来,这个是我应做的,现在我自己所

有的事情做好。"(NH-LJH-20210714)

在"一肩挑"政策的劣势方面,HBH 书记主要强调了"一肩挑"改革后村支书的个人工作压力:"村里的事情太多,'一肩挑'后所有事情都要找书记,因此书记的压力会更大一些,除此之外就没有什么劣势了。"(XC-HBH-20210710)HBH 所说的劣势也是客观存在的,LJH 书记也说"原先(有些事)是叫村长去,现在你书记、村长什么事都要去。大事要去,小事也去。大事小事都是一个人,因为我们也知根知底,他们都会找我。原先是找村长包括项目审批签字,不用我们书记去全部把它理顺。原先是村长管财会,现在书记要管,什么都要会,什么都要学。"(NH-LJH-20210714)显然,"一肩挑"后的村支书是什么事都要管,什么都要学。但 LJH 也有化解事务繁杂的办法,那就是做好团队分工,让分管的干部各自发挥他们的积极性和主动性,把一个人的事变成团队的事。"村里的干部也是一样的,他们也会挑起自己分内的事,因为我们是一个团队,他们干部哪一个方面怎么做,所有的方面都这样做。我们每天都要来这里考勤,早上8:00来这里考勤,再讨论怎么安排今天的事,明天做什么事。一个人说话要好,不是项目这些一个人管,现在就是班子由一个人管理。"(NH-LJH-20210714)LJH 将"家人关系"不仅运用在与村民的关系锻造上,在村支两委班子成员的关系上也是如此。通过村支两委干部分散村支书的压力,才能整体上把工作做好,而村支书就可以腾出手来"抓大放小"。

2. 村民自治制度执行

村民依法参与村庄民主选举是宪法与法律赋予的基本权利,也是村民自治制度中的重要内容。ZC 村 XM 书记在介绍民主选举情况时谈及，上一次村庄民主选举，村民参与热情很高，在村人员都参与投票，甚至一部分不在村的流动人员也会委托在村人员投票。与此产生鲜明对比的是，2018 年前，该村村民对选举的态度，认为参与民主选举浪费时间。之所以有此转变，与当前村干部工作取得了较多成就、村民更加认可村委会的工作密不可分。"当时是这样子的，有了更好的成绩之后让老百姓更多地认可你。2018 年时候情况是这样子的，以前老书记取得的成就我们不能否认，然后我们就在这个基础上展望做哪些成就出来，让老百姓知道有个方向。"（ZC-XM-20210711）

与 ZC 村相类，SF 村上一届村民选举的投票率也很高。据村支书 YDX 说："90%的投票率，参与投票的人有村里的，还有外面回来的，每次选举我们都会在微信、电话或者让他们家里人联系，让他们回来参与投票。选举这种大事，一定要让村里每一个人，不管在家还是不在家的都知道，有那种很关心村子发展的，他会回来，有的回不来，也会跟你说，委托别人投票。我们一定是每个人都通知到，在外面的人大约占到 50% 吧，我们都会通知到位的。"（SF - YDX - 20210710）谈及为何投票率如此高时，YDX 书记认为："因为我们村发展也比较好了，他们也更加关注村子的发展，我们不管跟他们微信还是电话，他们都有回应。其实主要还是村子发展好了，他们可能也在考虑是否回家乡发展，所以他们更加重视村里的事务。参与的积极性也就更高一些。"（SF-YDX-20210710）

当前如 ZC 村、SF 村这般积极参与民主选举的村庄固然存在，但在调研过程中笔者也发现，部分村民参与民主选举的热情一般。不同于 ZC 村,当前刚刚完成"一肩挑"背景下的 LY 村村民参与民主选举的主动性有待提高。无论村民是否积极主动参与民主选举,村支书都会努力保障民主选举工作依法依规落实到位。

总的来说,制度的统一性与实践的复杂性之间存在一定张力。要使制度能够得到有效落实,就需要寻求在保证制度统一性之下的策略灵活性。从村支书在动员村民参加民主选举上的思想工作,到实施"一肩挑"中的做出实效,再到为达到开会人数要求上的对在村党员的要求等,无不体现着村支书在执行政策上的灵活策略,但也维护了制度执行上的统一性,这是制度执行上的"讲政治",体现着"讲政治"的基层治理艺术。

三、理论执行

习近平新时代中国特色社会主义思想是当代中国马克思主义。在全面建设社会主义现代化国家、实现中华民族伟大复兴的新征程上,必须把习近平新时代中国特色社会主义思想贯彻落实到党和国家工作各方面全过程。建设新时代文明实践站,是深入宣传习近平新时代中国特色社会主义思想的一个重要载体。本部分通过观察村庄新时代文明实践站建设情况,了解村庄新时代文明实践站在理论宣传、动员村民参与志愿服务活动等方面效果,是评估村支书理论执行能力的重要内容。

1.活动引导理论落实

建设新时代文明实践站,是时代之需、使命所系、群众所盼,是守正创新做好基层宣传思想工作的战略举措。在此背景下,调研的各村庄几乎都设有新时代文明实践站。当问到是否了解新时代文明实践站时,大多数村支书认为新时代文明实践站主要是宣传习近平新时代中国特色社会主义思想。具体谈及新时代文明实践站的宣传作用,以及如何产生效果时,LY村SGX书记说:"现在主要通过举办活动,比如集中党员干部进行卫生打扫、召集村民进行文化娱乐活动、评比好媳妇、好乡贤、好邻居、好孝子、五星文明户、优秀共产党员,通过各项活动起作用。"为进一步了解SGX书记对新时代文明实践站工作内容的理解程度,我们追问SGX书记在宣传习近平新时代中国特色社会主义思想的过程中,认为习近平总书记的哪些思想内容对乡村发展特别有帮助。在这方面,SGX书记认为"国家要好,乡村必须得好。简单地说,人居环境这一块就是一个体现,当然了,如果你的村有条件了,可以带着村往大的方向上发展;如果没有条件的话,再穷也不能穷文明,起码村里要干净。至于政策上,说白了上级能给的政策都给了,群众能享受到的都享受到了。"(LY-SGX-20210720)

在对新时代文明实践站的理解、运用上,YDX书记的认识较为深刻。YDX书记十分认可新时代文明实践站的文化宣传作用,他介绍到,SF村就是借助新时代文明实践站这一平台,举办了该市的第一届"村晚",通过文艺会演宣传文化下乡、产品下乡,最终在宣传本地文化的基础上还带动了经济发展。"这都让老百姓真切感受到我们是在为他办事,真正把党的温暖送到他的心里了。所以这个新时代文明实践站起到了联系群众、党员、干部交流的平台。还有我们正在申请的农耕文化博物馆,这个是要申请的。还有我们准备搞一个农业合作社的商会。这两个,我们准备以新时代文明中心站为中心,全部补充到新时代文明实践中心站。"(SF-YDX-20210710)

ZWT 村 WYF 书记重视通过具体事件宣传习近平新时代中国特色社会主义思想,ZWT 村在进行人居环境整治过程中,就通过张贴横幅、组建志愿者队伍等形式做这方面的宣传。谈及文明建设过程中的志愿者服务,WYF 书记认为这是 ZWT 村新时代文明实践的一个特色:"效果从我们上次办文艺会演活动中可以体现出来。很多村民志愿者出来帮忙,也不讲什么报酬。再就是,我们现在整治人居环境,这些志愿者他们的身影也是到处可见,比如说十户联创这么一个搞环境卫生的活动,有的家庭屋里也没个人在,但团队里面的村民也会自发地把邻居的屋前屋后扫一下,这都是一个正能量的宣传。这一块主要就是引导志愿者加入村委、村集体的公益事业发展,初衷是这样的,引导青少年为村里面的发展和建设作出贡献。"(ZWT-WYF-20210711)WYF 书记认为把理论落实、帮助村民转变思想观念,主要在于村党支部、村委会的正面引导。村庄要形成一种良好氛围,通过为群众解决实际困难、做实事搭建起干部和群众之间信任的桥梁,从而影响村民。只有不断付出、多做实事,才可以让村民对村里的认知从思想上发生转变,让村民感受到组织对他的关心和帮助都是真诚的。

调研中除已经在村中建成文明实践站,并开始发挥效用的案例外,也有部分正在建设新时代文明实践站的村庄,询问这部分村支书对新时代文明实践站工作的规划,也能在一定程度上考察其理论执行能力。例如在 HX 村,新时代文明实践站还在建设期仍未投入使用,FXH 书记打算在文化广场建成后再正式挂牌新时代文明实践站。谈及对新时代文明实践站工作的规划,FXH 书记谈道:"我们打算用新时代文明实践站做一些党员活动,比如党课培训教育。场地里都有教室,是已经安排设计好的。还有一些文化,因为我们到时候还在这里面建大会堂,老百姓在大会堂中有舞台,可以举办表演、书法、唱歌这些活动。还会做一些和我们村有关的的学习教育活动,我们准备各种文化活动都尝试做一下,看看老百姓喜欢什么。等这些建好了,过年的时候我们还准备让每个组都搞一个节目出来,搞下小品啥的,这对我们地方的发展,对那些思想落后的人都能很好地教育。"(HX-FXH-20210712)

2. 典型引领理论落地

村支书是否有好的经验办法落实党的理论主张,是评价村支书理论执行能力的一项重要标准。在这方面,DXP 书记认为落实好党的政策,主要靠宣传,政策最终需要村民去配合执行,只有把村民的思想工作做通了,让他们能够跟着党走,大家才能在实践上执行党的政策。落实好党的政策,必须激发起村民的主观能动性,这就需要借助榜样的力量,通过树立先锋模范人物来实现。"我们会实施清洁文明户的评比,就是说隔一段时间,看哪家卫生好,我们给他颁发奖牌或者买个小礼物,让大家都知道谁谁谁得奖了。要是来客来人了,他的奖牌那么大,朝家里面一放,既能让客人向他学习,他自己也觉得挺光荣的。"(XYT-DPX-20210717)

在农村,推动理论入心入脑除借助群众中先锋模范人物的力量外,党员干部的带头作用也十分重要。ZC 村 XM 书记在理论执行方面就有自己的独特心得。他认为,判断习近平新时代中国特色社会主义思想是否落实到了具体的工作实践中,需要看宣讲能否带动群众参与到理论学习实践中去。遇到群众有不理解的理论时,需要通过村干部的带动让群众看到理论的正确性。此外,他很重视提前思考问题以及反思的作用。"在落实理论的时候,我经常把这个事情反推一下,看一下这个事情是否和理论相符合,把存在的问题梳理出来。就像和做人一样,现在我和你们在交流,晚上肯定是要回顾一下,梳理一下错漏。有些矛盾是慢慢积累出来的,一旦爆发出来是不可控的,但有些时候我把工作方式一转变,很可能就可以把之前的那些小矛盾慢慢化解开来,这样再产生新矛盾的时候,我就可以一起把前后问题解决了,就是可以用新方法解决老问题,但不能用老办法来解决新问题。"(ZC-XM-20210711)在与众多书记交谈的过程中,XM书记谈到的"反推法"是其他村支书较少提及的工作方法。村支书需要时刻反思工作是否对群众有益、对村庄发展有利。只有维护好大多数人的利益,才能在理论宣传时赢得群众的支持,使群众信服,而这正是"反推法"的意义所在。

通过调研得知,当前村支书在理论执行方面多是按照上级要求,以新时代文明实践站为依托,开展各种文体活动。通过引导群众参与活动,以寓教于乐的方式宣传习近平新时代中国特色社会主义思想。此外,部分村支书在工作中注重反思总结的工作方法也对其理论执行产生了较好影响,例如 ZC 村 XM 书记采用事前思考、事后总结的方法,不断解决其在推进理论落地过程中遇到的各项问题。

总的来说,村支书通过树立榜样或自身带头助推了理论的落地生根。需要注意的是,在调研过程中发现虽然村支书试图通过各种方式保障理论执行成效,但还存在工作思路较为守旧等问题,部分村庄的理论宣传活动大多是以文明评比、标兵学习等传统方式开展,需要进一步拓展活动形式,以推动理论更接地气,产生实效。

第三节　政治能力是村支书的首要能力

政治能力是源自政治学领域的一个概念,它具体指的是一定政治主体在进行一系列政治活动中所展现出的接受政治任务、完成任务要求的能力。作为村支书来说,政治能力是其第一位的能力,是处在统领其他能力的位置,在于他的政治身份所决定的。作为党在农村组织的领头人,村支书能否在思想上、行动上始终与党中央保持高度一致,是体现对党忠诚的重要标尺;村支书能否始终坚守为民造福的政治担当,是彰显其共产党人政治本色的关键所在。

一、村支书如何讲政治

"政治能力就是把握方向、把握大势、把握全局的能力,就是保持政治定力、驾驭政治局面、防范政治风险的能力。"①这一论述准确

---

① 《党的十九大报告辅导读本》,人民出版社 2017 年版,第 433—434 页。

概括和阐述了政治能力的核心要义,也传达出在新时代下对党员干部政治能力的要求。作为村支书,就是要看其在践行为人民服务的初心和使命的同时,高标准严要求地完成党组织安排的各项目标任务的能力,是在农村具体工作中的政治素养、政治才能。在本书中,村支书的"政治能力"主要指的是否能够及时全面了解并准确理解上级的政策要求,是否能够有效贯彻落实好制度政策和理论的能力。它的理想图景就是要在工作生活中,从把握政治全局出发,心怀人民群众,坚定心中理想,在强化对党的系统理论的学习中进一步牢固思想根基,不断培养提升统筹规划的能力和长远打算的意识,始终保持头脑上的绝对清醒,有效驾驭政治局面;还要强化辩证思维,科学把握各类形势变化,精准看清问题本质,有效防范政治风险。

通过调研得知,在政策领悟力方面,村支书能够通过正式的途径准确了解党和国家的方针政策,又能够借助互联网途径及时、便捷地学习中央的大政方针,政策认知更为全面系统。这一认知方式的多样化,使得村支书能够较好地吃透政策精神,也能够较好地处理好政策冲突。但政策理解的深度受到村支书自身工作经历的影响。在政策输出上,村支书更多地借助传统的宣传方式,宣讲方式的创新性不够。在政治执行力上,村支书始终紧扣讲政治与讲情感的结合以执行政策,强化原则统一性与策略灵活性的结合以执行制度,实行活动引导与典型引领的结合以贯彻理论,展现了村支书较高的政治执行能力。

村支书的政治能力建设虽然在不断向前发展,但是发展过程中存在的问题也不容忽视。在调研中发现,村支书政治能力的欠缺主要表现在政治执行力方面。例如在政策执行过程中,有些村支书会一昧地追求完成上级的任务要求,执行政策时不注重工作的方式方法,虽然最后也能完成任务,但是效果大打折扣;在制度执行方面,"三会一课"制度虽然大多数村支书都能够按时执行,但是仍然存在个别敷衍应付的情况。在"一肩挑"制度执行方面仍然会出现权责不明晰、工作有矛盾的情况;在理论执行方面,有些村庄虽然已经挂牌设立新时代文明实践站,但在具体工作和活动开展上仍然存在重形式而轻内容的情况,没有深刻理解其设立的价值。

政策的权威性是以原则性要求呈现出来的,但人民对美好生活的需要是多元的,农村社会也是千差万别的,这种原则性要求在落地过程中必然有一个适应的过程。在自上而下的正规传递和无缝隙的互联网时代背景下,村支书的政策领悟能力不断提高,但在政策执行上却可能产生两种情况:一是不折不扣地执行,二是因地制宜地执行。农村社会的复杂性要求村支书在把握政策原则要求之下因地制宜,但又不能形成"上有政策,下有对策"等选择性执行状况。由此产生的是村支书的政策执行能力突出,但政策转化能力较弱,这是应该引起重视的问题。

二、村支书如何更好讲政治

习近平总书记指出:"基层党组织是党执政大厦的地基,地基固则大厦坚,地基松则大厦倾。"①农村基层党组织带头人作为党在农

---

① 习近平:《论坚持党对一切工作的领导》,中央文献出版社 2019 年版,第260 页。

村基层中的领导骨干,其政治能力如何,直接关系到党的农村方针政策落实情况,直接关系到乡村振兴战略的实施效果,关系到农民群众对美好生活向往的实现程度,最终关系到党的执政基础是否巩固和国家的长治久安。

关于农村的各项方针政策、计划安排要通过村支书落地,各项改革任务也要通过村支书上传下达加以完成,因此作为落实各项农村工作的践行者,村支书应该具备较高的政治能力。如果村支书不具备足够的政治能力,党在农村的方针政策就不能得到有效落实。部分村支书之所以出现不同程度的问题,之所以不能够很好地引领乡村发展,就是由于其政治能力建设上存在短板。村支书既要加强政治能力学习,也要进行政治意识培养。村支书要认识到自身担负的责任,增强政治意识和责任意识。乡村振兴对村支书的政治能力提出了新要求,在未来,村支书要对照其在政治能力建设过程中存在的问题加以整改。

当前,大多数村支书在政策领悟力方面能力较强,在政策执行方面的因地制宜上有较大进步空间。应当着力克服政策执行时部分群众意见仍不统一、制度执行时流动党员参与"规定动作"敷衍了事、理论执行时重形式而轻内容等问题。首先,在政策执行上,村支书要着力提高自身工作能力,深化同群众及各级领导的联系,在工作中尽可能多地赢得群众和领导支持。当前村支书在政策执行过程中遇到的突出难题就是部分群众意见不统一,这阻碍了政策推行。此外,部分村庄在发展过程中会遇到政策冲突导致相关项目难以推行的情况,这就需要村支书和各级领导保持密切沟通,遇到问题时积极咨询有关部门意见,请求上级领导和有关部门帮忙协调解决问题。其次,在制度执行上,村支书要着力摒弃形式主义,面对农村党员和人员流动性大,在村人员老龄化程度高的客观现实,加强对流动党员的管理,创新联系的方式方法(如有部分村庄采取腾讯会议的方式进行线上会议),寻求党员管理的原则性要求与现实性之间的结合点,以集中性和联系性代替常规性,切实把各项规章制度抓实抓细。其三,在理论执行上,村支书要着力解决农村基层党组织在理论执行方面存在的重形式轻内容、重宣传轻成效等问题,充分发挥新时代文明实践站在理论教化方面的重大功用,依托新时代文明实践站开展多种形式的习近平新时代中国特色社会主义思想宣传活动,不断深入探索工作经验、优化创新工作方式,推动习近平新时代中国特色社会主义思想成为群众的共识,焕发乡村文明新气象。

乡村社会的复杂性要求村支书能够做好政治宣传、执行与转化工作,但村支书在面对问题时是否能坚定政治信仰,不忘初心、牢记使命仍是第一位的。村支书作为党在农村组织的"一把手",是党在农村工作中的形象代言人,政治信念和政治定力不强,则党的形象和威信受损,党的各项方针政策在基层难以落实。因此,要持续开展对村支书的政治能力培养和教育,以使其在千变万化的农村工作实践中保持充分的政治信念和高度的政治定力,这是新时代全面推进乡村振兴和实现现代化强国建设的基础性工程。

第三章　村支书的治理能力

　　实现乡村有效治理是乡村振兴的重要内容。2019年,中共中央办公厅、国务院办公厅印发的《关于加强和改进乡村治理的指导意见》中明确提出,到2035年实现"党组织领导的自治、法治、德治相结合的乡村治理体系更加完善,乡村社会治理有效、充满活力、和谐有序,乡村治理体系和治理能力基本实现现代化"[①]的总体目标。农村党支部书记是领导乡村治理的"排头兵",肩负着各项治理责任,其治理能力如何直接关系到能否满足人民群众日益增长的美好生活需求,关系到能否有效整合分化的乡村社会利益,关系到能否化解乡村社会风险、重整乡村治理秩序等基层社会重大现实问题,对于促进乡村治理体系和治理能力现代化有着重要的作用。本章从联系群众能力和应急处突能力两个层面考察村党支部书记的治理能力,并通过对14位村党支部书记的实地访谈,分析其治理能力的呈现状况和效用、提升的难点等,以全方位评估治理能力作为村党支部书记的关

---

　　① 《关于加强和改进乡村治理的指导意见》,人民出版社2019年版,第3页。

键能力如何体现以及如何建设的问题。

第一节　联系群众能力

《中共中央关于党的百年奋斗重大成就和历史经验的决议》指出:"党的最大政治优势是密切联系群众,党执政后的最大危险是脱离群众。"①村党支部书记作为党在农村基层组织的重要成员,直面群众的生产生活,有着密切联系群众的责任。其能否主动倾听群众呼声,主动为群众排忧解难,做好沟通者和服务者的角色,直接关系到党和政府与农民群众联系的"最后一公里"能否畅通。

一、与群众的意见沟通

习近平总书记指出:"让群众满意是我们党做好一切工作的价值取向和根本标准,群众意见是一把最好的尺子。"②村支书作为党和政府与农民群众对话的桥梁和纽带,其做决策离不开多维视角和大量信息,既要多听上级、平级意见,更要多听广大人民群众的呼声。

① 《中共中央关于党的百年奋斗重大成就和历史经验的决议》,人民出版社2021年版,第66页。
② 中共中央文献研究室:《十八大以来重要文献选编》中,中央文献出版社2016年版,第91页。

只有主动听取群众的心声,与群众打成一片,了解他们的困难与不易,村支书与农村党支部才会真正得到人民群众的认可与信任。

1. 制度化的联系

人民群众既是基层治理的对象,也是基层治理主体中的重要依靠力量。村支书作为传达民心民意的"输送带",要让群众的意见能够"上得来",也让自己能够"下得去",才能及时了解群众的真实需求。WQ 村村干部联系群众的基本做法是:进行分组连片,将全村528 户(包括 223 个村民小组,2180 人),划分为 5 个网格责任区,实行"村—网格(片区网)—组网(村民小组)"三级网格。村支书 GSX 说道:"村里(村支部)5 个人,每一个人带一个点,这个点的网格化里面有网格长、网格组长,再下面是网格员。我是网格长,5 名包片村干是各网格主任,网格员主要就是党员和村民组长。每名村干都承担着村内多项事务。"(WQ-GSX-20210725)每个季度,各网格成员都会结合党员大会召开村民代表会议,讨论移风易俗、森林防火、秸秆禁烧等公共事务。"每个周二是各网格主任的'巡查走访日'。网格主任进组入户,听取群众的意见和建议,收集民情民意,对网格内能够解决的问题及时解决,网格内不能解决的问题逐级上报解决。网格员则在日常工作中负责排查各类风险隐患,进行社会治安联防,就地调解化解家庭、邻里等各类矛盾纠纷,及时向网格长报告突发情况,并协助解决问题。"(WQ-GSX-20210725)

这种网格化的工作体系,使得村庄办事流程进一步简化、办事效率显著提升,特别有利于安全环保、人居环境整治等重点工作的开展。村支书 GSX 说道:"我是网格长,下面具体的工作是分给网格组的组长,也叫点长。一般有大事会找我,一般的事情就是各个组的点长负责。大事比如说灾后修复,自然灾害发生后,村里一些基础设施被破坏了,会问我怎么处理。我一般会安排点长先去看一下,了解情况,然后再由村里商讨解决。还有就是各个村民组关于一些事情的想法,比如说这次流转土地,我接到的电话就比较多,包括群众对土地流转的想法和意见。另外,我们还通过无职党员设岗定责、党员承诺制、为民办事全程代理、'双培双带'先锋工程、流动党员'双向带动'等活动载体和载体创新,来完善基层干部、党员联系与服务群众制度,不断丰富为民服务管理方式和方法,让老百姓和社会组织共同参与到治理中来。"(WQ-GSX-20210725)通过一级对一级负责,一级抓一级落实,全村的大小事务有了抓手。"以前是'东抓一头,西抓一头',有时一些事务往往无法及时得到处理。划分网格之后,村内每一片事务都有了具体负责的村干,各网格主任对自己的网格事务了然于心,处理起来也就更加高效。"(WQ-GSX-20210725)WQ村通过"分工分片联系、收集群众意见,有针对地解决群众需求"这一网格化的方式创新了党员联系群众机制,将村干部联系群众的工作制度化,进一步明确了村干部联系和服务群众的具体责任。这一做法既让干部能随时发现和解决群众需求,也大大提高了村干部为民服务质量和办事效率。

2. 情感化的沟通

常态化的生活交往和情感互动是帮助村干部与村民建立信任关系、获得村民情感接纳的重要方式。没有常态化的沟通,缺乏情感的交流,干群之间就容易形成隔膜。此外,这种交流与沟通是干部的积极主动,而不是群众的"找",才能够真正产生效用。

(1)面对面的情感联络

乡村社会的一个重要特点是"熟悉性"。作为村支书,基本上是在本乡本土成长起来的,按照村民的话说,"谁不知道谁"。村支书从群众中走来,但只有放下自身的村支书身份——在日常生活中而不是在工作中,重新回到群众当中去,通过情感的沟通才能让村民觉得你不是"高高在上"的干部,而只是分工的不同,从而才能在得到认可中构建良好的干群关系。

TX 村的 CTL 深刻反思了从农民成长为干部之后的差异,他说:"老百姓,不当干部的时候,现在你看我在这个村里啊,我见到你可以不说话。我高兴我就说说话,不高兴我就不说话。当干部的时候,你高兴不高兴都先得给老百姓说话。真的!就想到以后你在工作当中哪时候都是笑脸。我当了这么几十年的干部,跟老百姓都是夹着尾巴做人。但是在这个当中也有得罪人的,哪有不得罪人的啊。谁家有红事儿白事儿,家家必到,给人家帮忙去。第一个,你看,村长给他家帮忙,他脸上有挂,觉得有面子。第二是在这个过程当中,你就跟人结下了这个善缘。"(TX-CTL-20200721)按照 CTL 的说法,越是从群众变为干部,越要懂得谦卑,他的用词是"跟老百姓都是夹着尾巴做人",同时还要积极主动去联系和帮助老百姓,让老百姓"觉得有面子",从而为自己在村工作结下各种善缘。这就是一种充分运用情感联络的方式,而不是以正式的工作身份来建立联系。

女性村支书具有一定的优势。LJH 非常重视与村民的情感联络,她的沟通方式是这样的:"年轻人,年轻人更好沟通,他的思想变化,在外面发展的和在家里的,思想都不同了,那都是时代不同。关键是老人家,他们有些人小孩在外面打工,把老人家的思想做好了工作就好做了,老人家年龄大了,主要是他那个时候的那个思路、思想,要跟他捋到我们这里,跟着时代走。我们经常去的,问一下。每家每户的工作我都走遍,我们有 398 户,我是每家每户都走遍,经常是这个样子。一路走过来就都认识了。通过那个卫生所,我们村里哪些人今天生病了,我们就问一下,就去家里看一下,看一看是什么病,要不要帮忙,要跟他儿子女儿一家人都交流一下,形成一种家人关系。"(NH-LJH-20210714)从 LJH 的沟通方式来看,她充分运用了乡村社会的"熟人"特性,即着力锻造一种"家人关系"。"家人关系"的特质就是相互关爱、相互支持,而作为村支书对群众是以关爱换取支持。对此,LY 村村支书也强调了如何通过日常的尊重换取村民在关键时刻的给面子,从而实现事务的办理。

农村说白了要有礼貌,见人了该喊哥喊哥、该喊伯喊伯,该喊什么就喊什么。老百姓会看着你,看你这个干部会干不会干。不要让老百姓觉得你当了干部就有架子,这就对你今后工作非常不利。你越是当干部了,就越需要比之前做得更好,走到路上看到人也得和和气气的。比如说你就是不当干部,就算平时不面对这些群众,可是路上碰到一个人,都是一个村子的。平常和他们交往,你不能作为一个干部高高在上,不当人家是一回事,那这不中。你想想,你平常你都不理人家,你遇着事了叫他配合你,那他能配合你吗?他越是不搭理你,越是这种情况,当干部的就更需要找这一个人聊天、吃饭、打交道。平时走到路上,该见谁该喊啥就喊啥,能聊几句就聊几句,就是要学会尊重别人,无论别人对你什么态度,你都要尊重别人。多去找他谈心谈话,让别人感觉到你是实心实意地去对待他,不要让他觉得你是因为想当干部刻意去拉拢他的。或者因为你是干部然后这么做是想对他有什么不利,让他感觉到你确实是对他好,你做工作也很作难,又做了他好几次工作,也是乡里乡亲的,这样的话一个人如果多多少少有点头脑的,都会给你一个面子了。(LYC-SGX-20210720)

(2)点对点的信息覆盖

随着工业化和城镇化进程的加快,乡村人力资源大量外流,乡村社会空心化问题日益严重,村民与村干部之间的关联度和信任度逐渐降低,人情关系变得冷漠疏离。面对"空心化"带来的联系服务难题,村支书在面对面沟通群众的同时,巧妙运用微信等新媒体技术搭建起沟通桥梁。通过线上政策宣传、咨询服务、公开村务、畅叙乡情的方式,村干部与流动党员和在外务工群众之间的交流不再受到时间和空间的限制,做到村民离村不离心、党员流动不"流失"。

ZC 村村支书 XM 说道:"和村民打交道是老年人居多,有了微信群之后和外出的人联系比较方便,但都在信息上。和老人打交道第一个就是慰问,然后出了什么问题帮助他们解决。"(ZC-XM-20210711)坚持一切为了群众,一切依靠群众,从群众中来,到群众中去,这是党的根本工作路线。新时代践行群众路线面临新形势,需要不断创新群众路线工作方式方法,尤其是要充分运用现代网络新技术,完善网络群众路线工作。XM 说道:"我认为就是现在和老百姓打交道做工作,包括现在整个村里这种规划发展,用老办法解决新问题是不行的,要用新办法解决新问题,总之做人也是这样,还像老书记那样当着群众面前喝酒打牌的话,这个时代已经过了,如果你再继续用这种方法,和以前有什么区别呢? 我们就是要通过以身作则让老百姓感受到共产党就在身边,我们的共产党就是这样的。"(ZC-XM-20210711)

利用微信群这一高效便捷的沟通媒介,ZC 村村支书 XM 开通了"ZC 村党群服务群",让村民自己"主事、说事、议事",形成了广覆盖、高效率的基础信息收集、沟通、处理和反馈平台。基于此项信息化手段,村支书还能及时掌握群众意见和诉求,提前规划解决方案。"好的做法是现在为民服务上运用了信息化,因为我以前在乡镇上是做信息化相关工作的。现在我们很多日常工作都不能离开信息化,包括老百姓很多诉求和矛盾,有些时候当矛盾还没产生的时候,他一个电话或者微信打过来,你预设判断他与村子之间的矛盾或者他和其他人之间的矛盾,有更多的时间去提前调解。还有村里的老人有些诉求通过他们子女用微信反映给书记。信息化是很关键的,有些时候我们会找一些村民代表将村子里的情况及时反映,我们好提前摸排。还有就是可以通过信息化的手段实现村庄事情全面参与,生产生活都离不开信息化。"(ZC-XM-20210711)

便民服务群的使用,让村民有了反映问题的渠道和监督工作进度的窗口,同时增强了农村党支部与在外务工群众之间的交流和联系。特别是在疫情防控期间,微信群成为党群沟通联系的重要渠道之一。2020 年新冠疫情暴发后,村支书 XM 立即建立了一个党群微信群,公布村里疫情防控工作部署安排、规划和预算等情况,激发了不少在外村民自动捐款等帮助村里度过困难的积极性。村支书 XM 说:"因为每个人都有家乡情怀,我们拜托他做的事情能够让他们回忆起家乡情怀来。包括有的时候他们好多年不回来了,我们加上微信联系以后,逢年过节也打打电话加强情感联系,给他们的房子贴贴对联之类的,让他们感受到老家还有人想着他们。有的时候我们发的一些关于村里的基础设施建设、还有其他的事情的朋友圈,他们看见了,勾起了他们的一些家乡情怀,他们就主动提出了帮忙。"(ZC-XM-20210711)村支书通过推行微信群工作法,开通网上沟通新渠道,把群众工作搬上网,为群众排忧,架起了党群之间的"连心桥",使得党员干部与群众之间沟通零距离,也让在外的党员能够过上支部生活,凝聚在党组织周围。

一些村民年纪较大,文化水平相对较低,难以通过微信等新媒体方式进行沟通交流。面对这种情况,为了加强与这类群众之间的互动和联系,JY 村积极优化和拓宽面对面的沟通渠道,组织群众座谈、走村入户调查、利用大喇叭进行消息传递和邀请群众看电影……JY 村村支书 FDM 说:"像我们有的时候,各包组的大事小事征求群众意见到小组开会,然后每年定期把群众组织在这里看电影,还有一个通过各种渠道,比如定期地一年两次为老百姓体检。上面来了有什么宣传的,把老百姓组织在一起,只要在家有时间的都来参加。通过各种东西,它也改善了。比如今年,我们搞了几次'听党话感党恩跟党走'。除了贫困户来,还有老百姓都来看,来感受这个氛围。"(JY-

FDM-20210712)通过这种走下去访谈、请进来约谈、集体座谈、利用传播媒介宣传等灵活多样的形式,推动了村干部与群众之间建立长期的、经常性的直接联系。

二、积极主动服务群众

乡村治理是否有效,最终要看群众的满意度和获得感。群众的满意度和获得感不是从天而降的,而是依靠基层广大党员干部一件事一件事干出来的。这有两个方面:一是自上而下的意识转变,正如 LY 村村支书 SGX 所说:"无论是农村的干部还是乡镇的干部,现在都有一个角色的转化,都要有为人民服务的意识。过去村干部是政策型的,现在转变成为人民服务型的,也就是因为这种转变,群众也依赖你了,现在当干部的千万不能高高在上。"(LY-SGX-20210720)服务是无边界的,它强调了与群众一切相关的事情都是职责范围。"包括农村宅基地、党建等等一切有关农村的三资方面的、土地方面的所有的一切事情,只要是和群众有关系的事情,都是支部书记的工作。支书这个角色就是这样的,首先是把党的各项政策不折不扣地传达给群众,然后上级政府给群众的各项优惠政策,也要不折不扣地让群众享受到。"(LY-SGX-20210720)

如何让党的方针、政策落地见效,让农民享受更多的发展成果?如何满足人民群众日益多样化的需求,准确把群众的需求最大限度地实现好?如何激发群众主体意识,让群众更好地参与治理过程中?这一系列问题都考验着村支书服务群众的能力。

1.贴心服务群众

按照村支书的一致看法,面向群众的服务型是基本导向。这种服务要得到群众的认可,关键在于贴心。中国特色社会主义进入新时代以来,这种服务可以区分为国家战略下的服务和日常服务。其中国家战略下的服务指的是新时代以来国家开展的脱贫攻坚战和乡村振兴,广大基层干部都投入到这场攻坚战中,用心用情做好困难群众的帮扶工作;日常服务则是指村干部在其他日常工作中对群众的帮扶与服务。

(1)帮扶解决群众的困难

农村贫困人口全部脱贫是全面建成小康社会的底线任务。自2013年国家实施精准扶贫战略以来,村支书作为脱贫攻坚的"主心骨",在引导贫困群众脱贫致富奔小康中发挥着"领头雁"作用。XYT村地理位置较为偏僻,是全县贫困程度较深、脱贫难度较大的村庄之一,也是国家级脱贫攻坚重点帮扶村。精准扶贫工作开展伊始,XYT村的村支书DPX(时任计生专干),在老支书的带领下开始投入扶贫工作。评定贫困户是实施精准扶贫、有效对口帮扶的首要环节。为做到识别"精准"、信息数据"精确",DPX坚持深入群众走访调研,了解贫困户基本情况,进行扶贫摸底排查。在精准扶贫国办系统基础信息录入期间,更是不分白天黑夜反复校对扶贫资料和数字,确保信息系统准确无误。

白天到村民家中核查信息,晚上整理这一天的信息。白天没有时间整理,这些书面资料都要弄出来的,这个状态一直持续到2017年底。这4大类资料,都是那个时候整理出来的。白天到户询问他们的真实情况,能摸清真实情况,我们才能精准扶贫,才能对户对人制定措施。白天忙了一天,晚上就得坐在家中,谁谁啥情况,就得书面写出来,有什么针对措施,应该怎么管理,应该怎么施策,这都需要完成的。我们整理过以后要报到乡里,乡里审核过以后要报到区里,政策才能落实。这些琐碎活特别多,节奏感特别强,想喘喘气都不容易。从来没有说12点之前睡过觉,从来没有清早安安生生地睡到早上七八点,经常一熬半夜,一熬一夜,那是常有的事。(XYT-DPX-20210717)

2016年摸底工作结束之后,DPX由计生专干转为扶贫专干,向五保户、低保户等宣传政策,帮助他们申办贫困户。包片区共有贫困户71户,2018年全部脱贫。在帮扶过程中,DPX注意到村民XHZ年龄较大,又无劳动能力,多年前与妻子离婚,留下患有精神病的儿子XDH,却又没钱治疗,家庭条件可谓非常困难。为了让XHZ的儿子得到免费的治疗,DPX立即与驻村工作队第一书记联系并请求帮助,经过多方协调,终于向区残联部门争取到了一个名额。之后,DPX又与相关部门进行了联系,将患者XDH顺利送往医院就医,并且一直陪伴在侧,持续关注他治疗的进展情况。"有了这个名额,就给他看了几个月病,看了几个月之后好转了,就正常了,小孩儿就回来了。"(XYT-DPX-20210717)通过这次事件,村民XHZ一家对村支书DPX十分感激,坚持要送一面锦旗以表谢意。之后,考虑到XDH一家没有劳动能力,日子非常困难,村两委协商同意后向乡镇政府部门打了报告,为他们父子俩成功申请了低保,解决了他们家的温饱问题。(XYT-DPX-20210717)

我们村是市级贫困村,一共有42户贫困户。我负责了5户,因为还有驻村工作队帮我们,所以我们村干部每人负责的不多。平常帮扶的话,因为我管的比较全面,还会召集开会,把国家所有的关于贫困户的优惠政策都让他们享受到。另外就是没事了去我报的贫困户那里转一转,聊聊天,看看他们有没有什么想法、困难,然后尽力帮他们解决。(LY-SGX-20210720)

在帮助贫困群众脱贫过程中村支书也遇到过很多困难,贫困户不愿意脱贫就是其中之一。村支书DPX说,关于这一点,最重要的是做好群众思想工作。只有把群众当成亲人,投入真心实意,对确有困难的村民仔细了解、记录,对心有不平的村民耐心做好解释工作,他们才会信服你。"你不改变他的思想,就硬说你不脱贫不可以,你已经达到脱贫的条件了。他不信你的,他以为你是'压'他,反而会起反感作用。"(XYT-DPX-20210717)还有很多贫困户,虽然已经达到脱贫退出标准,但不愿意脱贫。DPX认为很大一部分原因是他们对脱贫退出政策不是很了解,也害怕原来享受的扶贫政策会被取消。村支书DPX认为自己作为脱贫政策的"明白人",必须向贫困户解释清楚脱贫标准和脱贫不脱政策,这是帮扶人的本职。DPX说:"我一直都给他们宣传,脱贫不脱政策,我们虽然脱贫了,但是政策没变,政策依然享受。"(XYT-DPX-20210717)在她看来,开展扶贫工作的关键,就是要多站在老百姓的角度想问题、办事情,多和老百姓打交道,帮助他们从观念上、行动上进行改变。

扶贫不仅要扶物质,更要从精神层面调动贫困群众脱贫的积极性。NH村村支书LJH坚持"要致富,先治愚"的思路,认为扶智是扶贫工作的"牛鼻子"。他在扶贫工作中发现,有的贫困户主动意识不强、干劲不足,根本问题出在"穷脑子""懒身子""等靠要"思想较为严重。为了拔掉贫困户思想穷根,LJH 积极配合驻村工作队工作,创新帮扶方式。通过采用积分制,创办了"共青团爱心超市",推行"以劳积分,以分换物"的运营模式,调动贫困群众脱贫的内生动力。村支书 LJH 说道:"83 户贫困户,我们帮扶干部定期去户上检查,你对政策的知晓率怎么样? 谁是你的帮扶负责人? 因为我们会交互检查,帮扶干部是谁呀,第一书记是谁呀,你家什么情况呀,说上来了就给你积分。家庭卫生环境好,给你发积分。差了就扣你分,我们定期组织活动兑换通过。"(NH-LJH-20210714)通过创办"共青团爱心超市",运用积分兑换的方式,鼓励贫困群众参与公益活动,做好家庭卫生,争做道德模范,极大地激发了贫困群众自主脱贫的内生动力。同时,帮扶干部之间进行工作成效交叉检查,既能够找差距、补短板,也能发现许多亮点值得学习,从而提升帮扶成效及群众满意度。

在"积分制"推行初期,也遇到过村民旧生活方式无法改变、参与意识淡薄等问题。村支书 LJH 与其他帮扶干部通过思想疏导,让贫困群众相互监督,加上树立道德模范的方式,增强了贫困群众自主脱贫意识。"定期一月搞一次活动。我们还会搞贫困户开会,互相监督,让他们自己比较,我们不打分,你们自己来比较,就更好。我们还定期搞感恩教育,定期一个季度搞一次,自己家脱贫以后、脱贫的过程中,得到了什么帮助,有什么感人事迹,帮扶干部在你家,你把事情说出来,人要懂得感恩嘛,感恩党的政策、感恩帮扶干部。"

（NH-LJH-20210714）村支书 LJH 在驻村工作队的支持下，大力推行"文明积分"，开展讲文明、树新风、"五好"创建活动。同时，还主动联系相关部门人员到村里开展讲政策、讲国情、讲法律、讲技术等系列活动，极大地激发了贫困群众知党恩、感恩党、报党恩的内生动力。正如他所说："要从精神上改变。老百姓嘛，要从精神上、思想上感化他，光给他钱没有用，从内心激发他们的内生动力。第一，树立他们的自信心；第二，我的目标是什么；第三，怎么去做；第四，我的结果怎么样，开会。我今年养了八十只羊，赚了多少钱，国家政策给我补了多少钱，帮扶干部帮了我多少，让他们讲故事。"（NH-LJH-20210714）

（2）服务群众的原则

解决群众的困难，是对为人民服务的践行。要使服务让群众满意，需要把握一些原则。具体体现在：

一是积极的服务意识。为人民服务，离不开积极的心态。对此，LY 村村支书 SGX 认为："服务群众原则这一块儿很简单，首先你得有党性；再有，你要时刻记住本身你服务群众就是应该的，当干部就是为人民服务的。这方面你不要想着服务群众也好，或者群众找你办事也好，你都觉着不耐烦，实际上是你既然当上干部，首先党性原则你必须得有。然后是你乐意去给他们服务，每天需要保持这种心态。跑得快一点，有啥事积极一点，就是这样。也就是说能叫他们得到的实惠，让他们尽快得到。不要出现村民来反映别的村有啥政策优惠，咱这村为啥没有。只要上级政府的政策一到位，村里立马去落实。"（LY-SGX-20210720）按照 SGX 的看法，这种积极体现在态度上的积极和速度上的积极。从态度上,要对群众有耐心,而不能不耐烦;从速度上,是让能享受相应政策的群众快速享受到,是在为其服务上"跑得快一点"。同时,对于该享受政策红利的群众是真实的。对此,HBH 书记是这样说的:"做好服务工作,给老百姓服务要落到实处,比如特困户就跟他争取政策支持、争取补贴,看他是不是真的困难,要去了解是不是真实的,不弄虚作假,这样老百姓才会心服口服。再就是党员、村民的意见也要采纳,不能自己做主。"(XC-HBH-20210710)在 HBH 看来,除了真实,作为村支书还要广泛听取党员群众的意见,不能自己"一言堂"。

二是"小事当大事做"的意识。在乡村生活中,大部分群众的诉求是小事。但是,对于群众的小事,作为村支书不能当作可做可不做的小事来看待,而是要当成大事来做,才能获得群众的认可。SF 村村支书 YDX 谈及了他的看法:"对我来说,首先就是把老百姓的事当作自己的事来做,为什么呢,有句老话说老百姓无大事,但是老百姓没有小事的,他的事都大,他找我的事不是大事,但你一定要当大事来做,他才能相信你,他才能听你的,要不然,他根本不理你。像我做这个书记,我就是要给老百姓'打工',他可以不理你,但你一定要理他,做事要做到老百姓心坎上,这一点一定要清楚。再就是你做的每一件事情都要公示公开公平,不是说有关系才给好好做,一件事怎么做,老百姓定,村里大事小事全部商量。"(SF-YDX-20210710)YDX将自己形容为老百姓的"打工者",就是说村支书不能将自己作为高高在上的干部,而是真真实实地为老百姓打工。把老百姓的每件小事当成大事来对待,并尽力予以解决,才能把事做到老百姓的心坎上,村民自然支持你的工作。

2. 守护群众利益

农民是乡村治理的重要主体力量。他们的主要诉求是获得更多的实惠,让自身的生活更加美好。但是当前,农民的价值观念和利益诉求日益多元,涉及多层面、多领域,加剧了群众工作的复杂性。在这一过程中,村支书作为群众利益的代表者,必须在把握群众需求多样性、顺应群众利益多元化的基础上,提高服务效能。

土地是农民赖以生存和发展的基础,农民最大的权益就是土地权益。随着国家城镇化规模的不断推进,农村大量土地被征用,随之而来的土地征收补偿款的分配问题成为基层治理中的难点。针对这一问题,NQ村的村支书ZYS本着将群众利益放在首位的原则,琢磨出了一套符合本村实际情况的行动方案,也解决了很多后顾之忧。在分占地款之前,ZYS就已经做了充足准备。"在分占地补偿款之前,那我就琢磨了好长时间,我找了好多资料。哪个村的经验,马场儿啊,马营儿啊,王庄儿啊,怎么卖地? 怎么分的钱? 我都拿过来,我复印了。"(NQ-ZYS-20200722)随后,村支书ZYS积极筹备分配决议会议的前期事宜。先由村两委通过分配决议,形成决议。再按照每个队一个人选出村民代表,成立分配小组。由分配小组讨论决定对属于本村民小组的土地征收补偿款组织分配,包括征地数目、位置、征地款项、每个队成员的数量、姓名、联系方式等事宜。"先两委会通过了,形成决议,完了每个村每个队。我们十五个生产小队,一队一个找十五个人,这个小组就成立了。给我每一户每一户筛选。因为有的是市民,他户口不在村里,能不能给他。有的他有土地,他已经是公务员了,这样的话给他多少。可是有的是我也没土地也没啥的,我就是本村民,你得给多少。我们统一了思想,然后最后分的。"(NQ-ZYS-20200722)

在分配征地款过程中,面对村民不同的情况,具体的分配形式应该怎么定?村支书 ZYS 给出了这样的答案:"你比方说,张三分土地那会他是农民,他有土地。可是后来他考取了(大学),他出去了,现在是国家公务员了,这类人应该给他多少。我们都有分配方案。像这个谁谁谁十八岁了,分地那会还没他呢。因为我们这个地是三十年不变,这个十八年了他都没地,这样的就给他 100%。这是把政策定出来了,然后村民代表开始筛选。筛选完以后呢,分下去以后,虽然说分下去的钱不多,可是这个模式已经出来了。"(NQ-ZYS-20200722)在村支书 ZYS 的积极筹备下,NQ 村通过召开村民代表大会商讨分配方案,形成分配决议,并基本形成章程。由于这种分配方式基本符合村庄情况,因此获得了村民们的广泛认可,也解决了很多后顾之忧。"没有一个人来找的。这以后呢,再卖地,再分钱,那单子一拉,这个模式有是吧,以后很顺利就分下去了。你要是没这个章程,这个模式呢,你到哪会都是一张白纸。你就分配不了。"(NQ-ZYS-20200722)

村支书 ZYS 向我们讲述了 NQ 村土地征收补偿款的分配取得良好效果的原因。"首先说我们村的情况,要是谁的地,谁就拿钱,办不到。为什么办不到呢? 因为我们这个地那时候已经分了二十年了。这二十年当中呗,去世了好多人,迁了好多人。有的人家分地那会儿吧,那会土地不值钱。那还得交'三提五统'。比如我,我应该分五亩地,给我补一点,你那多一亩,他那多一亩,给我我没要,可是我卖的时候,我得赔分,我就少两人的地,这样的情况挺多。再一个地头儿,该着半亩。这有一亩地,给你这个吧,就给了。多半亩多一亩的都有。那会土地不值钱。你现在呢,你想要回来就要不了了。没人给你弄去,对吧。所以我说我们的地都是全体村民他一块儿弄。"(NQ-ZYS-20200722)可见,征地补偿款的分配问题牵涉农民的切身利益,必须谨慎操作。NQ村村支书按照户和人头等基本情况分配土地征收补偿款,并形成规章制度,力求分配方案的公正公平、合理合法,让村民明明白白拿到补偿款。这既维护了村民的合法权益,也减少了后期可能出现的矛盾和纠纷。

3. 做好公益事业

随着人口流动和城镇化进程加快等各种因素的冲击,一些村民的公共意识淡化,个别村民在行动之前总是会优先考虑个人利益超过公共利益。面对公共意识日益淡化的村民,提高村民参与村庄公共事务的共建共享意识,使每个村民都能享有更多的社会资源和公共服务,是村支书的重要职责之一。

修路,在农村是件大事,也是件难事。由于涉及土地调整与占用问题,利益关系难处理。村民主动筹资的积极性也不高,给修路造成了阻碍。但是在ZWT村,村支书WYF上任之后,下定决心要解决这个难题,连续召开了几次村两委联席会议和小组动员会,不到两年就修了八个村民小组的路。"我上来之后,2019年开始修了8个小组的通组路。争取项目是前提,还有就是缺口资金。"(ZWT-WYF-20210711)因为上面给予的资金有缺口,需要动员村民捐款才行。

ZWT 村之前也修路,但是项目实施非常困难,修路经常会受到部分村民的阻扰。个别村民觉得村里修路只是村干部为了政绩或者为了项目捞钱,根本不是为了村里好。村干部也没有做通村民的思想工作,所以想修也没有修起来。

为了打消村民们的顾虑,村支书 WYF 意识到只有拓宽村民公益事业需求的表达渠道,了解村民的真实诉求,帮助村民解决困难,集体行动才能形成。为此,在 ZWT 村筹资修路的过程中,村支书 WYF 多次召开了小组动员会,经过"一事一议"讨论,村民们得出共同的意见。村支书也对修路问题进行明确表态,强调修路是为了村庄整体发展。"我们首先就是公开我们的观点,这个路首先不是强制性的摊派,我们就是为了把自己小组的路全部搞通。因为(组织)上面给的指标是有限的,比如你这个实际有 1.2 公里户户通,但说不定他给的指标也就是 0.8 或者 0.9 公里,但是还有 0.2 或者 0.1 公里总得要(补齐),不能说都是一个小组的百姓,这些家通了,然后他家门口又没做,这个也不行,这反而会激化矛盾。所以那肯定就是统筹安排嘛,把这个资金搞起来之后,把这个缺口补给施工方。多的钱,他们小组代表用到小组建设上面。"(ZWT-WYF-20210711)

修路项目的开展方式都由村民代表集体决议,并公开筹资方式和结果,是全村人达成共识的结果。"缺口资金我就是去那个小组开动员会,把这个项目给大家讲一下。项目现在资金缺口还有多大,小组要发展,公益事业需要全民参与。他参与进来才有意义。我开个动员会,选 3 到 4 个代表,在小组里面村民们的款项全部由他们对接,村民转到代表手上,谁收到就在群里公示。12 组 31 户,墙上公布的是十五万九千,也就是说户均都过五千。他们的捐款一部分是补路上的这个缺口的,还有一部分搞小组的公益事业,比如装路灯、铺祭祖路。反正这个捐款就是代表收、代表管、代表用,我们村委监管。"我们村的小组很多都有路灯,其他小组就没有。16 年村里修了 4 个小组的路,我上来之后 19 年 20 年,两年修了 8 个小组的路。"(ZWT-WYF-20210711)

ZWT 村的修路工作之所以能够顺利推进取决于多种因素,其中较为关键的是村支书 WYF 的决心大小及努力程度,表现为村支书积极争取、汲取和贡献资源的能力。在说服村民出资修路的过程中,村支书 WYF 多次召开党员大会、村民大会和村民小组会,动员小组党员、小组组长挨家挨户做动员说服工作。通过组织和动员策略,让村民意识到修路对于村庄和自身利益的重要性,实现了村庄公共性和社会资本的重建和积累。除此之外,还有一个重要原因,就是在修路资金的管理和使用上,资金由村民推选的代表管理,账目公开,逐组张榜公布,让村民看得清楚,也看得明白。村民作为主要参与人的积极性和主动性也因此被调动起来了。

正是通过这些日积月累的事情,村支书 WYF 赢得了群众的充分信任,也因此提高了村民参与集体活动的积极性。村支书 WYF 说:"我们村现在在我心里是凝聚力和向心力最强的一个阶段,我只要组织什么活动的话,例如,我们这个新时代文明实践中心实践站,搞了一个广场舞文艺会演,说实话,搞得很有影响力。当时我们邀请了我们 YJ 镇的 10 个村和与隔壁有往来的 JS 镇的 7 个村,一共 17 支队伍在我们那儿举办文艺会演,我们也邀请了市里和镇上的一些领导,组织一个200多人的红歌大联跳,没有彩排就进行得很顺利,包括后面的清场也都是全民参与,桌子椅子的搬运,场地卫生的清扫,队形的排列都是一气呵成,都很顺利,包括我们请了摄影师,那确实搞得很好。"(ZWT-WYF-20210711)

ZWT村村集体活动办得很成功的原因之一就在于村庄凝聚力很强,而这离不开以村支书WYF为带头人的村两委班子成员的示范引领。在平常工作中,村支书WYF坚持用实际行动培养村民的公共意识。"因为这个活动村里没资金,镇里也没资金安排,我们村里也有合作社和一些小企业。我们就给他们讲,大家都很支持,你1000,他2000,我们就差不多捐了一万七八千,我们所有的演职人员,交通秩序的维护,后勤服务人员都是志愿者,没要一分钱。"(ZWT-WYF-20210711)可见,要想重塑村民公共意识,村支书首先要将平常的工作做到位,把服务村民的好事办实、实事办好,以此来凝聚人心,还要充分激发村民"主角"潜能,让村民意识到村庄公共事业关系每个人的切身利益,这样才能在关键时刻、需要的时刻得到村民正向和积极的回应。

习近平总书记多次指出:"党的最大政治优势是密切联系群众,党执政后的最大危险是脱离群众。"①村支书作为农村党组织的"领头雁",他与群众最为贴近,也应与群众保持密切联系。这种联系保持不是理念上的,而是体现在实际生产生活实践中的沟通交流与服务。从所调查的村支书来看,与群众的沟通交流既有制度化的层面,

---

① 《习近平著作选读》第一卷,人民出版社2023年版,第212页。

也有情感化的补充,两者相辅相成,使村支书与群众保持一种"家人关系"。而这种"家人关系"的维持,则离不开村支书对群众的贴心服务和利益守护。

第二节　应急处突能力

农村社会的和谐稳定是乡村振兴的前提和基础。随着时代的发展,农村基层治理环境日益复杂,面临着一些棘手的矛盾和问题,也面临着复杂的灾害威胁。能否把问题解决在基层、把风险化解在萌芽状态,检验着基层治理体系的韧性,也考验着基层治理者的应急处突能力。

一、日常纠纷事件的处理

随着农村各项改革举措不断推进,农村的社会经济生活和农民的各种利益关系发生了变化和调整,引发了一些矛盾和纠纷。这些矛盾既有邻里拌嘴,也有土地、宅基地的纠纷,更有对政策享受的错误判断等。村支书SGX为我们解析了日常纠纷的内容与变化:"在之前是邻里纠纷,比如土地纠纷、宅基地纠纷,或者哪怕一棵树他说是他的,我说是我的。现在这种情况还有,但是很少。现在主要是有关国家政策,你比如说粮食补贴等等。因为每年都有变动,导致有些人他说这错了那错了。严格来说其实没有错误,但他非说错了;也有确确实实有错的,或者是工作上的失误给他弄错了,这会导致他对干部的不满。"(LY-SGX-20210720)这些矛盾纠纷或不满如果得不到及时、妥善的化解处理,就可能造成矛盾激化,甚至演化成影响农村社会稳定的不安定因素和制约乡村振兴的重要瓶颈之一。村支书作为乡村治理的领导者,同时也是化解基层矛盾的调解者,必须在把握矛盾纠纷处理原则的基础上,掌握解决基层矛盾的科学方法,才能做到"小事不出村、大事不出镇、矛盾不上交"。

1. 处理方法

(1)以理服之

在乡村社会,村民之间发生矛盾纠纷在于双方都有部分理由。要顺利调解,关键是在纠纷各方之间划出一条大家都认同的利益边界,通过说服双方各退一步,或一方让步,达成妥协而使纠纷得以化解。WYF 在成为 ZWT 村村支书之前曾当过 4 年的治保主任,主要工作是负责村里的矛盾纠纷调解。他跟我们提到他在做 Z 村治保主任时处理的一件纠纷事件。事件起因是两个村民一起买了一台收割机合伙开。有一次,村民 A 一个人开收割机的时候翻车意外去世,车子也损坏了。村民 A 的家人要求村民 B 赔偿,并已上诉至法院。在法院判决之前,双方找到村支书 WYF 进行调解。"首先我觉得要听他们的诉求,之后你自己要根据他们的诉求对这个事件有自己的一个基本的认定和判断。那么这个判断取决于自己的这种能力。因为如果说这个判断比较精准的话,就会拿一个方案出来,(这个)方案出来肯定要两边都能接受,(如果)一边不接受的话,你的方案就

是无效的方案。"（ZWT-WYF-20210711）

为了让双方可以心平气和达成和解，WYF选择采用灵活多样的工作方式。考虑到双方当事人碰面会加剧矛盾，WYF决定进行"背对背"式调解方式，分头做工作来商量和解方案。调解伊始，双方当事人各抒己见、互不相让，村民A家人要求赔偿5万元，村民B只肯赔对方3万多，双方都不肯作出让步，让调解工作陷入僵局。但村支书WYF并未泄气，反而迎难而上。经过与多方部门沟通来了解政策的同时，WYF一次次与当事人见面劝说，耐心倾听当事人心声，引导双方换位思考，互谅互让。

最终，在WYF的不懈努力下，该矛盾纠纷事件以和解告终。然而，该纠纷事件的解决并不完全是因为他有威信或是"面子大"，而主要在于当事人本身对于和平解决的渴望。只要调解人理性分析其中各方利益，将道理讲到位，让双方有个台阶下，纠纷通常就解决了。当我们在ZWT村调研期间问及村支书WFY村庄矛盾纠纷事件处理原则时，村支书WFY明确向我们表示，他并不倾向于将村庄的事情置于法律的框架下去处理。在他看来，调解是解决纠纷事件代价的最优手段。他说道："只要你真的用心去做这个矛盾调解的话，就都不难。首先你要把事情的起因、经过这些东西搞清楚，搞清楚之后自己要有一个判断，这个事用什么方案解决。要做到公平公正，抛开公平公正的话肯定做不了任何事情，那别人凭什么听你的呢？然后就是引导村民从法律的角度、人情的角度，再去计算成本。"而这段担任治保主任的工作经历也给WFY之后当选村支书奠定了良好的群众基础。正如他所说："我能当选村支书就是村民对我的一种信任，这来自于前些年我在村里面做的一些矛盾纠纷的调解,这是根本。"
(ZWT-WYF-20210711)

与 WYF 书记苦口婆心的劝说不同,W 书记则更为明确了在不知情的情况下,是在矛盾双方当事人之间找漏洞,然后予以分析和解决。据他说:"假如我在处理矛盾的时候,我在什么都不知情的情况下,反正我先不说话听你讲。你就说为什么发生这个矛盾,你说你的理由在哪里啊,你有什么不对的地方。我比较直的说,我就是走漏洞,找两个人缺点。你肯定有,这个过程肯定有,我跟你说只要发生矛盾,所以我们有一句古话,就是问题是大与小的,肯定是相互的,是不是? 人不可能没错,我就说你是哪些缺点,你就说你是哪些缺点,我先记下来,我就再跟你说了。这个问题首先你决定以后就是哪一点你是错的,我就把你的缺点给找出来。"(MA-WXY-20210712)如果说找到双方的漏洞是第一步,他也强调这第一步是比较好完成的,因为矛盾的发生不可能只是一方的责任,多数情况下是双方都有错误。找到漏洞之后,精准摆出来,用他的话说,就是在理上"压倒跟你讲",也就是占据讲理的高点,让他服从你的调解。

当然,把漏洞精准摆出来,然后占据讲理的高点只是第二步,最终要让这个理让人信服,这是解决问题的终章。作为女性村支书的 LJH 掌握得尤为精道。

"当时有好多困难,别人不理解呀,所有的蚕茧卖给他有价格低、价格高,那个茧丝问题,他们都不是统一价,比如养的蚕你养得好一点,他养的差一点,他也用同样的价,那就不行了,因为他抽的丝不同,拉的丝质量不同,价格就不一样。当时有好多人心里不平衡,就有点小矛盾。就是跟他说,就手把手教他,你要把你这个茧纸提高,你养蚕的过程教给他,教给他怎么做,厂家也会派技术员来手把手教他,你的蚕茧跟他养的一样,一样同等的价格,我们是半个月就可以把这个工作做好了,因为半个月他就那个蚕茧,下半个月他就会了,他就理解了,就没有矛盾了。你的 23 块钱,他也卖了 23 块钱。如果你 23 块钱,他 18 块钱,他心里就不舒服了。一样的蚕一样的茧,他就不认为是不一样的蚕茧,他就认为我养的蚕怎么就跟别人养的蚕差,嫌这个价格有差,是这样个意思。就手把手教他,我们自己也请人培训,跟他培训这样养蚕,你要怎么按他的那个程序、那个过程在那里养,养好这个蚕。”(NH-LJH-20210714) LJH 的精道之处是不仅指出问题所在,而且提供了解决的办法,通过手把手教他,通过技术的改进提高卖价,自然就将村民的矛盾化于无形了。

除了村民之间的矛盾纠纷之外,农民之间也会因政策享受上的问题而与村干部发生矛盾。相比于村民之间的矛盾而言,这种问题通常是通过摆事实讲道理的方式让有意见的村民理解。对此,SF 村YDX 书记进行了详细论述:“这里的矛盾还是很多的,比如我们都穷,他怎么有低保,我为什么没有。这些问题我们都要好好解决清楚。我开支部大会经常说的一句话就是‘提低保不光荣’,上低保是无可奈何,大家不能他去低保,你也去低保,他有补贴,你也想要,要自己养活自己才是最有本事的,才能让别人瞧得起。开会的时候我经常说,有困难我们一定帮,没困难怎么都不行。有一次我们村里报了贫困户,那时候大数据对比,批下来的是 30 户,是比较多的,好多扯皮的,我们就利用大数据对比,你要搞明白大数据对比是什么,有房有车、有收入的都不行,你车子开着你跟我提低保,你商品房住着你跟我提低保,是不是,没有道理。但只要我们跟他们讲通了就好了,做好群众思想工作。"(SF-YDX-20210710)在 YDX 书记看来,在政策要求范围内,村民再怎么有疑虑,都要一视同仁,都不能"开口子",只有守住这个"理",总会慢慢解决村民的思想困惑。在政策享受上,YDX 书记也提到了现代大数据的功效,它有助于筛选出真正符合条件的人群。

(2)以情动之

中国社会是一个讲究人情、面子的社会。正如应星以西南地区大河移民上访的故事为例分析国家的治理时提道:"在国家正式权力丰富的武器库里并不仅仅是强硬、暴力和威严,它也充满了恩惠、人情和眼泪。"①我们在访谈过程中发现,很多村支书都擅长用情感工具以实现对治理者的动员。通过人情和面子的运作,帮助其实现治理目标。

NQ 村有一条主路二十多年都没有修通,为了解决这个问题,村支书 ZYS 成立了修路工作组,以专门解决向村民的征地与赔偿问题。其中,其他村干部都解决不了的由书记亲自出马,按照 ZYS 的话说,他亲自去做工作的有 4 户。

TX 村的村支书 CTL 调解矛盾纠纷有一套自己的办法,他的话乡亲们爱听。转焦点、讲道理是他常用的方法。某次,村里有两口子闹矛盾。起初,女方在气头上回了隔壁村的娘家,怎么劝都不肯回

---

① 应星:《大河移民上访的故事》,生活·读书·新知三联书店 2001 年版,第 61 页。

来,闹到快要离婚的地步。在通过熟人了解了夫妻双方的婚姻和家庭情况之后,村支书 CTL 掌握了双方争议的焦点和矛盾点,决定主动上女方家拜访,通过做双方近亲属思想工作的方式,耐心劝导,让双方当事人有所触动。

调处矛盾纠纷,得找准切入点,让当事人先放下戒备和抵触情绪。善于沟通,用亲情、友情、人情、故情的四情联动工作法化解矛盾,是村支书 CTL 化解矛盾的常用方式。经过村支书 CTL 的一番套近乎、拉家常,女方家人逐渐缓和了态度,在和风细雨的劝说中化解了潜在的狂风暴雨。在这起纠纷事件的解决过程中,负责调解的村支书 CTL 通过与村民认亲戚、拉关系、主动赔礼道歉等方式,用柔性和感性的一面,充分地将自己"去陌生化"。这种非正式的、情感化的治理策略,拉近了村支书与群众之间的距离,获得了群众的信任,也为其开展工作带来了诸多便利。

(3)以法束之

处理乡村日常矛盾纠纷事件考验的是村支书对乡村内部多方利益的整合能力。乡村关系越强,村支书的群众基础越好,便越能以情服理,达成治理目标。村支书的理性分析能力越强,推行的逻辑准则普适性越大,便越能以理服情,实现逻辑自洽。然而,单纯依靠人情、面子,难以处理错综复杂的村庄事务,必须介入法治力量。

WQ 村村支书 GSX 近些年来积极筹建省级民主法治示范村,通过开展文艺演出、会议等宣传活动,收到了良好的效果。"我们村近几年民风淳朴,老百姓在矛盾纠纷这一块很少,几乎一年遇不到一两件。"(WQ-GSX-20210725)为了给村民普及法律知识,村支书 GSX

积极搭建普法宣传平台,开展法治文艺进乡村活动。"每年通过举办春晚的形式,有几个方面的好处。第一个是在过年之前增加我们村内很浓厚的节日气氛。第二个我们会借助春晚这个平台,把我们这一年的工作跟群众做个简要的汇报。大家就知道了村里这一年干了多少事,心里也就有了数。第三个通过歌曲文艺演出的形式,将法治、法律、法规以大家容易接受的方式传播给村民。我准备今年下半年再将《民法典》做一次宣传。这样才能达到千家万户有积极向上的氛围。第四是因为现在邻里关系和亲情关系没有以前浓厚了,我们通过举办这些活动,来教育和团结村民们的凝聚力和荣誉感。通过这样的教育,将党和国家的政策充分地传达给村民。"(WQ-GSX-20210725)通过广泛开展普法宣传,积极发挥法治在维护村庄社会秩序、社会公共道德、村风民俗、精神文明建设方面的作用,净化了乡村社会风气,树立了乡村文明新风,减少了农村基层社会矛盾纠纷发生的可能性。

村支书作为农村基层党组织的"宣传员",要及时向群众宣传法律法规政策。在日常工作中,针对村民关注的"急难愁盼"问题,村支书不仅要经常当村民身边的"和事佬",还要充分以法治宣传教育和法治实践帮助村民解决困难。XD村村支书CYG向我们提到,农村经常发生的矛盾纠纷大多是因为宅基地划分问题。曾经有一个姓X的村民因为宅基地划分问题找到村委会,这块地在1984年土地政策调整之前是姓X的村民的。但1984年农村土地政策调整以后,这块土地划给了姓C的村民。2008年,X姓村民要求收回这块土地,与C姓村民产生矛盾,甚至发生肢体冲突。村支书CYG进行协商调解,但在问清楚缘由之后,双方还是不肯妥协。并且,X姓村民认为CYG也姓C,帮本家人,产生抗拒情绪。对此,CYG专门请示了相关部门,"我还请示了我们这里土改管部门了,就肯定说以这个最新的,以这个1984年为基础。所以,把这个文件,当时请我们镇里一个分管主管的领导,村里把双方叫过来协调。后来他也就弃权了,承认以1984年为主。"(XD-CYG-20210712)在明确这块土地还是属于C姓村民之后,考虑到X姓村民的年纪较大,接近七十岁,害怕他难以接受,CYG便去寻找他的儿子来协商。"后来我们就通过,这个因为年纪大了。我们就找到了儿子,儿子年轻一点,这个思想方面比较前卫一点,我们就把这个政策讲给他听。"(XD-CYG-20210712)在与X姓村民的儿子交流的过程中,CYG还将自己的类似经历作为参照:"我就说拿我自己家的,我自己家以前在海威,在那个庐山东门,我说我家在那里也有山,他搞的那个风力发电,是征收我家的,我说我家还跑去了,说也是理论这个事情,叫他也是把这个东西拿出来,说不符合要求了,肯定以这个最新的政策为依据了。"(XD-CYG-20210712)最后,经过CYG的耐心劝导,以及向村民细心解释相关的法律法规之后,X姓村民的怒意渐渐消退,认识到了自己的错误并表示以后要好好了解学习法律。经过类似的事件,CYG认识到化解基层矛盾,作为村支书首先要重视对法律法规的学习,处理事情要根据政策和法律,一切要从事实出发,实事求是。"到这个法律法规规定条件开始讲,就是熟悉这个,像个医生一样对症下药。"(XD-CYG-20210712)

总的来说,无论是将关系和人情融入治理中,采用以心换心、以情换情、以情感人的群众路线,还是通过以事析理、以理说事的形式,抑或是营造普法氛围,依法按程序解决,都是村支书化解纠纷的重要手段。在通常的情况下,这些处理方法可能尝试一种就可以解决,有些可能要依次尝试多种方式。按照 LY 村村支书 SGX 的说法,要从讲理开始,如果讲不清道理,再讲情;而按照 WQ 村 GSX 书记的观点,则是先公平公正对待,然后依法依理解决。

总的来说,虽然村支书解决矛盾的手段有所侧重,但这三种治理手段之间并不是彼此孤立的,而是村支书充分考虑地方的社会性与民情文化,将刚性的法治、柔性的情感治理与理性的利弊分析集合在一起所产生的共同效应。

2. 处理原则

日常纠纷矛盾是不可避免的,而村支书遇到日常纠纷矛盾不能"绕道走",而要直面问题予以解决。ZC 村 XM 书记提出:"遇到矛盾先是稳定下来,再慢慢细化,分析问题,解决问题,分析问题,最后避免问题。"(ZC-XM-20210711)那么,怎样才能避免小纠纷上升为大事件,小矛盾演变为大矛盾,村支书都有一定的处理原则。

(1)敢论对错

村民的日常矛盾纠纷纷繁复杂,但肯定有对错,或者矛盾的双方都有错。作为村支书,在处理这些矛盾时,不能"一锅粥",而要理清楚谁对谁错。NQ 村村支书 ZYS 明确了这一原则的重要性:"你得敢说。你不能说我求着他我就不敢说了,这不行,那更不好处理。他对就是对,错就是错。你得跟他分析出来。有一次我们修这边一条路,那个胡同挺窄，外面有两棵树，村民就不让刨。我大中午找他去了。此前他家的树有一个丑树，不知道谁用电钻给它打了眼儿，灌的药。他说你把这个人给我找出来你就让你刨。我说我灌的。"（NQ-ZYS-20200722）面对村民把不愿刨树与找出灌药的人的搅合，ZYS明确将这两者区分开来。其实，村民所想的是要运用村支书权威出"一口气"，而村支书要处理的是修路的大事。在村支书看来，无论是谁灌药，树都需要刨掉以为公共建设让路，这是基本底线。所以，ZYS强调并不能因为求村民而丧失原则。

敢论对错只是第一步，最重要的是要让村民认识到自己的错误，这中间有一个过程，所依靠的就是村干部做工作。ZC村XM书记认为："还是要讲道理，从思想上让他们认识到。有些时候，有一些矛盾产生了的话，你跟他讲道理他都不认可，他既然不认可这种情况下要怎么办呢？那就做给他看，让他看到这件事情做好了之后有好处。包括土地、绿化很多时候，老百姓说你挡通道，不认同了。有些事我们是主动的，老百姓是被动的，那怎么带动他呢？我是做示范带头作用，你这个工作做完之后，让老百姓感受到自己之前是错了，你这个工作做得是好，所以工作要一步一步慢慢地来，让老百姓实实在在看到你做的事是好的。"（ZC-XM-20210711）

在一些特定情况下，可能存在事实上的对错没法断定的情况。面对这种情况，村支书也要有智慧。"农村一般闹矛盾都是从宅基地上闹矛盾。比方说我想翻个新房啊，街坊不让他盖，压着他，说盖得靠外了，靠里了，都是这种现象。那个时候就拿出这个证儿来，我拿这个证儿说话。但是当初弄的这个证儿也不严。有的地方写的这个尺寸,你量去吧,两家谁的也不靠谱。那就谁先盖的按谁的说呗。什么样的情况都有,到时候再说呗,碰上了再说呗。"(NQ-ZYS-20200722)

（2）对症下药

"到时候再说"并不意味着村支书推诿和拖沓,而是村支书总能找到有针对性的解决办法。正如 HBH 书记所说的"根据实际情况区别对待"(XC-HBH-20210710)。XM 书记给出了他的有针对性工作办法:"面对邻里矛盾用协调的方法,本家之间的矛盾要根据实际情况讲道理,土地经济上的矛盾要讲政策。"(ZC-XM-20210711)而村支书之所以能够找到有针对性的办法,在于乡村社会的熟悉性。

> 因为我当过干部,又从小在村里长大,都是一个村的人,所以晚上躺在床上眼一闭那就像是过电影一样,村子里每家每户谁谁谁大概是什么样的人,那就都出来了,脑子就有印象。在这个基础上,我就会提前考虑好,什么人怎么对待他,明天该去找谁,我该用什么方法。(LY-SGX-20210720)

> 做工作这一块,有些方法不容易,我们要了解哪个人是有哪样的性质。他的思想是怎么样,我们根据着他的思想去做工作,他的性格是什么样,我根据他的性格去做（工作）,不能去反对。你如果跟他反着来,硬说这样的事不行,容易把工作做砸。你得根据他的想法把下一步的事情讲给他听,说一说大局的事情给他听,他还是认可的。最后还是他不会跟我们硬来。我们的目标是为国家办事,既不是给我自己做事,也不是我自己的什么利益。(HX-FXH-20210712)

SGX 所说的具体问题具体解决,FXH 所说的依据人的性格和思想去做工作都是如此,没有熟悉性是做不到这点的。在实践中,不少村支书为我们讲述了具体的案例:

比如调节这个土地纠纷矛盾,这是老百姓的一个核心的问题,土地纠纷我们一般这样解决:首先村干部去核实,第二是询问权威的老党员和村民,实地调查;再是把双方约在一起,村里出面调节,你多你少我们会做工作调节,如果确实是占多了一点地,该赔偿的当场就给钱赔偿,如果是有田需要交换的,就会写一个协议,双方自愿签个字,杜绝以后的纠纷矛盾,达到双方都满意。主要是具体问题具体解决,因为这种问题如果调节不好就会上访。(XC-HBH-20210710)

比如说这次 SD 组的土地流转,我主动与他们组的一个村民叫 SFW 联系,沟通他们组的土地流转问题。因为这个人对村里公益事业的意识比一般人要强,而且他能够说服他们组的人。我就一个星期之前主动找到他,让他先把个人的想法和思路理清,有哪些诉求。然后让他再向他们组的十几户人去征求意见,能征求多少征求多少,然后我再主动与他对接。先让他在私下里把他们组的村民的意见整合一下,对于提出不合理要求的(村民),我会主动上门,将政策和项目落实之后是如何发展的图景讲给他们听,打消他们的顾虑。普遍性的东西,能够由他答复和承诺的,我就跟他说清讲明白,再由他跟他们组的村民对接。有时候群众做群众的工作,比干部做群众工作效果要更好,可信度更强。(WQ-GSX-20210725)

以上两个案例都是土地上的纠纷,第一个案例是土地占用纠纷,HBH 书记采取的是调查核实然后调解的方法,在双方都认可调解结果的情况下予以协议确认。第二个案例是土地流转纠纷,GSX 书记的处理方式是首先收集好村民的意见,然后根据网点属区分配该网格的组长(点长)去调查清楚现场情况,最后再作商议。在这一过程中,他着力发掘对问题解决有帮助的人,最终通过人的发掘和意见的整合完成了土地流转这样容易引发矛盾纠纷的事。从两个案例可以看出,村支书能够从纷繁复杂的纠纷中找到出路,并把矛盾化解于无形。

(3)符合乡情

乡村社会是熟人社会,这一特性决定了对错虽然重要,但和气显得也很重要。不能因为对错而伤了双方的和气。对此,NQ 村村支书 ZYS 有着清晰的认知,他说:"农村这事,有时候你光讲法律也不行。有的时候靠的是民情、村情、乡情来处理的。你没办法。你加在一起,这是一个整体的处理方式。你要光靠法律,你给村民们打官司去,你说你有意义啊? 是呗。打一个官司,你把他处理了,你就结成仇了。所以乡亲们和城市里的人不同就在这儿。因为你祖祖辈辈就在这住着,都要见面。他不像在市里面,邻里来往相对较少。跟那个完全是两个概念。为什么有的时候,农村有好多事儿都是这么回事。"(NQ-ZYS-20200722)ZYS 所说的乡情就是不能因为矛盾纠纷而造成真正的对立,因为所有生活在乡村社会的人都"低头不见抬头见",一旦撕破脸就难以弥合。所以,作为村支书就是要在对错的基础上找到"和"的方式,而不能因为对错的处理而造成一方的怨怼。如果按照这种方式处理,最终不是化解矛盾,而是在制造新的矛盾。为了防止新的怨怼产生,村支书通常都有一种利益补偿办法。

首先肯定是法制,在法律的框架下,不违法。在不违法的情况下,就是以老百姓的利益为主,以大多数人的利益为主,不能因为一个人的利益损失大家的利益。在不违法的情况下村里最好自己调节好,不给政府增加负担,不给社会造成不良影响。多做工作,多给老百姓帮一些忙,比如说双方有非常大的矛盾,我给你调节之后有可能哪一方受了点委屈,损失了一千块,有时候我们就国家有一些小的政策,来补偿他一下,比如有些什么扶贫的保险、他家老人生病了就搞一个临时救助,在另外的地方想办法补贴,缓解一下他的情绪,都是以服务为主,不强制性解决矛盾。村里的事情谁对谁错也不能直接来评判,要公平公正一点,哪一方有些吃亏什么的,村里面就间接地照顾一下,化解矛盾。就是尽量地劝群众和解,做工作,解决群众矛盾,不产生真正的打官司的情况,不管错与对要尽量在村里解决,就不往上面走,尽量是我们自己解决。(XC-HBH-20210710)

总的来说,在日常纠纷事件的处理上,村支书的总体方略是寻求纠纷的化解。在化解原则上,村支书既讲究对错分辨的原则性,又寻求符合乡情的灵活性,目的是不让纠纷化解产生新的怨怼;在处理方式上,则是因地制宜、因人制宜,将情、理、法综合运用起来,既讲求方法的灵活性,又讲求工作的次序性。

二、重大突发事件的处理原则

基层往往是突发事件的第一现场,也是应急处置的第一环节和第一防线。在突发性事件发生时,快速有效的决策和行动是应对重大风险的关键。作为干部领导体系的最后一级,村支书的应急处突能力,对高效完成各类重大突发事故的处置尤为重要。

1. 以村民的利益为重

重大突发事件的发生具有突然性,通常带来的破坏性也较大,尤其是对人们生命健康和财产等的伤害。在所调查的村支书中,面对重大突发事件,第一原则都是以村民的利益为重。

> 人排第一,物排第二,灾后第一时间补救。(NH-LJH-20210714)

> 一是以老百姓的利益为主,以多数村民为重点,从老百姓的角度出发,因为这是最重要的原则,老百姓是基础,老百姓这边做不好,(其它)你就什么都做不好了。(XC-HBH-20210710)

> 首先是生命至上,出现事情后还要考虑到,时间长了造成大的损失之后老百姓过得很压抑,有矛盾,所以要稳定好人心,同时维护好村民的切身利益。(ZC-XM-20210711)

在村支书看来,遇上重大突发事件,首要的是生命至上,所有的都要让位于人的生命权。在生命权的基础上,延伸到关注村民的财产安全。而为了保障村民的利益,起到稳定人心的作用,村支书一般都亲自靠前指挥,冲在第一线。

突发事件就马上到位,根据实际情况就地组织,那还是得亲自指挥去。(NQ-ZYS-20200722)

发生突发性事件,你不可能都在场,但是老百姓一个电话打给你,你就得第一时间到现场,你到现场后就是你亲自动手或者亲自指挥。人要受伤了打110先拉走,然后该救人救人,该说事儿说事儿,你知道吧?(LY-SGX-20210720)

村支书的靠前指挥不仅是指挥,更担负着责任。SGX继续谈道:"因为干部不去就算了,干部一去他都觉得有依赖了,就依赖你。支书一来就说那让支书看吧,所以你一切你都得考虑到。为啥前天晚上一晚上我没睡觉,比如说老百姓给你打电话说房子塌了,你不去?或者是突然通知你说砸着人了,你必须去处理。所以说不用领导说,一感觉这到了汛期,防汛这一块,防止突发性事件,必须提前安排。任何情况都要掌握,谁家有危房那都盯着哩,你要进行通知,该转移转移。然后像前天晚上那样,一看包括桥梁也冲塌了,那你干部就带着人来回检查吧,睡觉就别想了。"(LY-SGX-20210720)正是基于责任心,村支书必须要有驾驭全局的能力,而且这种对全局的驾驭必须"一切都得考虑到"。因为任何偶然情况的发生都会给老百姓的生命财产造成更大的危害,也就必然会损害村支书的威信。不过村支书认为这种累还不是最难的,最难的是老百姓不理解。ZC村XM书记就为我们举了这样一个案例:

去年,因为我们那个地方怎样都是下雨,之前也跟你们说了,地形比较低洼,洪涝灾害常发,出现了洪灾我得以身作则去处理。为了防止堤坝外面的水溃堤,我们采取措施及时把里面的水排掉。另外就是坚守,有那种特殊情况及时报告(上级)。但是这种事都还好,如果是老百姓不理解的事就比较麻烦,比如去年有次雨下得很大,(村里)排水的时候排不过来,水渐渐涨,涨到田里去了,那个村民就说我们不负责任,开口大骂。当时我们去解释,在下雨之前我也是接到上级通知,并且是我本人在那里值班,在雨还没下水还没起来的时候,我就拍了照片发到群里面,有依据,几点几分老百姓都看得见。我做那个村民工作做不通,做不通他就到了湾子里面到处说,但是只要在群里看到信息的老百姓都知道几点几分发的通知。我们村里有两个大群,我这个人基本上就是每天做什么事让大家监督我,这样老百姓监督我同时也参与我的工作,我做什么事村民跟着做。就像是火车头带着跑,不能当驾驶员只管方向。(ZC-XM-20210711)

在 XM 书记看来,坚守也好,处理突发事件也罢,都是本分。但是,在如此行动的情况下还被村民说"不负责任",至少在心理上是难以接受的。不过,XM 书记的习惯是通过微信群让每位村民知道自己在做什么,而不是不负责任,这就在无形当中形成了对自己的保护。他的说法是,这种"留痕"也是一种让村民监督的方式,从而带领村民跟着做。这也是一种发动群众的方式,JY 村 FDM 书记提出发动群众的必要性。在他看来,"一个是认真,第二个是要发动群众,你看有的人,大部分人都是会如实汇报自己行动的,但是有小部分人他不会暴露,所以必须发动群众,还有人举报啊,和村里说。"(JY-FDM-20210712)虽然他所说的是针对当时的疫情防控,但是在处理重大突发事件上也离不开对群众的动员,需要群众的参与和支持。

2. 及时性与灵活性的统一

应对重大突发事件,村支书不仅要亲自靠前指挥,但也应把握时间,这就要及时应对。这种应对体现在两个方面:一是及时上报,确保上级党委政府能够第一时间得到信息,方便党委政府做出判断。"突发事件我们都是一条龙。我们都有突发事件应急方案,有值班表,出了情况第一时间反馈。我们都第一时间上报,大事情就上报,小事情村里能自己解决的自己解决。"(NH-LJH-20210714)二是及时通知群众,组织群众积极应对。"现在如果有什么突发事件的话,我们及时在各个自然村的微信群里把它下发出去,然后就可能第一时间得到这个消息,还通过广播及时宣传。因为现在生活条件好了,各方面设施确实齐全。"(XD-CYG-20210712)GSX 则强调了将两者结合的必要性,他说:"第一,一定要安抚现场群众的情绪。第二,要立即赶赴现场。第三,要积极跟上级部门保持沟通,特别是要与医疗部门、应急部门、安全部门保持密切的联系。第四,到现场之后观察情况,与群众进行密切的交流。因为群众提供的方案很可能比我们想到的方案要切合实际。第五是要果断地采取措施,该转移要转移,确保安全第一。"(WQ-GSX-20210725)

如果说及时应对是时间上的要求,那么灵活应对则是处理方式上的要求。在基于血缘、地缘关系建立起来的乡村社会,不能完全按照规章办事,必须考虑人情和面子,采用机动灵活的措施,以确保各项决策部署落实落细。在疫情防控中遇到的不少难题,村支书都以走访慰问、劝导、教育等柔性策略来引导村民化解矛盾、配合工作。

在其他重大突发事件中,村支书也强调情感的运用。

> 说到这个原则,还是人情为重。原则是国家规定的,必须按照国家政策来做,但是你按照国家政策来执行,老百姓不一定买账。像那些大灾大难,要赔偿,我们那次洪水,每亩地赔100块,这都是国家规定的,但是老百姓觉得不够,所以我们要给老百姓做工作,用情感和他交流,用政策有时候和他说不通。(SF-YDX-20210710)

总的来说,在应对重大突发事件上,村支书不仅要及时处理,而且要积极处理,以保障村民的利益为核心目标;同时也要开展广泛的群众动员,让村民能够积极参与到事件处理中或者提升警觉意识,而且要采取灵活机动的措施以缓解重大突发事件对村民造成的伤害。当然,在这个过程中,村支书肩负的责任重大,而且承受的生理和心理压力也很大,这也是对村支书驾驭全局能力和积极调适能力的考验。

第三节　治理能力是村支书的关键能力

如果说政治能力是村支书对"上"的执行和落实能力,那么治理能力可以说是村支书对"下"的整合能力。它显现的是村支书能否有效联系群众、服务群众、组织群众和凝聚群众的能力。良好的治理能力关乎乡村社会是否稳定和谐,更是关系国家治理是否具有坚实基础的大问题。乡村治,百姓安,国家稳。从这个意义上说,村支书的治理能力至为关键。

一、村支书如何稳秩序

基层治理固然要针对事务,但更重要的在于做人的工作,"以'人'的动员促进'事'的解决"①,以人的良善促进治理的有序。结合调研材料,笔者总结出了村支书治理能力的三个关键要点:

首先,传统方式与现代治理技术相融合是村支书服务和联系群众的重要手段。笔者在调研中发现,村支书不仅进行传统的入户走访,通过面对面、手把手、点对点等形式深入实际、深入群众,还开拓网络群众路线,运用新技术新手段,通过创建村务微信群、乡村数字平台等方式发布通知公告,公开村务信息,宣传惠民政策,开展教育培训,收集群众意见,使阳光晒进被子里,议事深入群众里。此融合既提高了治理效率,也便捷了群众生活。

其次,正式资源和非正式资源相结合是村支书维持社会秩序的主要方式。乡村治理需要村支书躬身深入琐碎日常,倾听群众呼声。熟人社会作为乡村社会的本色特征,为村支书服务群众提供重要的场域基础,也为村支书维持日常秩序指明高效的治理之路。因此很多村支书在治理村庄,尤其在解决矛盾纠纷时,能够较为熟练地掌握村民的基本情况,懂得如何调配各种社会资源,例如用人情、关系等

---

① 杜鹏:《一线治理:乡村治理现代化的机制调整与实践基础》,《政治学研究》2020 年第 4 期。

社会资本同群众打交道,以"自己人"的身份介入矛盾纠纷的处理,并运用乡土社会伦理规范和"地方性规则",应对部分群众的私性化诉求,确保矛盾纠纷不恶化。村支书在长期处理乡村急难险困事务中,也逐渐积累了群众基础,获得了群众的高度认可。同时,随着法治现代化的逐步推进,部分村支书也意识到"一人说了算"的农村治理方式已经逐渐式微,需要改变传统的农村治理方式,主动引入法治和乡规民约的力量规训社会,进行依法治村和依规治村。

再次,原则性和灵活性有机统一是村支书做好群众工作的基本经验。做好群众工作十分讲究方式方法和策略艺术。调研中发现,一些村支书之所以能在处理应急处突事件时达到较好的治理效果,他们都有一个共同特点就是善于掌握主动权,能够快速根据形势进行变通,结合实际情况采取多样化治理措施。例如在新冠疫情防控过程中,从刚开始不确定环境下的硬核管控,到后期采用灵活机动的防控手段的快速转换,成功动员和引导了广大村民积极参与疫情防控,并肩负起了维护农村稳定和健康发展的责任和担当。相比较照搬照抄,简单粗暴、一刀切式的"封路、封村、封门",更加能达到理想的治理效果,而且能奠定更加坚实的民意基础和情感基础。

随着当前乡村振兴不断深入推进,村支书的治理能力和水平也在稳步提升。但是依然存在一些难点和短板,例如部分村支书素质能力不适应乡村治理新要求,信息化服务水平不高;部分村支书习惯于以"经验"为主、靠"面子"办事,依法治村能力不足;还有一些村支书工作思路落后,方法陈旧,习惯于当"传声筒""照葫芦画瓢",不善于结合实际情况开展群众工作,等等。这些因素制约着村支书治理能力的提升。

二、村支书如何提升治理能力

农村基层治理的远景目标不仅要有效有序,也要充满活力。改革开放以来,经过几十年的改革发展,农村社会的和谐稳定局面日趋凸显,正奔着和谐有序而又充满活力的方向迈进。村支书作为农村基层治理的"领头雁",其治理能力的发挥起着至为重要的作用。然而,推进基层治理体系和治理能力现代化,实现中华民族伟大复兴的重任依然艰巨,村支书的治理能力应根据社会发展需要和基层群众需要进一步提升。具体来说,进一步提升新时代村支书的治理能力需要从两方面着力。

一方面,村支书要做强群众的"主心骨"角色。这一"主心骨"地位主要表现在五个方面:一是联系群众,下情上达。村支书身处服务群众第一线,服务群众最前沿,把群众的意见建议、愿望要求以及党的方针政策在贯彻落实中存在的问题,广泛收集并及时向上级反映,上级党组织才能够了解群众的情绪,倾听群众的呼声,做出正确的决策。二是引导群众,宣传政策。党的方针政策、上级下达部署的任务要得到群众理解、接受和掌握,需要通过村支书向广大群众宣传教育,解疑答惑,理顺情绪,化解矛盾。三是动员组织群众,落实工作。党在农村方针政策的贯彻落实,各项任务的顺利完成,最终要依靠村支书去组织、带领群众扎实奋斗,否则好的主张也无法成为现实。党的凝聚力最终是体现在村支书的向心力上。只有把广大党员群众紧密结合在自己周围,把他们的力量凝聚起来、发挥起来,才能形成推动改革和发展的强大力量。四是坚持开拓进取,与时俱进做好群众工作。不仅要苦干、实干,还要巧干。要"用心、用力、用脑",讲究方法不傻干,讲究策略不蛮干。要积极探索新形势下做好群众工作的新方法,特别是善于运用说服教育、示范引导和提供服务等方法凝聚和激励群众,组织、协调、引导好群众的积极性,使群众办好自己想办的事,不断提高组织群众、发动群众、教育群众和服务群众的本领,团结带领群众共同前进。五是提高依法治村能力。实施依法治村,构建"三治"结合的现代化治理体系是必然方向,也是乡村治理现代化的重要标志。作为新时代的村支书,除了树立个人威信,还必须增强法治观念,提高依法治村的能力。

另一方面,村支书要发挥好基层稳定的"顶梁柱"功能。农村社会的和谐稳定是乡村治理的重要内容,也是乡村社会持续发展的前提和基础。当前,随着乡村改革的不断推进,乡村利益关系日益复杂,乡村社会矛盾纠纷事件呈现诱因多元化、形势复杂化和调处困难化趋势。村支书直接面向群众,接触群众,大到村庄发展的规划方向,小到鸡毛蒜皮的两家争吵,村支书都无法回避。村支书要始终牢记群众的事情无小事,应当认真对待与人民群众切身利益相关的事情,在处理乡村急难险重任务中累积群众基础,获得群众权威认同,以"自己人"身份介入复杂纠纷事件的处理。还要善于运用乡土社会伦理规范和法治力量规范社会秩序,减少矛盾纠纷,切实做到"小事不出村,大事不出镇、矛盾不上交"。同时,各种风险、灾害叠加而来,给农村经济社会发展带来了严重冲击,也给转型中的农村稳定发展带来了挑战。村支书要增强工作的主动性和前瞻性,不断提升对潜在风险的科学判断力。尤其是面对新冠疫情这种非常态下的风险,要转换治理思维、理念和模式,提升应急管理的综合性、机动性和应急性,形成更具弹性化的治理方式。

　　总之,要想发展一个村,必先治理好一个村。治理能力在村支书的能力体系中处于关键地位。新时代的村支书要不断提高群众工作能力和应急处突能力,积极发挥主观能动性和创造性,以领导、服务乡村振兴大局,组织动员广大党员、群众共建充满活力、和谐有序的善治乡村。

第四章　村支书的发展能力

　　全面推进乡村振兴、加快建设农业强国,是党中央着眼全面建设社会主义现代化国家做出的战略部署。对于如何做好乡村振兴工作,党中央确立了坚持党领导"三农"工作原则不动摇,强调要坚持五级书记抓乡村振兴的工作机制。村党支部书记作为"五级书记"中的最后一级,是农村改革发展的"领头雁",在乡村振兴战略中角色重要、责任重大、作用突出。乡村全面振兴不是哪一方面的突破,而是全方位的发展。"发展是党执政兴国的第一要务,是解决中国所有问题的关键。"[1]村党支部书记带领农民实现高质量发展的能力如何,不仅直接关系到人民日益增长的美好生活需要能否得到满足,还关系到党的乡村振兴战略部署能否顺利实现。本章从链接资源能力和带动致富能力这一前后相继的两个能力层面解析村党支部书记的发展能力,并通过对14位村党支部书记的实地访谈分析其发展能力的呈现状况和效用、提升的难点等,以全方位评估发展能力作为村党支部书记的重要能力如何体现以及如何建设的问题。

---

① 《习近平谈治国理政》第二卷,外文出版社2017年版,第38页。

第一节　链接资源能力

资源是发展的物质基础,没有资源的集聚,发展只能是一句空话。相比于城市的资源集聚能力,农村本身所具备的发展资源是有限的,所拥有的吸纳资源的能力也是薄弱的。村党支部书记要带领乡村实现高质量发展,其链接资源的能力显得尤为重要。从总体上看,目前村党支部书记的资源链接方向是向政府争取相应的发展项目、向市场寻求相应的发展资源。

一、争取政府项目能力

税费改革使国家改变了对农村的资源配置方式,大量资源通过自上而下的项目制方式输入到乡村社会,形成了"项目下乡"的图景。"项目下乡"不仅是国家的财政转移支付手段,还是改善农村公共产品供应、变革传统乡村、增强内生动力、实现农村高质量发展的重大举措。然而,我国农村地域广阔,村庄数量大,自上而下的项目难以普惠性地进入到每一个村庄。于是,如何在这种背景下获得项目、获批资金关系着村庄发展的前途,而没有争取到政府的项目资金支持也是村支书工作的常见情况。

　　你比如说美丽乡村建设,我们市有个规定,在美丽乡村基础上,再进一步地巩固,一个村一年给3000万,至少保证1000万。但是这个项目咱就没争取到,没争取到也没办法,因为上级政府说咱村过去的影响不好。我现在虽然接手了,但是也不能一接手就给我这个项目,毕竟我歇了两年。这个不给我们也很正常,现在虽然没争取到1000万,但是咱小项目加起来也将近500万了,这个慢慢来就好。(LY-SGX-20210720)

争取之后国家审批都是有计划的,一般都是争取的多,批复的少,争取的过程都是比较难的,像姚家河的河堤加高加固都争取了20多年了,到现在资金都没有到位,先后有四任书记去接力这个事情,今年资金还没有到位,但镇里党委黄书记非常重视这个事情,还有希望争取到。最大的难点是省里没有资金,不能帮扶,从省市下放,光我们市都有400多个村,政府有自己的考虑,我们是想把我们的村建设得更好,但领导考虑还有的村比我们这个村更穷,还要照顾其他的村,有大局观,还是要一步一步地来。(XC-HBH-20210710)

正是因为争取项目资金的艰难,才反映出争取项目的重要性。但村支书作为引领村庄发展的"带头人",又不得不尽力去争取。两位村支书都提到要"慢慢来"或"一步一步地来"。那么,村党支部书记怎样发挥自身的主动性,以在自上而下的项目赋予中争取到相应的发展项目是本部分要分析的重点内容。

1.实事求是,用需求说服人

XYT村D书记在谈及项目时说道:"十大工程的各个项目,属于谁的谁报,我们村分类报给乡,乡分类报给区。属于水利的、高标农田的、危房改造的、教育的等,村两委各负其责。我负责全盘统筹,全村所有的项目都需要经过我过目提意见。自然村可以提出小项目,大的整体规划,我们要共同研究。比如自然村要清沟、清塘、修路、架桥等,你申报到村里,村里经过两委研究认为成熟可报,我们就形成材料报到乡里。"(XYT-DPX-20210717)每个村庄都是一"针"对千"线",要让项目申请能够得到上级的重视,根据实际情况向上级如实汇报村庄发展现状及困难是一条可行的路径。XYT 村 D 书记谈道:"实话实说,你是什么样就说什么样,我们需要一座桥,我们申报过以后,乡里、区里来审核过之后,你确确实实需要修一座桥,就可以。包括清沟、清塘、高标农田项目,去年高标农田项目是我自己跑的,跟着乡、区两级一块,从杨堂桥头路东边一直到西边宋庄,总共有 5.2 公里长。所有的路、桥、涵,哪里需要清沟、修路、修桥、挖塘的,都一段一段跑的。我们申报过以后,这个塘我们需要清淤,他们看了以后说可以,就可以了。当时乡里、区里跟我一块整整走了一天,那天还下雨,从 7 点多,不到 8 点,一直走到天黑。我们没有坐车骑车这一说,都是走路,东西跨度 5.2 公里,全程走的。"(XYT-DPX-20210717)很显然,项目的申报以获得支持为目标,必然需要村级的反复研究和勘测。这种研究和勘测主要考虑项目实施的受惠面大小以及项目所需的资金量多少。XYT 村高标农田项目申报成功的原因在于村党支部书记 DPX 与村两委班子的实地考察与深入研究,在于项目事实的需要与发展的必要。

LY 村村支书 SGX 进一步从与过去对比的层面分析了项目争取的差别。在他看来,一方面,项目争取已经从与领导的人情关系为重转变为以事实需求为重;另一方面,项目争取也从领导不管运营效果向领导极其重视项目的良性运营转变。为此,他强调了上级给村里项目是"非常慎重的":"领导给你项目,你这个项目要得到领导的认可,你得说明白为什么需要这个项目,然后还得保证这个项目建起来之后能良性运行,不然就算是申报了相关部门也不会批。如果我申报了一个项目,领导同意项目建成了,但是建成后项目没有运营,那下次再去要项目领导就不会同意了。如果这个项目现在建成现在就开始运营,运营得非常活、非常好,实际就是很良性运行,领导对你就是信任,那再去要项目就好要了。"(LY-SGX-20210720)然而,不仅上级非常慎重,按照 SGX 的说法,村庄争取项目也是"十分慎重"的,也是按需申请,以"有利于村里的发展"为目标,不然就是"能争取过来,我都不会去争取"的态度。

> 从我刚开始干,刚争取项目的时候,我的态度就是钱要花到点子上,要有利于村里的发展。特别是现在这个项目,如果我没有充分的把握,能争取过来我都不会去争取,如果没有郑州这个设计团队、建筑,这个项目我是不敢争取的,因为我没有那个能力。毕竟农村圈子比较小,单靠自己能力运营不起来这个项目,不能盖了房子让它空着,运作不起来。但是我弄美丽乡村,我也本身是想打造旅游,那时候我相信我有那能力给它运作起来。搞项目首先你考虑运作,你运作不起来运作不了,不能运作,你光盲目地去要项目那是不行的。(LY-SGX-20210720)

在 SGX 看来,盲目申请项目不仅不利于村庄的发展,还会造成资源的浪费,甚至根本申请不到。他的村庄整体发展思路是打造旅游,所以项目的申请一方面是有把握申请得到,另一方面是申请的项目实用和适用。这个适用就是要有基础。NH村村支书LJH也鲜明地阐述了这个观点:

> 你要做项目的话,你要看好你这个项目是不是可以做、有没有可行性,不是我们平白无故报个项目去就给批的。比如:我们要报一个茶叶产业,这个地方我们是有发展空间的,他上面的资金力度也很大,也帮扶很多,不适应的我们不会报,因为我们是因地制宜地报项目,一个地方不是所有他做得都做得了,后来我们做也不是全部地方都做,但政策这一块是全覆盖的。(NH-LJH-20210714)

2. 争取支持,用实力影响人

谈到争取项目依靠的因素,"实力"是村支书提到的关键词。SF村YDX书记在谈到争取项目的决定因素时说到:"我认为是实力。你给我一百万,我能干出两百万的成绩,这就是实力。我们村的党员群众服务中心,别人一千七百万、一千八百万招投标,我做起来一千五百万,节约了30多万。所以说,还是得看你的实力,领导看到你的实力才会在你那里投,才放心投到你这里来,如果说你没有实力,做不好,他们就不愿来,首先给他们第一印象,有没有实力来做,你这个地方有没有可能发展起来,能不能成为一个龙头,成为一个领头人,这就是关键点。只要你足够优秀,政府一定会扶持你、帮助你。"(SF-YDX-20210710)是否有能力推动项目的运转,能否高效地完成项目任务是政府在"给"项目时考虑的重要因素。因此,村庄在申请项目过程中,充分展示基层党组织"做"项目的实力和水平,是获得项目审批的可行办法。ZC 村 X 书记谈道："我认为第一是靠村里领导班子,全体党员和整体村民的团结一致,能够让上级领导认可我们做的好事情。还有就是离不开上级领导的支持。我记得当时刚开始通村公路的时候,最开始政策资金只有八十几万,但是实际上需要一百多万,我们需要把路修完整,后来就靠捐款,老百姓来参与,钱捐了之后我们把事情做了还有剩的,最后就是哪里捐过来的剩下的按比例退还给老百姓,不像以前的资金剩下来多了还是少了百姓不清楚,通过这件事情以后老百姓就知道我们确实把事情做了,做了哪些事,钱是如何使用的,很放心,知道钱多了会退下来。"(ZC-XM-20210711)可见,在项目争取过程中,要实现政府意图与村庄需求的匹配,不仅向上要积极争取上级政府的支持,让政府看到基层党组织的干事创业的能力,还要向下尽力动员村民的广泛参与,从而实现政府项目资金与村民自筹资金相互补充、上下配合,促进项目的成功推进。ZC 村之所以能够成功申请并在项目资金不足的情况下顺利完成项目,在于基层党组织的积极争取、上级政府的支持认可以及村民的参与支持,是基层党组织反复"跑"、多次"要",不断"证明"与"动员",最终获得广泛支持的结果。

3. 增进沟通,用特色吸引人

SF 村 YDX 书记在谈到项目争取时讲道："争取项目还是麻烦比较多的。因为我经过这么多年的工作,我是比较喜欢跟领导交心谈心的,因为我做了一届政协委员,又做了一届省人大代表,所以我与上面联系得多一些,特别是我当了省人大代表后,我跟书记、市长、各区一把手交流更多一些,就更有机会把我们村的具体情况向他们汇报,吸引他们的眼球,来支持我们,这也是我们的优势了。要是你连跟他交流的机会都没有,更交流不来项目。这也是我能吸引到这些项目过来,我们村发展这么快的一个原因。"(SF-YDX-20210710)SF 村之所以能够获得项目,跟 YDX 书记在长期工作过程中积累的广泛人脉资源密不可分。可见,在有限的财政供给背景下,在实际争取项目过程中,村支书通过非正式关系争取资源是获得项目可行的方式之一。

NH 村 L 书记在谈到项目争取时讲道:"我们的优势就是我们这个茶的地理环境好,因为我们是宁红茶发源地,这个茶做出来就跟别的口感不一样。还有我们发展空间很大,市场销售,因为我们是历史留下来的品牌,我们是一个源头,是别的地方都没有的,中国宁红是在修水,修水是在漫江,茶文化底蕴深厚,是老祖宗留下来的。"(NH-LJH-20210714)项目制虽然具有一定的行政配置意图,总体上呈现不完全市场竞争的性质,但政府还是为调动地方积极性和主动性而设置了一种竞争机制。要想在项目申请过程中脱颖而出,乡村就必须重特色、争标杆,展示其成为政府集中建设、打造的"试点村"或"示范村"的巨大潜力,从而获得更多的优惠政策和资金支持。NH 村的茶叶项目之所以能够申请下来,就在于村党支部书记 LJH 与村两委班子对村庄特色的充分凝练,对地理优势的充分发挥,以及对村庄发展道路的科学规划。

二、拓展市场资源能力

在资源连接方面,作为村支书不仅要善于向政府争取项目,还要积极借助市场力量。发展最终是要面向市场,吸纳企业入村或动员能人回村,对农村进行更加集约、有效的开发利用,不仅有助于促进农村经济的发展,也能为村民提供更多的就业机会,实现在家门口就业。正如 ZWT 村村支书 WYF 说的:"引进企业这个我们也在不断探索,把别人引进来也要对别人负责,如果有好的企业进来当然更好,毕竟可以带动我们村的经济发展,可以带动老百姓增收。我们也会在这方面努力。争取企业这方面有难度,所以我们也呼吁本村这些在外工作的人员,利用他们的资源引进企业。"(ZWT-WYF-20210711)因此,村支书既要积极寻找成功人士回村创办企业,也要积极提供有力的政策与服务吸引企业入驻,助力乡村发展。

1.动员能人回乡创业

(1)情感动员

一直在外做生意的 SF 村村民 YDX 有了一定的物质基础后决定回村建设家乡,带领大家一起改变家乡的面貌。YDX 回乡担任村委后,开始招商引资,其间困难重重,一直没有引进到合适的企业。直到 YDX 书记结识了同乡的企业能人丁晓平。在得知丁晓平正好有回来建设家乡的意愿后,两人一拍即合,带领 SF 村踏上了"招商引资"之路。

"大约是 2013 年的时候,当时我在一个偶然机会遇到一个老乡,叫 DXP,他是在广东中山做生意的。当时我就跟他交流了一下,他说在外面赚了这么多钱,想为家乡做点什么,其实他不是我们村的,是皂市镇上的,只不过跟我谈起了这事。然后我就说到我们那里建个厂不好吗? 当时我跟他谈了以后,他可能也有这方面意向,他说可以。一开始过来的时候,也有很多问题,土地呀,但厂子基本形成了。他来的时候,我们这块一片荒野,全是荒山坟地,我们迁了千处坟。当时建设的时候,说政策也没有很好的政策,因为毕竟是镇上,市里有好政策,就坚持在这里做下来了。"(SF-YDX-20210710)

在 YDX 书记和家乡企业能人 DXP 的共同努力下,于 2013 年 10 月,天明新能源公司正式落户 SF 村,成为该村引进的第一家工业企业。随后相继有仟仟鹤源、旭瑞机械、卡米顿家私、佳宇塑业等 10 家企业落户并投产 SF 村,投资过 2 亿元,实现年税收近 800 万元,2018 年锌水源企业的成功引进,极大地带动了村子发展,不仅还清负债 80 万,还让 SF 村步入了发展的"快车道"。事实表明,有外部社会网络支持的村庄具有更多发展的机会和可能。村庄经济精英具有一定的经济实力和社会资源,故在市场拓展资源的过程中,寻求本村籍在外的经济精英的支持是一个重要的发展思路。

XC 村 HBH 书记讲道:"之前说的想要搞农副产品加工业的 CHB 就是回乡创业的人,投资五百万左右。在外工作的成功人士,想要回乡做点实事,为村里减少压力,支持村里的工作。我们经常保持电话联系,经常在一些特殊的日子邀请他们回来,开会时也在不断地探讨交流,要把他们变成村的朋友,真诚地对待别人,别人才能放心地来投资。我们先是参观考察,有把握了,再让老百姓去宣传发动,分析优势劣势,让老百姓心服口服,不能光说好处,不说坏处。其他还有很多这种外出务工发展得好的人,都是利用人脉资源相互介绍,还有镇里的推荐,村里老百姓也会给村委会推荐,村民也有这种朋友亲戚为我们提供信息,我们就及时去联系。有很多人都想要拉回村里,但我们也考察了,有些还是有难度。"(XC-HBH-20210710)因此,村庄在发展的过程中,要尽量扩大自身的社会网络,通过多种机会增加交流沟通,不断积累、丰富社会网络数量和质量,从而为村庄的发展提供更多可能。

对于如何积累这种情感纽带,ZC村村支书XM讲述了一些具体的策略:"因为每个人都有家乡情怀,我们拜托他做的事情能够让他们回忆起家乡情怀来。包括有的时候他们好多年不回来了,我们取得微信联系以后,逢年过节也打打电话加强情感联系,给他们的房子贴贴对联之类的,让他们感受到老家还有人想着他们。有的时候我们发的一些关于村里的一些基础设施建设,还有其他的事情的朋友圈,他们看见了,勾起了他们的一些家乡情怀,他们就主动提出了帮忙。"(ZC-XM-20210711)很显然,村支书XM是通过诸如电话联络等方式让在外的能人增强与家乡的关系,进而愿意主动回乡发展或帮助家乡解决一些紧要的困难。

（2）服务动员

情感动员能够通过乡情让能人回村,但回村并不是目的,而是要通过回村创业来带动村民。在村支书动员能人回乡之后,为其提供服务上的便利,是催动能人得以发展的重要助力。XC村的HBH在动员能人上有自己的一套方法,主要体现在优惠给予和基础设施保障上。

在吸引投资方面,我们除了说明我们村的优势之外,还有一些优惠,比如建设这个基地村里计划是五年的补贴,即使收了费用,也会补贴给你。对于种地的承包,我们一般是承包四年,第一年的时候就把收来的土地流转服务费用于他改善农田的环境,用于修沟修桥、除草之类的费用,剩余几年就作为村里的正常收入。

一是提供场所,利用空房子做一个临时的小厂,主要是在家里,提供他们的安全保障,保持通道畅通,不堆杂物,还要配齐消防器材,人员管理这方面也要透明,因为还有一些女工。不能管理得太封闭,要保护安全性和劳动权益,在这方面村里要做好监督管理。在提供优惠这方面,村里没有收费用,为他们做些服务性的工作,介绍人、介绍车工去上班,给他们做一定的担保,科学管理,特别是在安全防火上起到作用。(XC-HBH-20210710)

HBH针对村里进行土地承包和开办小加工厂的能人提供了相匹配的服务。对于开办工厂,主要是在厂房安排及设施管理、用工上提供相应支持,确保能正常营运;对于承包大户,一方面给予费用支持,另一方面又帮助其改善农田基础设施。

2. 吸引优企入驻发展

相比于动员能人回乡创业来说,吸引优质企业驻村发展是更为简便高效的可行方式。然而,正如 ZWT 村村支书 WYF 所说:"(引进企业的)思路是有,但是还没有引进来。主要的困难还是发展现代农业的人少,大家都知道农业风险大。"(ZWT-WYF-20210711)ZWT 村之所以没有引进企业,据村支书 WYF 说是地理位置偏远,交通条件较差。在乡村振兴大背景下,村支书仍面临着发展的巨大压力,都在尽力调动各方面人脉资源吸引企业并留住企业在村发展,并在政策和服务供给上争取为企业在村发展创造更为良好的条件。

（1）人脉助力

据 XC 村 HBH 书记讲道："两个企业主要是通过我的朋友介绍，镇里招商办、工业办的也在给我们建议，因为也需要政府支持。首先，我们考察了这个项目的可行性，看他的资料还有一些科研成果，实地考察了他们的工业园，他们在恩施有基地，我们也去实地参观了，看他们的介绍，他们也给了我们一整套资料。然后我们就结合我们村的实际情况，分析怎样投资，投资环境如何，怎样改善它的投资环境。引进后可以解决村民的就业问题，给他提供劳动力，村民采取股份制入股，村民参与分红，村民愿意给老板打工，他来统一管理，提供技术、资金。向政府争取一些补贴给他，村里全力支持他，帮他调节矛盾纠纷，村民有阻力我们就做工作，支持他们在这里办企业。"（XC-HBH-20210710）社会网络的功能之一是获取社会资源。一般而言，社会网络的规模越大、数量越多，可获取的社会资源就越多。个人获得的社会资源除与个人的能力、素质有关以外，还与个人建构的社会关系网络息息相关。XC 村 HBH 书记之所以能成功引进企业，离不开社会关系网络中朋友的介绍和帮助以及各部门领导的支持和关心。

（2）政策争取

企业引进来以后，SF 村 YDX 书记千方百计为企业提供便利。一是积极与政府进行沟通，了解最新政策，为企业争取政策支持。YDX 书记说："我们土地出现一些问题，因为企业发展扩张很快，而土地必须与其相配，所以这里面产生了一些矛盾，这些问题都得解决。这些问题讲起来真的是太难太难了，因为土地这块你违规，就要罚款。比如说这块土地因为国家政策,你就不能动,但是我们招商引资,投资者来了他要立马用地,因为他拖不起,拖一年两年,怎么可能呢,给他拖得没有信心了,他就走了。所以这个矛盾解决很难很难,为此我也是很苦恼。好几家单位都被罚过款,怎么做工作,怎么解释,有的还要到法院去,我去法院都去了好几次。那次有个企业要进行土地办证,要先交罚款,他就要去法院起诉,这些事情都是一连串的。真的很难,上面的土地政策我们谁都不敢违背他,但是我的招商引资来了我要怎么做,所以这个矛盾是极其难的。遇到这种问题,就得多找领导汇报。要争取到上级的支持,也要给投资者做思想工作,罚点款就罚点款,没办法,主要是能解决问题就行,所以这块做下来也是很难的。"(SF-YDX-20210710)

二是积极为企业争取资金支持。SF 村 YDX 书记讲:"现在我们招商引资不仅有工业,也有农业,像农业合作社、家庭农场、林果业茶叶、蔬菜大棚,我们都在做。哪一块我们能够成功,我们就重点做什么。现在农业这块有一个老板主要在做,我今年也打算给他向上争取几十万资金,我们也要对他进行支持,你不支持他,他就没动力,也做不大。因为农业这块,很难赚钱,回报周期很长,所以这种老板留下来很不容易,这就需要我们努力,尽量帮他们解决难题。"(SF-YDX-20210710)村庄缺乏内部资源而与外部企业建立"强"关系的情况下,应充分利用政府的政策与资金扶持,吸引企业入驻,打通资源进村的通道,增强企业与村庄的联系,从而实现企业、村庄的共同发展。

(3)服务供给

SF 村 YDX 书记讲道:"在招商引资这方面,我们服务是很到位的,每一个投资者过来,我们就尽量满足其需求,服务到位,不管哪一方面。因为当时他们过来以后,土地、规划包括所有政策,部门审批这些工作,完全是依靠我来进行的,办证、贷款全是我跑的。我曾经到他的工厂当了两年总经理,帮他进行招工。因为我们服务到位,所以他也做得很好,现在工厂一年两千到三千万的销售。也是在他的带动下,我们的招商也比较顺利,就把工业园区搞起来了。"(SF-YDX-20210710)可见,在引进企业的过程中,为企业提供优质的服务,减少企业的事务性工作,充当企业与政府连接的桥梁等工作尤为重要。

目前,SF 村不仅建成了高新技术工业园,而且还及时进行土地流转。YDX 书记说:"每一个投资者在我这里都不会走。我曾经引进过做康养的投资者,60 岁,在绍兴做服装生意做得很好的。他回来我这里,跟我谈了以后落地到这里,现在我们村的康养也搞起来了。很多人跟他谈,他都不搞。我就说我的工业园能做起来,也是因为服务。你做事要有担当,企业看到你的担当,你就能吸引他的落地,是不是? 有责任是我的,好处是你的,就这样做。村干部真的做好是很不简单的,必须要做好自己,做好服务。"(SF-YDX-20210710)可见,为企业提供实实在在的服务不仅能将企业"留下来",还能成为 SF 村招商引资的金色名片。

党的二十大报告提出,实现乡村振兴战略,其目标就是要实现农村现代化和高质量发展。而实现这一战略目标的关键是农村基层党组织,用基层党建高质量发展推动经济高质量发展是乡村振兴的根本之策。当下实现农村发展的关键是要成功解决农村发展所需的资源条件,以充分激活村庄发展的内生动力。村支书作为农村党组织的领头人,不仅要积极向政府"跑"和"要",更要不断向市场"跑"和"寻"。通过不断向政府"跑",能让上级更加立体地了解村庄发展困难和需求,相信基层党组织的发展实力,支持村庄的发展;突出村庄困难与基层党组织的决心,能让上级看到基层治理的困境和发展难题,最终获得支持。同时,村支书还要不断向市场"跑",调用一切可能的人脉资源去行动,同时用为其争取政策的积极行动和优质的服务供给让企业留得下、稳得住,为村庄发展提供持续的动力。总的来说,村支书只有在资源争取过程中做到主动出击、把准方向,积极"跑""要""寻",才能为村庄争取到发展的基本条件。

第二节　带动致富能力

发展壮大村级集体经济、带动村民致富是强农村、富农民的重要抓手,也是实现乡村振兴的必由之路。2019 年中央一号文件明确指出,全面推行村党组织书记通过法定程序担任村委会主任和村级集体经济组织、合作经济组织负责人,全面推行新型两委"一肩挑",将带动致富能力作为村支书能力的重要方面得以正式提出。村支书通过主动向外链接资源,为带领村民致富和实现村庄发展提供了良好的基础。要壮大集体经济、带动村民致富,就要加强内部资源的整合,将内外资源进行有机结合,才能在推动发展中不断实现共同富裕的远景目标。

一、壮大集体经济能力

壮大集体经济是实现共同富裕的重要保证,是振兴贫困地区农业发展的必由之路,也是促进农村商品经济发展的重要推动力。要壮大集体经济,作为村级班子班长的村支书至关重要。能否带领村民选准发展方向,不断创新发展模式,考验着村支书的发展能力。

1.选准发展方向

实现乡村振兴,产业是第一位的。选择一个好的产业发展方向更是前提。为了达成这一目标,村支书通常采取内外两种方式:一是向外用力,通过考察和培训学习先进经验;二是向内用力,通过盘点自身的资源优势,明确村庄发展方向。

(1)学习先进启发思路

发展方向要选准,不是空想,而要在不断的学习培训中获得,这是所有村支书的共同心声。政府每年都会组织村支书参加各类培训学习活动。NH 村 LJH 书记说:"我当上书记,书记也培训过。还有农业这一块儿蚕桑、茶叶好多。上面有好多培训,我们都参加了。还有那个培训基地去读书,我学习农林水。还有一些政策,扶贫办组织的去永修一起学习,我们县里也搞了很多培训,所有政策上面都会培训。像外出交流县里县外这一些,线上线下,我们都是一起学习,通过手机上面发信息培训,这些都有。"(NH-LJH-20210714)通过考察培训,村支书接触到各种先进典型,也接触到各种信息和资源,这些都成为村支书明确发展思路的资本。LJH 书记说:"每一次学习都有不同的感觉、不同的思路,前几天县里指导我们所有村书记去到各个乡镇学习。我们每一次学习,在心里想的都是赶不上他们了,我们要使劲做了。就有一种比学赶超的氛围,每一次学习都有。我们县里给了好多政策,省里和市里开视频会议培训,有好多这种。每一次学习,我们会议记录什么都记,他们有些地方上确实做得很棒。我们也想发挥我们村特色,一步一步向他们学习。"(NH-LJH-20210714)SF村村支书 YDX 也说:"参加培训学习还是很有帮助的,我在外面看到别人的好做法、好经验,我回来以后都会作出改变,虽然我们 SF 村在我们这里已经做得不错了,但是出去一比就不是那么回事了。如果说帮助最大的话,我觉得就是可以引进别人一些好的技术、好的发展理念,可以帮助我们村致富。有的村比我们还穷,但是人家现在就发展得很好,我们就要去学习。"(SF-YDX-20210710)

除了积极参加政府组织的各种培训,自己主动走出去,赴先进地区"取经"也是有效的方式。这种"取经"既有助于选择村庄发展方向,也有助于开阔视野,为村庄发展集聚能量。HX 村作为当地的明星村,最为突出的特点是从无产业的乱村到产业兴旺。能够促成这一关键转变的起始点就是学习。村支书 FXH 说:"我们就把这些先进性的人、典型性的人物带到外面考察,我们就到华西村,到我们全国有名的村江苏蒋巷村、永田村、望山村,还有那个安徽的小岗村,到这些有名的村学习取经,我们在外面考察以后,我们就定位产业发展方向和目标,这个'五化四有',以后呢我们就一个一个的项目实施,我们就把这些党员组长带到全国产业基地,那些名村那里学习。"

（HX-FXH-20210712）通过考察学习，HX 村明确以蚕桑产业为主体方向。为把产业做起来，村支书进一步动员党员和积极村民外出学习技术。"我们开始养蚕的时候，收入实在是太低了。所以我们就改制，自己去建。我们要把这个发展好，我就动员这些党员，把愿意养蚕的人带到外面去考察，带到全国那些蚕桑产业著名基地，浙江桐乡、江苏南通、广西桂林那边去学习，我们县也还有其他的蚕桑的，都去学习，我们自己搞。当时是 200 亩，现在是 800 亩，蚕桑这一块，我们从哪一个角度，哪一个发展方向我们都去探索，所以说我们到那里学习了以后，村里面就自己去创新，根据人家的一套模式我们改进一下。现在像我们的蚕桑被全国来说，好多省市县都来我们这里看，所以说我们甚至已经超越了我们以前学习的那些村，我们的收入也超过他们，像 2009 年 3 万块钱，现在我们这个蚕桑突破一千万。"（HX-FXH-20210712）正是坚持从实际出发、从市场出发，FXH 与时任村支书带领村民有规划、有目的地向先进村庄学习，大胆想、大胆做，不断摸索与尝试，最终找到符合本村发展实际的最佳路径，带领群众集体走上发展的快车道。

（2）整合优势明确思路

学习先进是开阔思路，而不是把先进的经验直接套用，必须要回归到"村庄有什么"的问题，需要通过整合村庄的优势资源实现先进经验的内化。虽然 NH 村在向外的学习中借鉴了各种发展的办法，如"就是看到别人种了柑橘，我们也通过学习，也种植了 100 亩地，马上现在也挂果了。还有我们那个莲子。当时我们莲子和柑橘都是抛荒的地，是老百姓抛荒没有种的，我们村里流转了 200 亩抛荒的土地种莲子和柑橘。"（NH-LJH-20210714）但是也就是在这种借鉴和对村庄发展优势的分析和讨论中，明确了以"茶"为主体的发展思路。之所以选择这种发展思路，在于 NH 村的茶在历史上曾经世界闻名，有着"NH 不到庄，茶叶不开箱"①的美誉。然而，受到多种因素影响，这一产业并没有得到很好的维护，从而出现了断层。在乡村振兴的大背景下，LJH 与当地党委、政府围绕 NH 茶进行挖掘，形成了当地的产业发展思路。

我们现在就是这样的，是以茶为本。茶本身就是一个把精神和物质相融合在一起。我们搞产业，提升茶叶的品质，然后我们会结合旅游，搞青少年旅游中心的茶俗、茶艺或者茶风礼仪，这种体验馆。现在很多学校小学生中学生都要开这种社会实践课。我们县作为一个茶叶蚕桑的大县，目前都没有茶文化或者是蚕桑文化这种社会实践课，我们准备开这个先河。开了这个先河之后，我们会把茶饮、茶礼、茶艺、茶俗这四块结合共同运生出一个茶道或者茶文化。这样，把整个乡镇，从 NH 这个典型村开始，再串联全乡镇。把我们全乡镇的其他旅游资源一起运作起来。这边他可以看茶叶基地，还有蚕桑基地、茶叶制造场所。我们准备把那个茶厂附近的一些老房子进行改造，变成茶农田，以青少年去亲近自然、体验自然。到时候我们会结合省级"一乡一园"的打造把这个地方打造起来，一方面把它当成热点的那种网红打卡点，把茶文化的氛围渗透到各个方面，甚至按我

---

① 村支书 LJH 为我们解释了这一美誉的指称，"因为 NH 这个茶是卖价最好的，NH 茶不到就没办法定今年的茶价，是以 NH 为标准。相当于把它做成了一个主要领导人开会，他不到场会就开不了场。"（NH-LJH-20210714）

们设计小到一个垃圾桶,那上面都要有跟茶文化相关的文字,比如说这个垃圾桶造型是我们倒的那个茶渣的造型,上面写着我们红茶造茶的垃圾是怎么处理的。造茶是怎么进行二次发酵,又怎么去继续做成茶饼,或者二次发酵加工,反正方方面面小到水池、竹林、亭子、近水景观再到茶园的田再到旁边的木屋做茶的工具,这一系列把以前做茶的茶俗以及茶艺的体验都给他。做成实践课展现给青年人。这就是说,我们要把一个产业打造这样目前一个项目计划。我们这里隔着在建一个田园,那相关的也会带动我们这边,所以我们想抓这个机遇,时不我待。抢抓这个机遇,把旅游发展起来。因为有这个田园就有流量,有人流量、就有经济。现在我们村就想抓这个机遇,往这个方面靠,也是符合我们现在这种绿色发展理念,不会影响环境,也保持了这边的绿水青山,所以我们目前是想这么搞。(NH-LJH-20210714)

　　NH 村的发展思路是以"茶"的传统和优势进行产业链的扩展升级,从而围绕茶做成了一个大的产业集群。目前该村已经实现了一产的茶叶种植和二产的茶叶加工,而 LJH 所阐述的当地发展思路的重点在于三产的开发。当然,所有这些是以村庄为主体进行的。不过,也有村庄在明确自身优势的基础上选择引进外来力量进行开发,如 LY 村。村支书 SGX 说:"我们村主要是要发展旅游产业。为啥要搞乡村旅游?因为咱有这个条件:一是咱有山有水,第二咱这没有啥矿产资源,生态环境好。最主要是通过前期投资的 3500 万,现在美丽乡村建设整个的基础设施比较完善,所以又引进中原国际设计谷、上海联创、郑州航院、河南健康演艺研究院几家单位,联合整合资源推动今后乡村振兴发展。主要是有一个团队专门做这个,最主要是中原国际设计谷,由他去整合资源、设计规划、融资以及运营。"(LY-SGX-20210720)村支书 SGX 在分析村庄所具有的优势生态资源的基础上,通过引入专门的团队运营来实现村庄的开发,目的是打造一个田园乡村设计谷。SF 村的 YDX 书记设想的村庄发展方向也是农旅结合。他说:"怎么会想到发展农旅呢?就是美丽乡村建设中,我这个地方在天门市有点名气了,因为我们这个地方有几棵300多年的古树。要增收,必须吸引人过来,建设村庄。六月十几号,专门去招了次商,招农业这一块的,怎么把农业产业这块发展起来,包括水果、茶叶、中药材,我就准备从这方面着手。我现在以发展农业旅游为主,包括垂钓、餐饮、采摘,通过这些带动大家致富。农业旅游,第一就是农田改造,让别人来我这体验乡村生活,我招来的采摘的老板,有 500 亩,有 200 亩是采摘园,让别人来体验,我现在正在推进这个项目。我们现在已经是在往前走了,不能停滞,要一直往前走,我们也不能停,停下就会退步,我们想得长远一些,所以我们村的发展要比别的村强一些。现在进展还比较顺利,势头可以。"(SF-YDX-20210710)很显然,这两个村都是以农旅为方向,这种选择在于两个村庄有一些共同的优势,如都是近郊村,交通便利,再加上有一些特色的资源,就很容易做起来。而与这两个村庄不同,XC 村属于典型的传统农业村庄,其最大的资源是土地,发展只能围绕土地做文章。"对我们来说,最大的资源就是土地,其他没有什么。虽然土地不多,但土地比较精良肥沃,它比一般的地方田地要好,我们就可以充分利用,把它的功能发挥出来,光种水稻产品比较单一,水稻的利润也不高,但也不能不种,因为还要响应国家的政策,保护好基本农田,我们就一部分种水稻,一部分种高效经济作物作为收入,再一部分就用来开发利用招商引资来做高新产业。主要在土地上做文章。总共 3400 亩耕地,已经流转了六七百亩,我们以后是想着全部流转出去,做成股份承包制,一是公司股份制化,二是做家庭农场,集约化是大趋势,以后不存在说私人种地了。每次开会都在普及这些知识,现在慢慢都在转变观念,几乎每一个组都有一户示范,目前老百姓还是认识不够,不听调配,私人种田的劳动力投入大,收入少。村里不断在宣传,这也是一种自然过渡的过程,因为你看到别人种的好,你自己的收入少,这样也不划算,自然就会想把土地流转出去,往后走村里争取全部流转。这些土地利用盘活主要是发展高新产业园,种植高效益的经济作物,这是我们以后的发展趋势,现在在努力发展大棚蔬菜,种莲藕也是流转的一种方式,莲藕的收入要高一些,水稻田承包出去是 200 元一亩地,莲藕承包是 700 元一亩地,收入差距大。”(XC-HBH-20210710)虽然 XC 村与 NH 村以及 HX 村聚焦于特色产业有差别,但村支书都是在尽力为村庄寻求可能的发展思路。不论村庄确定的发展思路如何,一个显而易见的事实是,只有村支书把发展集体经济、促进村民共同致富当作首要任务放在心上,带领村民积极向先进村庄学习,并结合自身的发展优势因地制宜,才能找准、选对强村富民的发展路子。

2. 吸纳人才带动

发展需要依靠人才,然而乡村社会在人才上是弱项。SF 村村支书 YDX 说:“人才是一个关键问题。现在就是年轻人到外面打工的比较多,家里干活的人比较少,这也阻碍了我们村的发展。为什么我们这么重视人才这块呢？因为农村发展思路、想法以及引进的产业都需要专业知识分子来做选择，才能做好，不然光靠老的一套，很难去推动，所以人才这块也是我们的一个难点。"（SF-YDX-20210710）为了解决自身所在村庄发展人才的短板，2018 年村支书 YDX 通过微信联系了一位在外的女大学生。他说："她家是我们这边的，她是 2018 年过来的，之前在深圳搞绿化设计、旧村改造。因为我们村有一个党员微信群，在党员微信群上联系了很多，打工的、大学生都有。我就在 2018 年在微信群里联系了她，让她到村里干，让她回来帮我们搞这个美丽乡村建设。她来了之后，在村子的规划设计这块给我们帮了很大的忙。因为一开始不管是省里还是市里都没有给我们这个项目，正因为她回来了，我们才有资格去引进这个项目。至于她没干成或者干得不太好，我们也要继续接着走。因为当时起步的时候没有资金，她也很难做，大学生的想法还是更远一些、宏观上更大一些，现在我们也是接着她的思路继续走，毕竟刚开始是她引导我们走出来一条路，要不然我们也搞不出来。农村的发展规律还是和城市不一样，是要一步一个脚印，让老百姓真正看到你做的没有失败，或者老百姓看到你做的是实在的东西，他们才能支持你，要不然他们不会拥护你的。发展应该怎么来做，还有产业怎么发展，在这些方面，她还是很有想法的。"（SF-YDX-20210710）

在 YDX 书记的讲述中，我们可以看到村书记吸纳人才来弥补村支"两委"带动发展不足的决心，但是也能够看到从村庄走出去的优秀人才也存在与村庄的不适应性。这首先表现为"大学生高远的想法"与村庄发展规律存在一定程度的抵牾，这主要在于大学生的农村实际工作经验相对不足。因为规划是一回事,落实规划是另一回事,而落实规划需要依靠村民,这就需要在理性的规划外加上情感的连接。然而,在YDX书记看来,吸纳人才回村带动最难的还不在此,而在于人才回村后的自身发展问题。"最大问题就是他们回来后的待遇问题,工资问题。像我的工资就是40980一年,但刚开始就是2万多块钱,一个大学生回到家里来给他2万多块钱,他不愿意回来做,养活不了自己,怎么会回来做呢?所以这块也是我们吸引人才很大的难点。怎么吸引人才,还是要靠资金吸引的。我跟我们村一个大学生谈过,现在有好的政策,可以考村里的公务员、选调生,很简单也很容易往上提升,但是在村里的几年太难过了,他要生存,他还要找对象,有些东西就是这样,你就很难吸引他们回来。但是把人才吸引过来之后,也有一个难点,就是他最少要用3—5年的时间适应培养,他不可能一回来就适应农村发展,他必须在农村里面要扎扎实实下来,慢慢做好。刚才说的那个女大学生,要在村里干十年,才能做到书记,她现在就干得很好。但是之前那段时间是很难熬的,上面也给了她很多的地位、职务。"(SF-YDX-20210710)

3. 创新发展模式

WQ村G书记在介绍村庄经济发展时说道:"从2018年换届之后,村里就开始积极谋划,结合村里的实际,当时是流转了大概三四百亩的土地。土地流转下来给了投资方养龙虾、种桑养蚕,还有种粮大户,村里在里面主要是收管理费,获得的利润基本上都是投资方的。2019年,结合省委组织部"扶强培优"项目,有50万的奖励资金,再结合县里30万的配套资金,让我们村两委共同打造成立了怀宁县 WQ 扬丰生态农业发展有限公司,流转了毛桐、杨屋、纪桥、冯屋等几个村民组土地 300 余亩,打造了一个产业园。产业园里主要种植蓝莓 50 亩、其他经果林 60 亩。经果林里包括毛桃、樱桃、桑葚等。另外,山那边还种了油茶 110 亩。"(WQ-GSX-20210725)

WQ 村在建设过程中,积极响应党中央的号召,深耕绿色发展,紧紧抓住自身的个性与特色,加快农业产业升级,成立生态农业园区,实行产业化经营,逐步探索出"基地+公司+农户"的发展模式,不断发展效益农业。与此同时,WQ 村还注重提早谋划乡村土地的使用,将土地流转与建设产业园区相结合,多渠道增加村民收入,发展壮大集体经济。在谈到基地与公司合作方面,G 书记表示:"我们打算把番鸭养好之后发包给永强集团,永强集团是个上市公司,从近几年发展来看,受疫情影响较小,防疫和苗子都是自己家搞。永强集团的养殖基地在阜阳市阜南县,小苗子在海口,自己在家孵化。另外,永强集团的销售也不成问题。所以从苗子到防疫再到回收,下面的经营户都不需要担心。所以当时,我们也是冲着这个优势与永强集团合作。"(WQ-GSX-20210725)

XC 村 HBH 书记在介绍村庄集体经济时谈道:"村里最大的集体资源就是土地,其他没有什么。主要在土地上做文章,总共 3400 亩耕地,已经流转了 600 至 700 亩,我们以后是想着全部流转出去,做成股份承包制,一是公司股份制化,二是做家庭农场,集约化是大趋势,以后不存在说私人种地了。这些土地利用盘活主要是发展高新产业园,种植高效益的经济作物,这是我们以后的发展趋势,现在在努力发展大棚蔬菜,种莲藕也是流转的一种方式,莲藕的收入要高一些，水稻田承包出去是 200 元一亩地，莲藕承包是 700 元一亩地，收入差距大。"（XC-HBH-20210710）

WQ 村、XC 村在村支书的带领下积极实行土地流转政策，逐渐探索出了一条以"公司+基地+农户"为发展模式的致富之路。通过土地流转，逐渐实现规模化经营，建设生态产业园区，形成基地带动，逐步实现"两个发展"与"两个传承"。"两个发展"：一是农业向工业化发展，用工业思维发展农业，将农业打造为现代工业产业园，实现规模化、标准化、产业化大生产，让农民变工人，实现家门口就业。二是农业向旅游发展，用旅游思维发展农业，将现代农业打造为生态景区，不断挖掘农业旅游功能、休闲功能、教育功能、养生功能等新功能，开发这些市场能创造更大价值。"两个传承"：一是指文化的传承，乡村文化建设既是乡村建设的难点，也是乡村建设的灵魂，村庄依托本地资源优势，深入挖掘本地文化，继承创新优秀乡土文化，把保护传承和开发利用结合，赋予文明新时代的内涵。二是人才的传承，人才是第一资源，实现农村现代化建设，要发掘可用人才、留住本土人才、吸引外来人才，培养一批心系故土、心向农村、心爱农民的优秀农村人才队伍。留住农村青壮年劳动力，培养创业创新人才，吸引本地农民回乡创业等措施可以让一批"土专家""田秀才"在乡村振兴主战场大舞台上施展才华、释放能量。

二、带动村民致富能力

一家一户的小农经营是很难依靠自身资源实现致富的。村支书

HBH 说:"目前村民的收入主要是外出务工的收入、种植收入、公益岗位的收入。外出务工的人占村民的一半以上,外出务工的收入占总收入的三分之二;种植大户不多,三五户种植超过 100 亩的地,也有一部分收入,占收入的三分之一;再是贫困户参与村里的公益事业,公共厕所卫生、路灯管理等公益岗位的收入作为补贴。"(XC-HBH-20210710)从这可以看出,村民的主要收入是外出务工,而通过家庭经营获得的收入很有限。

在乡村振兴战略背景之下,村支书作为村级脱贫致富的"掌舵手",在带动村民致富方面责任重大。如何带动村民致富,让群众得到实实在在的好处,过上好日子是题中应有之义。SF 村村支书 YDX 进一步指出:"因为村里老百姓文化水平达不到,他就靠这一亩三分地来生存,你说让他拿来入股,他不愿意,因为他看不到这个东西能赚多少钱,所以我们还是发展不够。但这也是未来要努力做的,我们招商引资,也是这样想的。假设真的大家可以入股,有收入,我们就可以分红了,但现在你让村民这么做,他不愿意。"(SF-YDX-20210710)YDX 的论述呈现了农民的生存伦理与发展理性之间的张力,而突破这种张力在于让农民看到直接的利益。为此,村支书 HBH 明确指出:"农村老百姓思想上还是倾向于传统的生产模式,思想相对固化,我们只能采取循序渐进、以点带面的方法,搞一个示范,让别人看得见摸得着的,别人跟你同在一个地方种地,别人收入一万,你收入一千,你自然就会靠过去了。"(XC-HBH-20210710)这种循序渐进的发展思路,而不是以发展理性简单代替生存伦理,很符合带动村民致富的节奏。通过调查发现,村支书着力通过思想帮扶、政策扶弱等手段改变群众的生产生活条件,还着力通过以强带弱等合作的方式让农民获得可持续的收入,从而实现致富的目的。

1.加强帮扶,激发村民发展动力

(1)进行思想帮扶

缺乏内生动力的发展是不完全的发展。要解决内生动力问题,首先要在思想观念上着手。加强村民的思想引领、转变村民发展理念、提高村民素质是一项艰巨的工作,村支书必须要及时有效化解各种矛盾和问题,积极开展工作。一方面大力宣传国家关于土地流转的政策,并积极带领村民通过参观学习改变发展观念。XC 村 HBH 书记回忆道:"我们当时还把一些村民组长和党员以及部分群众带到潜山县黄铺镇黄铺村、浙江桐乡去参观和学习,通过学习参观,他们看到别的地方确实搞得很好,就回来动员村民搞土地流转。另外,我们还通过多次开会的形式,通过开会对极少数不能达成一致意见的村民,我们就亲自上门做工作,把目前土地流转带来的好处分析给他们听,还将土地流转对于目前老龄化所带来的五年后的局势和好处分析给大家听,还有就是将国家的大政方针,尤其是乡村振兴战略在大会上讲给大家听。"(XC-HBH-20210710)另一方面充分发挥党建引领作用,调动党员的积极性和主动性,充分发挥党员干部的示范引领作用。HBH 书记讲道:"有的村为什么土地流转工作相对好做一点,这是个受综合性的原因影响的,但是党建引领也在其中发挥着重要的作用。比如这个村组里面有几个党员,还有一个我们村退休的一个老书记。这些党员和以前的老干部一直都站在前面引领大家,最起码他说出来的政策和道理,易于让身边的人接受。另一个村组也有三四个党员,因为党员作为村里党支部的组成人员,有时在执行政策和话语上还能给他们强加一点,普通群众没办法给他们强加,只能跟他们说道理。"(XC-HBH-20210710)只有农民思想扭转了,实现了土地流转,才能实现规模化经营。

传统、僵化的思想观念是发展的"拦路虎"。如果不能破除村民的固守土地的传统观念,实现村民致富只能是空话。SF 村 YDX 书记和 XC 村 HBH 书记认识到转变村民发展理念的艰巨性,既不能蛮干,也不能不推进,进而采取一种通过示范带动、循序渐进的思路,让村民看到发展的成果,以看得见的效果来引领村民转变观念。

(2)落实政策扶弱

保障每一位村民的基本需求,帮助弱势群体解决生活困难,实现自我价值,最终实现共同富裕是村支书带动村民致富的应有之义。NH 村当时有两户贫困户一直住在土坯房中,L 书记回忆起从政府拨款到村干部帮助规划、重建、装修时的场景说道:"当时有 40 多个,46 个土坯房,我们就是把它们全部拆除重建。有两户贫困户做不起,政府补钱给他,他不知道这个钱怎么用。我们有两户贫困户,政府补了两万二千多块钱,我就跟他讲如何用这些钱,地面要用多少钱、灯要用多少钱、水泥要用多少钱、后面的厨房要多少钱、买一个锅要多少钱,我们就刚好用到 2 万多块钱里面,他自己就高兴了,我们每次去他家里不让他有负债的可能性,就把这个钱用好。他自己再做一点农活产业,再拿钱补点,就刚好 1 栋房子就做好了,一层房子,他们是两三个人。他们自己文化水平不是很高,这个土坯房不知道怎么去变成楼房。那我们村里就跟他算好每一项花费,帮他们去规划好,也

避免了多用,这样他们想做也做得了。"(NH-LJH-20210714)

HX村F书记也谈道:"我这里做了那个老人公寓房,没有祖下人也没有祖上人,又不能进入五保的,年纪又没到,智力弱或身体有残疾,我做了几十套房子给人家住,都是不要钱的,不要租费不要水费,现在住了大概有20多户,20多个人呢。"(HX-FXH-20210712)"村里就问那些外面回来的,对这些产业有什么想法。当时这些都是有政策的,不管是你要投资,还是贷款,这些都是有政策的,那个无息贷款,什么都给他优惠了,我们就问他想做什么,他就说他想搞一些小吃之类的,那我们就说这个就包给你,就村里做的,让他拿点租金给村里,她现在是已经搞了四年,收益还可以,一年两三万块钱是最少的。像我们养蚕的话,养蚕那其实只有6个月的时间,他两夫妻在家里,养蚕收入10万块钱有,8万块钱的有,最少的都有6万块钱,像80岁的老人家,在家里养蚕一个人的,家里老婆子在家养蚕的,搞了一点桑叶,他也养了4万块钱,有对老夫妻,50多岁也算有一定劳动能力的人,她六个月赚了小十万,那下半年还可以做些别的事情,他之前在家里做,像我们搞那个合作社,他也赚得小十来万吧。"(HX-FXH-20210712)

(3)开展能力帮扶

在思想改变基础上,又加政策上的扶持,但最终还需要落实到村民自己动起来。不过,在当前的务工潮下,大多数有能力的青壮年都外出务工或经商,留在乡村社会的大多是一些体力较弱且年龄偏大的农民。要让这部分农民实现致富增收,必须要进行能力上的扶持。HX村主要是发展蚕桑产业,在如何帮助农民致富问题上,FXH书记谈道:"比如说我搞个产业来发展,她报了名,比如他搞蚕桑的,我就把这些想要搞蚕桑的人带到外面去学习,费用都是村里出;比如说我种葡萄,我又在全村征求报名,有哪一些人愿意来种这个葡萄,有兴趣,有这个想法,想要发展这个产业的话,那我就把这些人组织起来,到全国那些产业葡萄最好的地方去学习。像这个葡萄,我们最终选择了浙江台都天台那个地方,选择了那个企业家,他的葡萄是全国有名的,他一个人800亩,他的收入好高,他养葡萄的技术非常好,种的技术非常好,他那个葡萄一斤就是一斤的,就是保证是那个一斤的,他那个培育的技术,比如说哪个环节要剪枝,要建苗,要建果,我们就跟他沟通,我们带人去那里学习,村里交出费用,我们每一个产业都这样搞。"(HX-FXH-20210712)

FXH 书记充分认识到,不能让村民局限在村内,而是要走出去,通过开拓眼界和实地学习来提升对所发展的产业的认知。从该村的产业发展上可以看出,FXH 书记的策略是成功的。他没有像其他村庄一样,以村庄确定的产业来强迫村民进行产业发展。与 FXH 书记的带人出去考察不同,LY 村村支书 SGX 的发展思路是自己培养。他说:"下一步和郑州航院张教授搞农村工匠培训。也就是说村里民宿改建项目一开始施工就用当地工匠,设计谷的人专业设计师驻场,给村民培训、让他们施工。通过民宿改建培养一批农村工匠,培养出来以后,下一步再建民宿或者什么项目的话,都让咱们村自己的人搞。"(LY-SGX-20210720)而他所谓的自主培养,还是依靠外来的企业运作培养农村工匠。

总体来看,开展能力帮扶是带动村民致富的固根之策,就是造就一大批适应现代市场的新型农民。不过,乡村社会并不具备提升农民能力的天然条件,大多数村支书的思路是引入外来力量,无论是"走出去"还是"引进来",只要是能够有效都是好的方略。

（4）推进稳定就业

稳定的就业是增收的稳定剂,这需要稳定的产业作为保证。在产业发展不充分的情况下,确保增收渠道的多元化是实现农民收入稳定的关键。NH村村书记L在谈到村民收入的主要来源时说:"一方面就是自己那个产业养蚕采茶,在茶厂上班,在外务工这几方面。还有一个就是在我们附近工厂里上班,超市、酒店、饭店之类的,这几方面加起来,主要是产业,实现了家门口就业。像我们采茶,一个老人家今年80多岁,他一年采茶可以采到8000到9000块,光是一个老人家。他家里有6个人,他还养了15亩桑树。这可以卖40000块钱,自己老人家采茶有10000块,养猪养羊养鸡啊,都卖了钱,多方面发展。我们宁红采茶,上半年季节旺的时候,我们村里每个女人都在那里,250块钱一天可以采两个月,中途就可以回家养蚕。这也不是只有我们村可以采,其他村都可以。一斤50块钱,采得好的可以采三四斤,采得不好的也有一斤。一个月,下雨、天晴都可以采,天天都可以去采。一个月最少可以到手2000块钱。这是一个采茶,第二个养蚕,第三个还有保洁、护林这方面公益性岗位。还有村民养猪这些,贫困户养的话,政府还有补偿,一头猪补500块钱。上半年价钱好的时候可以买到一头猪40块钱一斤,现在跌了一点,但也可以赚到3000多块钱。一只鸡也补20块钱,有一个老人他一个人可以养30只鸡20只鸭,自己也中了几亩田,自己吃自己种的粮食,鸡卖300

块钱,鸭子卖 400 块钱,他就是这个收入,这是畜牧业这一块儿的补偿。"(NH-LJH-20210714)

从 L 的讲述中可以看到,NH 村在村的老人也有多元的增收渠道,囊括了采茶收入、养蚕收入等,在工厂工作的村民也有收入。这一切的来源在于村庄有相对稳定的产业支撑。尤其是贫困户,加上国家的养殖补贴,能够实现稳定脱贫。从这也可以看出,就业和产业是紧密相连的。XYT 村 D 书记也谈道:"首先要稳定就业,然后要发展产业。发展产业这块我感觉最重要的就是土地流转,土地流转要大面积地种植经济作物,指望着小麦或者玉米快速发展经济,那不太现实。如果土地能流转好,产业能发展起来,一部分能富起来可以带动好大一部分。他流转了土地不可能只用一个人,他如果种经济作物,他得用好多人给他劳动,村民劳动的同时也就挣钱了,也解决了一大部分劳动力。"(XYT-DPX-20210717)

通过流转土地换取稳定务工是一种有效方式,但距离稳定增收仍有一定差距。要实现稳定增收,就是要尽量减小可能的风险。为此,村支书 HBH 通过引进企业实现了这一点:"招商引资,提高村民的收入,比如说天门还有一个电商,也有和他们合作,种植中药材和蔬菜,主要给老百姓对接,他提供种子和技术,老百姓种植后比市场价高一点收购,老百姓的收入也会提高。老百姓每家的环境也不一样,不能统一强制性地执行,你愿意种蔬菜我就给你提供电商来定点发展;你愿意把土地流转出来,就投资搞蔬菜大棚,发展现代化的规模企业;你愿意种水稻,就几户合作发展家庭农场。"(XC-HBH-20210710)

带领村民致富、实现共同富裕是基层治理的重要目标。村支书作为基层党组织在行政村的负责人,在治理过程中要想方设法提高群众尤其是困难群体的收入水平和生活质量,加大帮扶,激活群众的内生动力。借助市场力量改变当地农民分散经营的状况,用经济基础的重构来内生地驱动农民小农意识的自我改造,让农民实实在在享受到集中经营带来的实惠,实现村级资源更加集约化、有效化地开发和利用,达到共建共治共享的实践效果。

2. 推进合作,确保多方共赢

(1)当好"引导员",实行以强带弱

NH 村充分发挥本土致富能人的引领作用。村书记 L 说:"有党员养猪,他在村里是副主任。还有一个现在搞公司养蚕的,还有餐饮民宿这些,都有贫困户在那里上班。还有养牛,他一年收入 20 多万,政府也补贴一头牛 1500 元,它也是带有帮扶性质的。但是我们一头牛不能超过三个补助,政府补助一点,还有贷款产业帮扶的,小额信贷这些,他就富裕了。有好多人都跟着他养,我们现在很多人都跟着他养。"不仅在养牛上实行帮扶带动的方式,NH 村还进一步实施村干部领办合作社的方式来带动村民。

充分调动村庄能人的积极性,发挥其辐射带动作用对于乡村经济发展具有重要意义。NH 村积极引导村庄能人大力发展乡村经济,并最大限度为其寻求体制内的支持,在做大做强自身企业的同时为村民提供了更多的就业机会,村民经济状况相较过去有了一定程度的好转。

(2)当好"服务员",帮助村民发展

一家一户的小农是难以对接复杂多变的大市场。通过加入合作社，一家一户就能形成组织的力量来应对市场的不确定风险。为了让村民加入合作社，HX 村 F 书记谈道："我从一个小的小组去做，我就是说你那些组不愿意做的，我就不做，我开好组长会，哪个小组愿意做我就做哪个小组，我把这个组做好了，那么其他小组就会看到效果，就会让你去帮他做。我就是你那个村不同意的，我就什么都不给你做，我就给愿意做的组做，这个组做好了，你们要做就再说。"（HX-FXH-20210712）但这并不意味着 F 书记会抛下不愿参与的村民，而是认为村民的思想转变有一个过程，所以村庄所组织的每一个合作社都是开放的。"假设说村民原来没参与，现在想进来，我们就派人去指导。我们有小蚕工厂，工厂已经跟他想好了，养好了，小蚕这一块，我们像小孩子上幼儿园一样的，好像防疫一样的，打防疫针一样的就给他搞好了，到了大蚕，到了大孩子意思就是就好养了。"（HX-FXH-20210712）

农户加入合作社既能够从合作社获得技术支持，也能够通过合作社获得产品的销售渠道。F 书记提道："在老百姓销售这一块，我们给他提供平台，我们打算建一个电商，搞一个平台。因为现在小组销售不那么好，发展电商应该是大众在搞，一个是人员广泛一点好，销售一点，比如说村里集体找一个网络直销，集体赚钱，整体运营，这个是集体的，但如果是你个人，那村里就没意义，就没有收入。"（HX-FXH-20210712）正是看到了传统销售渠道的短板，也正是积极适应互联网时代的需要，开发电商销售成为实现村民更多收入的一项可取措施。总的来说，不论是进行技术指导，还是进行销售安排，F 支书总是尽力做好服务角色，竭尽全力帮助村民发展。

（3）当好"分配员"，推行入股分红

经过十几年的发展，HX 村已从全县有名的落后村发展成为省级蚕种制种基地、全国"一村一品"示范村、全国民主法治示范村、生态示范基地，基本实现村民"人人有就业、年年有分红、户户有股份、家家有资产"的共同富裕之路。除了一般性的入股，对于贫困群众，村支书在推行入股分红上也予以特别照顾。如 WQ 村村支书说道："产业园我们让 28 户入股了，他们入股有多有少，有 3000 的，有 4000 的，入股 3 年了。政府给了一点补贴，公司里也给了一点分红，大概户均年增收 2100 元。"并表示，"后期开始有收益了，就能按照要求的给他们分红。"（WQ-GSX-20210725）这种入股分红方式不仅带动提高村民的主人翁意识，还能推动乡村实现共同富裕。

总的来说，作为村支书，承担着壮大集体经济和带领村民致富的双重发展责任，但这两者并不是绝然分开的，而是相互促进和需要协同推进的。在实践过程中，村支书要带领村民大力发展村集体经济，只有集体经济强起来了，才能为村民致富创造良好条件，也才能真正为村民谋福利、办实事。在不断壮大农村集体经济的同时，要因地制宜，坚持走"生态优先、产业带动、龙头引领、共同参与"之路，采取"公司+基地+合作社+农户"模式，吸引农民投入到共同发展中，实现三产融合，集约高效发展，让农业成为有奔头的产业，让农民成为有吸引力的职业，让农村成为安居乐业的美丽家园，走上一条环境良好、产业兴旺、农民富裕的发展道路。加快地区发展，把生态优势转化为生态产品，使之真正成为村级集体经济增长动能。同时，在发展过程中，不断转变农民的思维，从思想理念、致富观念、教育方式等方面加快农村、农民现代化的转变,实现农村可持续发展。

第三节　发展能力是村支书的重要能力

党的二十大报告指出:"全面建设社会主义现代化国家,最艰巨最繁重的任务仍然在农村。"在大力推进乡村振兴战略的新征程上,产业振兴是乡村全面振兴的基础和关键。没有产业振兴,乡村问题的解决都是空中楼阁。"火车跑得快,全靠车头带。"①产业振兴、乡村发展,离不开作为发展带头人的村支书。村支书作为乡村振兴的重要实施者和责任人,完成这一艰巨的任务,在很大程度上依赖村支书自身的发展能力。

一、村支书如何谋发展

党的二十大报告指出:"高质量发展是全面建设社会主义现代化国家的首要任务。发展是党执政兴国的第一要务。没有坚实的物质技术基础,就不可能全面建成社会主义现代化强国。"②坚持农业

---

① 中共中央党史和文献研究院:《习近平关于"三农"工作论述摘编》,中央文献出版社 2019 年版,第 194 页。

② 习近平:《高举中国特色社会主义伟大旗帜　为全面建设社会主义现代化国家而团结奋斗——在中国共产党第二十次全国代表大会上的报告》,人民出版社 2022 年版,第 28 页。

农村优先发展是实现高质量发展的基础性工作。作为村支书,带领村民实现高质量发展离不开自身发展能力的彰显。从前文的分析中我们可以看出支书发展能力的发挥体现在以下几个方面。

一是推进村庄资源整合与政企资源供给的有效契合。前文资料显示,村支书认识到村庄已有的最大集体资源是土地,适时适宜地进行土地流转。XC 村、NH 村等多个村庄在土地流转过程中遇到重重困难,出现不愿迁房、不愿迁坟的状况,影响了土地流转的进程。村支书通过带领村民参观先进村庄的发展状况,细致讲解国家政策,进行思想引导,并给予一定的优惠补偿政策等手段成功完成了土地流转,为发展农村集体经济创造了条件。为了更多地获取外部发展资源,村支书积极采用精神感化、特色吸引、需求说服、实力影响等方式,争取政府项目的落地;同时,通过情感动员、政策争取、关系助力和服务吸引等方式吸引能人回村和优质企业入驻。通过一系列努力,着力实现了村庄内部资源整合与外部资源供给的有效契合,使外部资源能够成功进入村庄,进而带动村民的发展,实现资源的优化配置。

二是推动村庄内部资源整合与市场产品需求的有效对接。前文资料显示,村支书认识到要想促进农村经济的发展,必须转变发展方式,适应当前市场化的需求,将市场经济与农村经济结合起来。SF村、XC 村等多个村庄在招商引资方面面临困境,没有寻求到愿意合作的企业,致使农村经济发展受阻。村支书通过动员家乡能人回乡创办企业,吸引优质企业入驻发展等方式成功获得了支持,完成了招商引资工作,为农村经济的市场化发展提供了支撑。为了更好地吸引并留住企业,村支书想方设法为入驻企业提供优质服务,争取更多的政策和资金支持;同时,通过考察学习、培训学习等方式带领村民选准发展方向,并不断创新发展模式,实现内部资源与市场产品需求的有效对接,进而带动村庄经济的快速发展,实现农村经济的市场化运作。

三是始终把村庄整体发展与村民个体致富统一起来。前文资料显示,村支书认识到不断壮大集体经济,带动村民致富是实现乡村振兴的必由之路。于是带领村民大力发展集体经济。HX 村、NH 村在确定发展集体经济时,迟迟未能确定产业发展方向和目标。村支书通过带领先进典型人物到全国知名的、集体经济发展良好的农村去考察。同时积极参加政府组织的各项培训学习,加强与外界的交流与合作,学习他们的技术、制度,重视农村技术人才的培养,并结合自身的实际情况进行改良,因地制宜,发展特色产业。在产业发展过程中,不断创新发展模式,实现村庄、企业与村民的共同发展,不断推进合作,确保多方共赢。并且通过思想帮扶、需求保障、推动就业等方式激发群众尤其是困难群众的内生动力,借助以强带弱、助力发展、入股分红等方式不断提高村民收入,实现共同富裕。

当然,也应该看到,村支书的发展能力仍存在一些短板,如侧重于向政府争取项目,而挖掘市场资源的能力相对薄弱。前文资料显示,XYT 村、WQ 村、ZC 村、SF 村、NH 村、HX 村村支书都想方设法争取政府项目支持,也最终都成功获批。而在招商引资方面,多个村庄都未能如愿找到合适的企业。即使是经济发展较好的 SF 村、XC 村,也需要村支书动员村庄经济能人回乡创办企业才得以成功,整个过程在很大程度上夹杂着家乡情结,未能真正体现出市场吸引力。在争取外部资源过程中,村支书更多关注的是能否成功引进企业的问题,而在市场与村庄内在资源的对接上仍有欠缺。在带动致富上,村支书的积极性很高,但在发展方向把握上存在不足。前文资料显示,HX村、NH村、WQ村、SF村等村支书将努力发展经济,把提高群众的收入水平和生活水平作为工作重点,但在确定经济发展方向、转变经济发展模式过程中存在重重困难。

二、村支书如何提升发展能力

没有高质量发展,就没有乡村全面振兴。实现乡村的高质量发展,离不开村支书的发展能力建设。是否具有发展的前瞻性和眼界,是否能够链接足够的资源助推村内资源的整合,是否能够把村庄的产品推向市场,又是否能够平衡好村庄集体与村民家户之间的关系,都影响着村支书是否能带动村庄和村民带向富裕。在全面乡村振兴的新征程上,村支书要持续提升发展能力,精准把握村庄发展航向,实现集体和村民的共同富裕。

第一,做好资源链接的促进者。没有资源支撑,就无所谓发展。资源链接是指将内部资源与外部资源进行整合,实现资源的重新组合过程,从而促进村庄的发展。村支书作为资源的链接者,首先要识别村庄已有的内部资源和发展所需的外部资源。其次从外部引进发展所需资源,实现与内部资源的整合和对接,形成合力,互惠互利。前文资料显示,XC村、NH村等多个村庄的村支书想方设法说服群众,进行土地流转,充分利用村庄内部土地资源,为规模化经营提供了土地保障。为了更多地获取外部发展资源,村支书运用各种方式寻求支持,争取政府项目,动员家乡能人回乡创办企业,并尽力提供优质服务和政策支持,促进多方合作,实现利益共享。

第二,做好发展方向的规划者。没有方向指引,农民致富只能是镜花水月。村支书作为带领村庄发展的"关键少数",是农民发展致富的领路人,能否为村庄找到一条因地制宜的发展路子,进而实现全体村民致富是村支书发展能力的重要体现。前文资料显示,HX 村、NH 村等多个村支书通过考察学习、培训学习等方式,不断探索、创新发展模式,为村庄找到了一条快速发展的路子,带领村庄走上了发展的快车道。农村集体经济在发展的过程中主要遵循以下两个发展方向:一是要不断探索农业向工业化发展,用工业思维发展农业,将农业打造为现代工业产业园,实现规模化、标准化、产业化大生产,让农民变工人,实现家门口就业。二是要坚持农业向旅游发展,用旅游思维发展农业,将现代农业打造为生态景区,不断挖掘农业旅游功能、休闲功能、教育功能、养生功能等新功能,开发市场创造更大价值,并不断创新经营模式,提升价值链。通过采取"公司+基地+合作社+农户"的经营模式,建立"农户保障机制",村集体向农户提供资金和技术指导,并积极提供销售渠道,增强农户的内驱动力。

第三,做好村民致富的服务者。村民本身具有致富的强大内驱力,但因受知识水平、认知状况等一系列资源条件的限制而难以形成持久的动力。作为村支书要带领村民致富,不仅要在集体经济上着力,也要充分尊重和帮助村民的自主致富发展。农民是乡村振兴的主体力量,在乡村建设过程中,应充分发挥农民的主体地位,始终将农民的根本利益放在首位,将发展的成果惠及全体村民,通过产业致富、政策扶弱、教育扶智等一系列手段分类指导,不断开拓村民的视野、增强村民的致富能力,引领村民最终实现共同富裕。

第五章　村支书的组织能力

习近平总书记指出:"党的力量来自组织。党的全面领导、党的全部工作要靠党的坚强组织体系去实现。"①基层党组织处在党的组织体系末梢,它是党的全面领导的落地处,也是党的全部工作的基础,必须切实增强组织力量。作为农村基层党组织的重要一员,村支书的组织能力高低,不仅直接事关党在农村基层组织的团结力和战斗力发挥,更是事关党在农村的工作部署是否能够落地的大问题。本章从组织建设能力和引导决策能力两个层面考察村支书的组织能力,并通过对14位村支书的实地访谈分析其组织能力的呈现状况和效用、提升的难点等,以全方位评估组织能力作为村支书的基础能力如何体现以及如何建设的问题。

---

① 习近平:《论坚持党对一切工作的领导》,中央文献出版社2019年版,第259页。

第一节　组织建设能力

组织的力量强弱可以通过组织能否统合其成员以有效实现目标来体现。党的二十大提出要增强党组织政治功能和组织功能,持续整顿软弱涣散基层党组织,把基层党组织建设成为有效实现党的领导的坚强战斗堡垒的重大要求。增强村级党组织的政治功能和组织功能,关键在于加强村级党组织党员队伍建设。作为所在村级党组织的领头人,村支书如何把优秀人才吸纳进组织,又如何进行组织成员的管理,对村级党组织的团结力和战斗力有着重要的影响。党的二十大报告指出,严密的组织体系是党的优势所在、力量所在。各级党组织要履行党章赋予的各种职责,把党的路线方针政策和党中央决策部署贯彻落实好,把各领域广大群众组织凝聚好。坚持大抓基层的鲜明导向,抓党建促乡村振兴,加强城市社区先进工作,把基层党组织建设成为有效实现党的领导的坚强战斗堡垒。[1]

一、人才吸纳

目前,农村党组织普遍存在党员结构老龄化的问题,这不仅影响

---

① 《习近平著作选读》第一卷,人民出版社 2023 年版,第 55 页。

党组织的战斗力,也在一定程度上制约了党的国家方针政策在农村社会的落实。正如 SF 村 YDX 所说:"主要困难就是这个党员知识水平,因为老党员比较多。确实,现在在家里能来开会的基本都是老党员,你说让他们自己看书自己学习,他看不下去,有的还不认得字,这块也是我们农村工作的问题,党员结构老龄化。"(SF－YDX－20210710)作为党的基层组织要"充分发挥党员和群众的积极性创造性,发现、培养和推荐他们中间的优秀人才"①,以把优秀人才吸纳进党的组织之中。党的二十大报告指出,注重从青年和产业工人、农民、知识分子中发展党员,加强和改进党员特别是流动党员教育管理。落实党内民主制度,保障党员权利,激励党员发挥先锋模范作用。严肃妥当处置不合格党员,保持党员队伍先进性和纯洁性。②基层党组织的战斗力关键不在于人数多不多,而在于党员是不是"个顶个"。在落实党章要求的基础上,村支书在吸纳优秀人才,发展党员队伍上形成了自身的理解与判断。

1. 人才吸纳原则

(1)品德为本

党员是党和国家事业的中坚力量,其品德如何直接影响到党和国家事业的发展。在发展党员上,村支书重视品德的根本性和基础性,并将其排在所有考察层面的第一位。WQ 村村支书 GSX 说法:"我们发展党员的标准遵循'德、能、勤、绩、廉'这几个标准。重点是思想上,也就是品德方面。然后看是否积极向党组织靠拢。行动方

---

① 《中国共产党章程》,人民出版社 2022 年版,第 25 页。
② 《习近平著作选读》第一卷,人民出版社 2023 年版,第 55—56 页。

面,考察能力、为人处事、奉献精神、在村里公益事业方面所做的贡献。"(WQ-GSX-20210725)

　　XD村村支书CYG也认为:"一般来说,也要看看这个人这个品质怎么样,不可能碰到张三就问:'张三你想入党吗?'""看他本人的工作,还有品质各方面。了解这个情况。不可能是每个人都能。像我们已经有一个,比如他写的入党申请书,后来我们又跟他多方面接触。再问附近老百姓,他为人可能不很正直,就是可能有点唱反调或者是什么之类的,就没有接收。"(XD-CYG-20210712)

　　之所以对入党人员进行全方位接触和考察,在于要保证党组织所吸纳的人员是品质过硬的优秀人才。这种过硬不是自我评估式的,也不是哪个人所说的,而是经由广大群众,尤其是其身边的群众所反映出来的。只有具备良好的群众基础,才能真正为群众的利益着想。XD村村支书所提到的没有发展的人员就在于他的品质不过硬,群众基础不好,又不能与组织保持一致。对此,XYT村的DPX村支书认为:"首先一条,在思想上要纯正,得忠于党,这不用讲了。在政治方面,不能有违规违纪行为,平时的素质,各个方面也要考虑的。"(XYT-DPX-20210717)

　　(2)作用为先

　　党员发展工作对党的基层组织的先进性和纯洁性建设,以及基层组织的战斗力建设都起着重要的基础作用。村支书要立足自身实际开展工作,使党员的发展工作符合当下的需求。然而,在一段时间内,农村地区成为入党的"便捷通道"。党的十八大以来,党中央高度重视党员队伍建设,对加强新形势下发展党员和党员管理工作进行专题研究部署,将发展党员工作的总要求调整为"控制总量、优化结构、提高质量、发挥作用"①。发挥作用强调的是入党人员在当前村级工作中是否有所表现。WQ 村村支书 GSX 认为:"针对这些要求,我们现在能做的就是尽量发展在家的年轻人。在家的年轻人过组织生活会、接受党的知识教育、包括在相关具体事件中发挥特长和作用更加明显。在外务工或流动党员我们都是尽量少发展。"(WQ-GSX-20210725)

在村支书 GSX 看来,入党对象不仅要思想积极,更重要的是能否在村过组织生活以更好发挥作用,所以强调要"尽量发展在家的年轻人"。关于过组织生活的效用,村支书 GSX 进行了详细讲述:"首先,在成为党员之前,让入党积极分子作为列席,在开展支部大会的时候参加会议,了解会议流程和学习相关的党史和党的创新理论,让他们提前感受这种气氛。参加支部大会,他们心理上也会有一种兴奋感,觉得自己也加入到这个组织来了。特别是当看到我们重温入党誓词,他们就会油然而生一种自豪感和责任感。其次就是在发生大事,特别是重大突发事件发生时,都让他们冲在一线,在这个做事的过程中提高他们的责任感。最后,就是我们老同志在平时工作中也会主动带头,积极带领他们参加各项活动。"(WQ-GSX-20210725)从这可以看出,过组织生活不是可有可无的,它有助于生成入党人员的身份自豪感和责任感,从而催生主动性和先锋性,主动做群众的模范。也就是说,在村的入党人员能够因定期地过组织生

① 朱勤文、丁为、梁本哲、冷再心:《全面从严治党视域下保障大学生党员发展质量机制创新》,《学校党建与思想教育》2018 年第 4 期。

活来激发他们作用的发挥。

发挥作用不仅体现在小事上,更体现在重大事项上。刚刚卸任书记职务的 NQ 村村书记 ZYS 认为:"你比方说咱们村里面这次我下来了,新的书记找我征求意见来,我就提了几个。在疫情当中,表现比较突出的。村里面组织值班什么的,一直跟着。捐款捐物为疫情。找了几个这种(人)。首先来说,在这么大的疫情都没表现的,连考虑都不考虑他。你得有个公信,党员们也都认可,到时候通过的时候也好通过。你要是找的那个都是谁的亲戚啊、家里人啊,可能党员们都不同意。你这个时候,眼光不准。你通过不了,你村委是有责任的。所以你找的这个人党员们必须得能看得上,这是最起码的概念,对不对啊? 如果说民愤挺大的,那肯定是不行。"(NQ-ZYS-20200722)按照 ZYS 书记的说法,发展的党员要发挥作用,而且这种作用要能够让大家看得见,尤其是在特殊时期的表现。SF 村村支书 YDX 说:"优先考虑我们的志愿者,尤其是主动要求参与处理重大突出事件的,我觉得他们至少要有为人民服务的思想。"(SF-YDX-20210710)只有能得到党员群众认可的,才能积极推荐。这种在当下发挥作用的表现说明他有自主性、积极性,与共产党员的标准有相合性。不过,村支书都强调要选准发展对象,不能盲目发展,否则也会影响他自己在党员群众中的威信。

(3)预期为要

发展党员不是为了发展,而是为了让其能以共产党员的标准发挥作用;同时,发挥作用不是局限于当下的作用,更看重其未来预期的作用。所以,在农村发展党员才形成了一个"不成文的规定"。LY

村村支书 SGX 讲道："其实除了入党积极之外,现在有个现象,包括村里也好包括乡镇也好,有一个不成文的规定。之前很多都是考虑在单位不好入党的,想着回老家入党。但是他入完党之后就走了,现在遇到这种情况一般就不给他入党了,因为村里发展党员的话,肯定是想要他为村里发展作出贡献。如果你给他们这些人入党的话,他们弄完了就走了,不给村里作贡献,还占了村里的发展名额,所以现在不给他们入。现在发展党员,第一毫无疑问的肯定是思想积极,符合各项有关入党的要求。第二最主要的就是要考虑他们入了党能不能留在村里,为村里工作、为村里服务,现在还看这个。"(LYC-SGX-20210720)

除了思想上过关外,村支书也着重考虑发展后能否继续为村里作贡献,所以才会摒弃因单位不好入党而回村入党的情况。这在村支书看来是"为他人做嫁衣裳",并不会为村里留下什么。所以能够预期到为村庄发展与治理带来力量的人员成为主要考虑对象。ZWT村村支书 WYF 说:"主要是致富能手,因为农村还必须要有这样的人才才能带动村里的发展。今年又发展一名预备党员,去年就是村干部了,是村里的治保主任。村里主动想入党的人也不多,对农村的人来说,如果不进入村两委工作的话,他会觉得入党没意义。而且年轻人也都在外面。"(ZWT-WYF-20210711)ZWT 村最新发展的党员是一位致富能手,同时也是被村委主动吸纳进班子的人员,能在村庄中起到双重的作用。在与其他村支书的访谈中,他们也提到尽可能选择在回乡大学生、退役军人、农村致富能手和优秀青年中培养入党积极分子,选择有理想、有道德、有民望、有文化、有纪律、懂法律、懂经济、懂科技、敢富并且会带领他人致富的人入党。

ZWT 村村支书也谈到发展党员的困难所在,那就是年轻人在流动,而且入党的积极性不强。如此就形成了一个悖论:村里想发展能够预期发挥作用的优秀年轻人才入党,但年轻人却因流动而很难在村发挥实际作用。面对这个悖论和发展的要求,一些村支书不得不接受现实。"这位同志目前在九江,他是一个从学校毕业的大学生。毕业之后,然后他自己想入党,他积极向党组织靠拢,我们肯定要把他接收是吧。定期对他进行考察,了解他这个思想状态。"(XD-CYG-20210712)

总的来说,村支书为了确保队伍的先进性、纯洁性,在人员吸纳方面非常注重流程化、规范化。村支书重视入党人员的质量,对入党积极分子政治理论知识的学习情况、思想汇报的完成情况、参与村里活动的积极性评价、好人好事、工作积极性等相关事项的考核都需要根据完成情况给予相应的评分。在品德评估的基础上,村支书尤为强调发展对象的当下作用和预期作用的发挥,切实有效地增强了入党积极分子的工作积极性、主动性、创造性,对加强基层党组织战斗力具有重要作用。

2. 人才吸纳成效

受控制总量、提高质量等原则的影响,乡村社会发展党员的指标有限。NQ 村 ZYS 书记说:"村里面的指标,一年就是两个。像去年就给了一个,我争取了一个,给了两个。今年给了两个,通过争取给了三个。有指标的,你想多发展也不行。"(NQ-ZYS-20200722)根据对村支书的调查,农村党员结构老龄化问题日趋严重。然而,农村基

层党组织又迫切需要年轻人的参与,这种矛盾就体现出来:

> 打从我上来以后,每年的积极分子有几十个。我那时候数,就有 30 多份积极分子申请书,都是年轻人。现在还少点了。因为你这个指标是有数的。像我们原来提的那几个,那都积极分子好几年。因为转预备你得有指标,积极分子每年批回来也不少,那个好批。可以转预备这个有数的。我看这十来年,就有一年我发展了五个。(NQ-ZYS-20200722)

按照 ZYS 书记的说法,积极分子多而转预备的少的矛盾影响了积极分子的积极性。不过,在不同的村庄,村民的积极性也有差别。

在 SF 村,村支书 YDX 坦言:"递交入党申请书的也不是很多,因为年轻人很多都在外面打工,他不在家,无法交流。"(SF-YDX-20210710)所以 YDX 书记发展的 6 名党员主要发展的是大学生和退伍的。ZWT 村也面临同样的情况,不得不积极主动去发展新党员,而且是从村干部和致富能手入手。在村支书 WYF 看来:"党员平均年龄大概在 50 多岁。也有想过发展新党员,主要是致富能手,因为农村还必须要有这样的人才才能带动村里的发展。今年又发展一名预备党员,去年也成为村干部了,是村里的治保主任。村里主动想入党的人也不多。对农村的人来说,如果不进入村两委工作的话,他会觉得入党没意义。而且年轻人也都在外面。我也有过动员他们入党,但效果不是很好。因为很难说服他,因为不知道给人讲什么,讲情怀讲奉献我觉得太空洞了,我自己说话底气都不足。还是要他自己具有这种情怀。"(ZWT-WYF-20210711)在村支书 WYF 看来,动员普通村民入党很难,觉得与村民讲情怀和奉献的效果不大。不过,他也坦言就目前的党员队伍来说,虽然在村的党员不多且年龄偏大,但凝聚力还是很强的。

而在 NH 村,"一年都有六七个写申请书的,现在年轻人都这样,很积极。"(NH-LJH-20210714)面对村民的这种积极性,村支书在发展党员上持一种谨慎的态度。

我们对党员要求很高,一个是要做好工作,第二个要品质好,要正直、责任心强,很多方面,这个党员的要求非常严格,也要有一定的致富能力,带领我们地方发展。比如我们这个小组要做什么事,他都要支持工作,还要有大局意识,这个慢慢地培养,要考察三年,看看这个人怎么样,先入积极分子,再预备党员。培养一个党员,现在是严格的。现在有好多时候都是学校里入党的,也不是都在村里入党,还有部队里的当兵的,在部队里入了党。现在党员要求相当严格,材料都要做好,培养一个人不容易,党这一块儿要纯洁的。(NH-LJH-20210714)

LJH 重点谈到了培养的时间,就是强调不是看一时,而要长久来看,慢慢地培养和观察。在注重年轻化的基础上,LJH 特别强调能长久发挥作用。"最近也发展了几个优秀的年轻党员,都是二十一二岁,现在我们就是走向年轻化。我们村支委有两个都特别年轻,都是30 岁左右。一个是老师,26 岁;一个是以前在外面做生意学会计的,32 岁,现在在带领我们做手工、首饰之类的,弄企业手工做的。"(NH-LJH-20210714)

总的来说,有持续不断的优秀人才进入基层党组织队伍,是保持基层党组织战斗力的重要基础。为了实现这一目标,村支书以主动的态度来对待,无论村民的积极性如何,村支书都积极吸纳。但在要求上是严格按照党组织的"控制总量、提高质量"等原则进行,强调以品德、作用和预期等多个方面来将入党积极分子培养为预备党员。

二、人员管理与培养

基层党组织处在党的组织体系末端,是党组织的坚强战斗堡垒。村支书作为村级党组织的负责人,不仅要承担起教育、管理、监督、服务党员的职责,还承担着把优秀的人才培养为村级组织后备干部的职责。只有把党员队伍团结教育好,才能确保基层党组织的战斗力;而只有把后备人才培养好,才能保证基层党组织有持久的向心力。

1. 党员教育管理

党员进入党组织是"一生一次",而在思想上与党组织靠拢并与党中央保持一致则是"一生一世"。然而,由于时代和自身等多方面的因素,党员的素质呈现差异化。这就需要党组织对党员的教育与管理。

党员管理实质上包含对党员的"教育"和"管理"两个方面。其中,"党员教育是由各级党组织进行的、旨在提高党员素质、增强党员党性的活动总称"①。党员管理则是"党组织按照党章和党内有关规定,通过一定的方式和手段,使党员认真履行义务,正确行使权利

---

① 叶笃初、卢先福:《党的建设辞典》,中共中央党校出版社 2009 年版,第135 页。

的活动"，其根本目的是"用党章规定的党员标准规范党员的言行，使每一个党员都能发挥先锋模范作用，从而保证党的路线方针政策得以贯彻落实，保证党的各项任务能够顺利完成"①。

（1）常规化的党课学习

党的十八大以来，以习近平同志为核心的党中央坚持把思想建设作为党的基础性建设。加强党员的思想政治建设需要通过宣传、教育、培训等方式帮助党员保持正确的价值观、世界观和人生观，不断推动农村各项工作发展。抓实党支部"三会一课"是开展基层党建的常规方式。NQ 村村支书 ZYS 说："我也给党员们上党课。像我之前是请的一个老八路。给党员们上党课。有时候我也拿着党章给他们学习学习。上党课咱们一般都找那个有资格的。我去年是请左书记，乡党委那个书记，给我们上了一节。一般都是找的外边这个讲党课。为什么啊？因为农村的这些老党员有文化的不多，不过那些老党员们素质确实都挺高的。今年我们找了一个参加过自卫反击战的老党员，给讲了一课。完了我们村里有一个老八路，参加过抗美援朝的。现在还是离职军人，在村里住着呢，安排着给讲了一课。"（NQ-ZYS-20200722）

QL 村村支书 LDF 经常邀请高校专家以交流会的形式为党员讲课，目的是以不同的角度深化党员对党的路线、方针和政策的理解。村支书 LDF 说："我们定期开展学习活动，有时候也会联系实际讲一些课，学习习近平总书记的最新讲话。我还请了××大学的洪老师给

---

① 《中国共产党组织工作辞典》（修订版），党建读物出版社 2009 年版，第259 页。

大家讲课,大家听了都很高兴,因为洪老师他很专业,课程内容包括了我们村以前的样子和现状的对比等等,讲得很详细,大家听到未来村里的发展规划,心里都很激动。"会后,村支书 LDF 还会组织大家与专家一同聚餐,这不仅有助于增进彼此之间的了解,还能从生活化的交谈过程中,使专家输出的理论潜移默化地影响每一位党员。村支书 LDF 说:"大家都聊得很开心,因为洪老师是××大学的教授,他是乡村振兴这方面的高手,他很懂农村人的心态,能把话说到点子上。"(QL-LDF-20210729)

JY 村村支书 FDM 为了营造良好的学习氛围,打造了"线下+线上"的双结合党建模式。通过利用微信平台,经常性地开展党的指导思想、路线、方针、政策的线上学习活动,提高党员的党性觉悟。村支书 FDM 在讲述开展线上学习活动的具体情况时说:"时不时把一些重要的东西,通过微信群,跟党员们贯彻。比如每次学习的时候,我们必须要知道今年是干什么,党史学习。党史学习都要知道,多少要写一点材料,而且现在党员基本上都是年轻的。再有一个,现在媒体发展很快,你就是不教他,甚至他的来源比你还多。也会让大家自己浏览一下材料,也不完全依靠在党小组会上进行学习。"

村支书 FDM 除了定期召开学习,如"三会一课"以外,还会通过各种渠道开展不同类型的线下学习活动。村支书 FDM 说:"每年定期把群众组织在这里看电影,还有一个通过各种渠道,比如定期地一年两次为老百姓体检。上面来了有什么宣传的,把老百姓组织在一起,只要在家有时间的都来参加。通过各种学习,老百姓思想认识和觉悟不断提高。比如今年我们搞了几次'听党话感党恩跟党走'。除了贫困户来,还有老百姓都来看,来感受这个氛围。"村支书 FDM 也对"线下+线上"的双结合党建模式进行了评价:"成效很好,基本上看,村里做事,不是特别损害他的个人利益的话,基本不会跟你对立着来。损害他自己的他肯定有说法,还是蛮公道、蛮热情的。"(JY-FDM-20210712)

可见,村支书 FDM 认为,"线下+线上"的双结合党建模式能够打破时间与空间的局限,适合动态化管理的要求,有利于增强村党组织的战斗力和凝聚力。对于在村的党员而言,这种双结合党建模式不再仅停留在信息登记、组织学习、收缴党费等层面,更是充分利用互联网手段,做好党员的思想教育工作,结合线下学习活动,真真切切把理论带进生活,为党员提供实实在在的服务,传递组织的温暖,使党员心中有党、一心向党。对于流动党员而言,因工作和生活的特殊性,地域隔阂使得流动党员缺乏归属感,不能充分发挥党员的先进性。基于此,村支书 FDM 通过微信平台把村党组织的温暖传递到每个党员心里,实现管理与组织关怀相融合,使流动党员能够随时与村党组织互动,让流动党员能够及时接受村党组织管理,从而拓宽党建工作的管理范围。

WQ 村村支书 GSX 则认为,党员要强化责任意识,知责于心、担责于身、履责于行。也就是说,加强党的组织建设,强化党组织的责任意识,是推进党员思想政治教育的重要保证。村支书 GSX 通过实施"党建网格+学习主题"模式,对党员开展政治教育和理论教育,强化其理想信念,使党员做政治上的明白人、老实人,把党的政治主张、政治纲领转化为自身的思想自觉和行为自觉。村支书 GSX 说:"一个月开一次会议,让党员学习国家的法律、法规政策,同时宣传国家的法律、法规政策。并且以身作则。我们一共有 3 个党小组。通过强化'党建网格+学习主题',村党支部认真落实'三会一课'制度,充分调动和发挥 3 个党小组的职能作用,每月召开党小组会,针对村内重大事项开展民主讨论,社区严格落实党建责任主体,通过抓班子带队伍,抓基层打基础,进一步强化基层党组织抓党建强治理责任意识与担当意识。"(WQ-GSX-20210725)

在大量青壮年外出务工的情况下,如何加强常规化的党课学习是一个重要挑战。以 LY 村为例,该村共有 41 名党员,党员年龄大多在 30 到 50 岁,且流动党员人数较多。为解决这一问题,SGX 书记首先将会议内容进行整合,尽量减少开会次数。其次,SGX 书记会将开会时间固定下来,方便党员们协调自身时间。目前 LYC 大体形成了每月最后一周周五召开一次会议的制度。不在村流动党员开会不方便,为达到要求人数比例,就需要在村党员能够按时参会。在动员在村党员开会方面,SGX 书记谈道:"在家的党员都能过来开会,村里边专门组织一个党员群,通过建群的方式达到信息共享的目的。然后村里还有一个周日办公日,集中办公日。"(LY-SGX-20210720)

可见,随着党员队伍的不断壮大,党员管理难度也逐步增加。村支书针对当前现状,对党的思想建设方式方法也随之调整完善。村支书深刻认识到,只有理论上清醒,政治上才能坚定。只有在加强党员教育和工作上下实功夫、真功夫,才能提高党的先进性和纯洁性,增强村党组织的战斗力和凝聚力。

（2）强化组织激励

村党组织的活力源于每个党员的积极性、创造性，可以说激励机制的运用在一定程度上是决定该组织兴衰的一个重要因素。从这个意义上而言，激励机制的设立是村支书为实现管理目标采取的鼓励措施和手段。激励机制，即是激发、鼓励党员和村民的积极性和创造性的机制。激励方式主要有物质激励和精神激励。物质激励包括财产收益、劳动收益的激励（如奖金、福利等）；精神激励包括荣誉、地位、成就感、认同感等方面的激励。激励机制一旦形成，它就会内在地作用于组织系统本身，使组织机能处于一定的追求平衡状态，并进一步影响着组织的生存和发展。在积极的激励机制作用下，农村基层党组织和班子不断发展，不断壮大，不断成长。

村支书通过人性化的激励举措来达到"以情动人"，从而保证农村党组织建设持久"保鲜"。XD 村党支部共有 33 位党员，其中流动党员有七八位。开展党员大会等重要会议，外出务工的同志基本上也会回来参与。每一个季度开一次党员大会，然后逐个通知他们回村参加。有什么好的政策，就会发到党员微信群里，及时跟大家分享。当然，XD 村村支书 CYG 理解年轻人生活不易，也不会过多去打扰他们。村里的老年人很多都不识字，也不会用手机，面对此情况，村支书主要采取家庭走访、线下交流的形式来向他们宣传政策。村支书 CYG 说："通过看电视或者手机的方式去了解国家的政策，然后另外和老百姓再学习一遍，没学过的人就组织共同学习。"而能到场参加的党员，村里会给交通补贴和午餐补贴，一共 50 元。村支书 CYG 认为："对党员来说也不算什么，他们回乡参加也不是为了这个

补贴。这个费用是从村集体的收入里面支出,而不是说上面有这样的规定。"(XD-CYG-20210712)

对于党员评优,ZWT 村村支书 WYF 认为一个优秀党员首先要讲政治,顾大局,然后再通过民主选举投票。村支书 WYF 说:"这方面要开村'两委'会,通过摆事实让大家都信服、都支持,然后在党员大会上通过。合格党员标准的话,我觉得首先就是我前面讲的讲政治,因为现在什么工作都要讲政治顾大局,这是必须的。还要有规矩意识,不管做什么都要有规矩意识。还有就是要有奉献精神,说实话要发挥党员先锋模范作用就要有奉献精神,不然怎么起带动作用呢?"(ZWT-WYF-20210711)JY 村村支书 FDM 也是通过组织展开党员大会,在会上进行优秀党员评选,村支书 FDM 说:"到了'七一'统一表彰的时候,起带头作用的、遵纪守法的就会被表彰为优秀党员,一年评个两三次。"(JY-FDM-20210712)在 FDM 看来,党员评优是对党员的一份肯定。

(3)实施分类管理

目前,农村基层党组织的党员队伍呈现"两头化"的特点,年轻化的在村外,老年化的在村内,中间则是一些干部党员。如何对这两头化且占比数量多的群体进行管理,以充分发挥他们的作用,是村支书思考的重点问题。

一是加强对在地老党员的慰问。老党员是在村党组织的主体力量,他们人数多,有威望,而且觉悟也较高。虽然年龄大,但是村庄的发展与治理,离不开老党员的支持和支撑。据 SF 村村支书 YDX 说,他们村庄的 36 位老党员没有一个是富裕的,但是他们的党性却是最高的。为了充分调动老党员对村支两委工作的支持，YDX 的工作策略是多关心、多慰问。

只能是多关心他们，他们都是清廉的好党员，一辈子都为村里作贡献了，但是他们没有任何补贴，有时候他们也会来跟我谈这个问题。我到市里开会也会向上级反映这个问题，现在我们就去多跟老党员、老干部谈谈心，能帮忙解决的问题就帮着解决，没事看望一下。这种情况太多了，国家管不过来，所以我们村里一定要做好，要是村里做不好，寒了他们的心。虽然他们年纪大，但他们能力都很强，很有经验，在村里也有威信，所以也要安抚好他们。一个村好不好与老党员有很大关系，有的村做不好可能就是这块出问题，因为我们村里2680 人，就只有 60 多个党员，在家的也就 30 多个人，老百姓看谁？先看党员，所以我们要多关心他们，多一点感情交流，照顾好他们，让他们不会有太多不满情绪。（SF-YDX-20210710）

YDX 书记采取加强慰问的方式，通过慰问加强沟通，做好安抚工作，同时帮助老党员解决一些现实的难题。在 YDX 看来，做好农村工作要充分重视老党员的作用，他们有能力、有威望，在村庄具有一定的号召力，而且在党员队伍中占比很大。如果通过现实的经济支持不可行的话，一定要通过情感性沟通和力所能及的帮扶照顾他们的情绪，从而将潜在力量转化为对村庄工作的积极支持力量。

与老党员长期在村不同，流动党员则是长期不在村。在传统党员管理环境下，时间与空间的限制是阻碍流动党员管理工作开展的主要原因。进入互联网时代，高效率的网络信息平台为流动党员管理工作带来了新的机遇。因此，村支书 GSX 在总结流动党员管理工作中出现的问题后,结合互联网时代发展环境,推动了流动党员管理理念、管理方法的创新。村支书 GSX 认为,WQ 村目前流动党员大概有 20 多位,在互联网的支持下,需要转变管理理念,将服务作为工作的重点。村支书 GSX 利用微信建立"微党课""微课堂"等,并及时为流动党员提供医疗、社保等信息服务,针对其在生活、工作中的困难,协调多个部门给予帮助。实现人性化的管理能够使流动党员感受到组织的温暖,使流动党员逐渐形成对组织的归属感和责任感。村支书 GSX 说:"一季度讲一次党课,上次讲党课的主题是建党百年初心主题。第一,帮助他们学习了党在农村的政策和知识,第二是学习了党史知识,第三是通过学习,增强了他们的党性。"同时,村支书 GSX 分析到流动党员的特殊性时说:"有个微信群,包括开会的主题、内容、图片都会发在群里。叫'先锋 WQ 群'。在重大事情当中,比如说疫情防控让他们值班和做宣传。"(WQ-GSX-20210725)

在 SF 村村支书 YDX 看来,一些流动党员在思想建党方面存在着主动性不强、积极性不高、自律意识不够等问题,特别是流动人口的快速增长和人员流动频率的加快,对村党组织的流动党员管理工作提出了新的要求。村支书 YDX 认为:"通过微信跟他们联系,每次党员活动也是在微信跟他们宣传。比如像村里的选举投票他们也会参与,不管是回来还是家人代表,都是会参与的。"(SF-YDX-20210710)

由于农村很多年轻党员离乡打工创业,离开了组织所在地,使党员分布较为分散,很难集中统一起来开展党组织活动。不能及时掌握党员流动的情况,将会使得流动党员的管理难上加难。基于上述情况,村支书 YDX 希望在今后逐渐完善流动党员管理工作,建立流动党员联络小组和流动党员分队,由村党组织对其进行直接管理,并设立专门的管理员,便于村党组织与流动党员之间的沟通和交流,并加强党员对先进理论、前沿信息的学习。

　　我觉得我们以后一定会加强与他们的联系,让他们真正参与进来,让他们了解我们村的发展,以及动员他们为村子发展做些什么,我希望他们能为村里发展带回来好的经验。但更好与他们的交流,我还是没有更好的办法,但是吧,如果涉及党费缴纳,他们都是很积极的,做得很好,有的还要主动多交一点,这一块表现确实还可以,但是真要让他们回来参与家乡建设还是很难的。(SF-YDX-20210710)

　　在疫情过后,我当时计划把我们在外面的一些党员和给我们捐款捐物的一些在外成功人士全部召集起来开个座谈会,通过他们来把我们村推出去,然后把外面的那些成功的人引进来。后来我们小范围地搞了一个座谈会。包括上次(七一)文化会演我们也把在外的成功人士邀请回来了。这种小范围的座谈会肯定也会继续坚持下去的,因为他们回来的时间都不会一致,所以我们把信息摸好之后都会跟他们举办一个座谈会,而春节说实话不太现实,因为春节太忙了。至于这种小范围的座谈会的效果的话,现在不一定看到收获了,但至少把我们的意愿表达出去了,让他们知道村里面现在还是想发展,然后外面要有合适的企业或者资源就可以引进来。(ZWT-WYF-20210711)

事实上,在村支两委"一肩挑"为主导的管理场域内,正式制度与非正式制度的嵌合,映射出农村人员管理不仅需要纪律制度所赋予的正式权威,也需要依托乡土社会所蕴含的内生的人情、关系、面子等非正式的管理方式。非正式的管理方式一定程度上可以柔化人员管理过程中的制度刚性,弥合刚性管理中的干群隔阂,能够形塑出一种"以情感人、以理服人"以及带有人情味、有温度的情感管理模式。这种建立在正式制度基础之上的"融法于情"的管理模式,为以党支部为核心的村治主体践行群众路线,提升政党治理在村域范围内的情感认同、价值认同与权威认同提供了实践启示,也能更好地凝聚广大党员力量,从而更好地发挥基层党组织战斗堡垒作用和引导广大党员发挥先锋模范作用。

2. 后备人才培养

作为一位优秀的村支书,不能只是自身能力强,也不仅仅是能带好一个班子,还在于能否为村庄未来需要培养后备人才。然而,村支书坦言:"因为现在在村委工作的要求也更高了,现在在农村基层的工作不像以前,没读书的都可以做。现在最起码对文化程度要求更高,但这种至少要具备高中和大专以上文凭,但一年充其量也就两万块钱,那他怎么能立足? 像我这种 42 岁的支部书记就很少,要么三十几岁,要么五十多岁。因为三十几岁可以过几年考公务员,还有追求。像我这种四十几岁的,是真的把自己最美好的年华奉献给基层。真正很有情怀的人进基层工作,但他最起码也要解决温饱问题,一个二三十岁的人如果说没点其他产业一起做的话怎么养家庭? 比如我,我以前在外面做过几年工程,如果说我真的一无所有的话,就算我再有情怀也不可能在这里扎根下来安安心心去给村民服务。你想往上(前途)看不到希望,还有家庭负担,如果没有一点(经济)基础的话真的很难。"(ZWT-WYF-20210711)在 WYF 书记来看,培养后备人才的难点在于要求的不断提高与基层待遇有限之间的矛盾。所以,他认为要吸引人才:"我觉得靠支部书记自己人格魅力还能吸引人,其他的也不能给别人什么保障。"那么,村支书一般都是怎样培养村庄的后备人才呢?

(1)积极联系人才

即便是 WYF 书记说得靠人格魅力吸引人才,一个基本点是要与人才保持积极主动的联系。在所调查的村支书中,可以看到一个方向是把眼光向外,不局限于留在村庄的人,而是走出去的人。WQ 村村支书 GSX 就积极与在村外工作的年轻人保持联系,从中挑选了有能力且有一定意愿回村工作的人。他说:"我现在联系了两个,他们是在外面做餐饮的,他们说等几年,想先赚几年钱再回来。我也一直跟他们保持着联系,及时了解他们的现状和想法。目前,我们村班子我暂时还不急,我年龄大些,我今年是 50 岁,如果正常来讲,还可以再做一届。五年以后,班子成员差不多就二三个人退休。我也是根据政策培养,根据村里班子进出的人数来培养。"(WQ-GSX-20210725)从 GSX 书记来看,他并不是盲目地联系和培养,而是根据村级班子的发展趋向来精准联系培养。

当然,除了在外务工经商的人,在本地工作且又有一定成就的人也是村支书联系培养的重点。

(2)加强思想教育

不论是 GSX 积极联系的在外工作的能人,还是 CTL 联系的在地办企业的能人,要把他们培养成为村干部,不是一蹴而就的事情。而根据村支书们一致的意见,思想教育是必要步骤,而且是贯穿全过程的。

说实话,在农村讲后备干部都存在不稳定的因素,因为他的思想会变化的。而且也不是一年两年就能给他一个位置,即使他入了党,他思想上有可能出现波动,这都是不稳定的。而且把他推选出去上学,如果他有这个意愿当然是好的,但是也不能保证他没有自己的私心,这是很现实的问题。当然这个方向是对的,因为以后农村工作还是需要这种有文凭的人。(ZWT-WYF-20210711)

在 ZWT 村村支书 WYF 看来,培养人才最难的是克服思想上的波动,重点是培养为民情怀。从前文的分析中能够看出,村支书眼中的理想村支书不仅是对自身努力方向的设定,同时也是对培养的后备人才的要求。在这些要求中,为人正是摆在首位的,而且要有牺牲精神和服务意识。对此,村支书 YDX 说:"我经常说一句话就是我自己要做好,因为我做的事情是为大家的,要是说你不为大家,你就不要当这个村干部。我们上来,第一是要公平,第二是要为老百姓服务,第三就是要有一种牺牲精神,你做不到就不要当村干部,村干部就应该有这种思想觉悟。你想发大财,到外面去,外面世界很精彩,村里就是要为老百姓服务的。这三点也是我培养后备干部的要求。"(SF-YDX-20210710)

培养后备干部是一个漫长的过程,它绝不是村支书一方的单面输出,而应该是双方的共同契合。村支书要有意培养,而作为被培养对象也要有积极主动的意识,并在这个过程中自觉接受村党支部组织的培养。

（3）进行能力培养

除了对培养人进行思想上的长期锻炼之外，还要对其进行能力培养。因为农村工作的复杂性，决定了并不是所有被培养对象都能够很快上手应对，而且村民的信任和在乡村社会的人脉积累都有一个过程。这个过程在于培养人要能够通过自身的能力让村民认识你，信任你，并最终支持你。实现这一过程的关键就是能力培养，村支书HBH根据村庄产业发展的需要，将培养人推荐到高校继续学习专业知识，以便培养人为村庄后续发展积累能力。

村支书HBH讲："我们要继续培养养殖、种植能手，还想培养一些有专业技术的人员，比如我们发展这种高新产业园，对人才的要求更高了。这一次我们推荐了一名乡村大学生胡力，去武汉生物学院重新学习专业知识，重新深造。我们为他争取政府补贴，学费免费，生活费自己出。我们要多培养一些这样的人才，一个两个不起作用，要大量培养，现在只是口头的这样宣传，没有签订协议，因为我们村里没有这个岗位和平台给他们，先让他们去学习，把人才储备到那里，他也不是完全在校读书，也和家里的工作实践相结合，一年学习两个月，为以后做准备。一是高新产业园入驻以后，第一批就用这些年轻懂技术有知识的人才；二是成为村支两委的后备干部，作为我们的接班人。除此之外，每年市政府有计划培养两到三批人才，我们也让他们去参加培训，提高个人的素养，规范他们的行为。"（XC－HBH－20210710）

很显然，HBH书记的培养思路与WQ村村支书GSX不同，他强调的是全面多方位培养人才、储备人才,而不论这些人才是否能够服务于村庄未来的发展。除了后备干部,也还强调技术能手、种植能手等的培养。而对于后备人才的成长,村支书总是亲自教导。

作为刚刚卸任的 CTL 来说,他是非常自豪自己所培养的接班人的,因为接班人按照他的预想实现了对村庄工作的接班。但为使他从后备人才转化为村干部,CTL 积极指导他参加村民选举的方法,并最终成功当选,又通过近十年的村干部任职历练而成为村书记。WYF 书记也谈到,对于接班人,"肯定首先要培养现在村两委的一些成员,让他们独当一面。不可能一下子把村两委以外的人员变成支部书记,这是不太现实的,因为这样容易工作做不到位,农村工作说实话确实要有个过程。人脉的积累也是有个过程,就像刚才我说的信任不是说一件两件事就能够改变村民对你一个人的信任,而是长期的积累让村民从内心里觉得他确实可以值得信赖。"(ZWT-WYF-20210711)CTL 培养的后备干部从担任村主任职务开始到成为村支书又是一个漫长的过程,这在于他上任所承诺的事情得到了兑现,带领村庄发展的能力也得到了村民的认可。而这也是 WYF 书记所说的人脉的积累有个过程,村民的信任也有个过程即是如此。

总的来说,村支书作为村级党组织的"班长",承担着将党员干部教育管理好的重任,又面临着培养后备人才的重任。在党员教育管理上,村支书在组织规定的"三会一课"等常规性工作之外,着力通过一系列激励措施激发党员的积极性,又通过对占比数量较大的老党员和流动党员进行分类管理,以充分发挥他们的能量;在后备人才培养上,虽然面临的难题很多,村支书总是以积极主动的态度挖掘和联系人才,并通过思想教育和能力培养将他们锻造为适合村庄发展需要的人才。

第二节　引导决策能力

决策正确与否是影响组织成败、存续的关键。习近平总书记强调,要"坚持科学决策、民主决策、依法决策"①。对于村支书来说,他引导所在党组织成员有效参与村级决策,是发挥政治核心作用的基本途径,更是为村庄发展厘定目标、实现有效治理的基础性工作。本部分将从工作责任机制和民主决策机制两个方面考察村支书的引导决策力,着重分析决策的责任区分和决策的具体展开问题。

一、工作责任机制

决策的前提是责任的明确和区分,责任驱动参与的决策有助于提高决策的效率和针对性,保证决策的科学化。村支书引导组织成员参与村级决策,离不开对参与人员责任的明确和厘清。这种明确在一定程度上有助于参与者清楚"本位"、加强"站位",从而能够更好地代表村民的利益。在当前村级工作中,责任明确一般采用的是

---

① 《习近平著作选读》第一卷,人民出版社 2023 年版,第 34 页。

"分级分片负责"和"分工协作不分家"的模式。这不仅能够使村组干部很好地应对多重工作任务格局,也能够解决不断增多的群众需求和问题,更为村级决策及其落实提供重要保障。

1. 纵向上的分级分片负责

村级组织是直面群众的一线组织,起着直接联系群众的关键作用。但在 21 世纪初的"合乡并镇"浪潮中,很多行政村实行了"小村并大村",村级组织统领的村民小组或自然村数量明显增加。为了加强对群众的服务,网格化管理在广大农村地区得到推广运用。WQ 村村支书 GSX 说:"我们村现在在服务群众方面主要通过网格化管理。按照分组连片的做法,整村划分 5 个网格责任区,实行村(社区)—网格(片区网)—组网(村民小组)三级网格。村里 5 个人,每一个人带一个点,这个点的网格里面有网格长、网格组长、再下面是网格员。我是网格长,5 名包片村干是各网格主任,网格员主要就是党员和村民组长。每名村干都承担着村内多项事务。"(WQ-GSX-20210725)

按照村支书 GSX 的说法,在该村范围内实行了三级网格化管理,每名村干部都作为网格主任,上承村支书,下接网格组长。这样分级负责的优势是:"以前是'东抓一头,西抓一头',有时一些事务往往无法及时得到处理。划分网格之后,村内每一片事务都有了具体负责的村负责,各网格主任对自己的网格事务了然于心,处理起来也就更加高效。"(WQ-GSX-20210725)ZWT 村是:"村干部除了负责自己的分管事务以外,还要带小组。我(村支书)带 2 个小组,副书记带 2 个(小组),妇女主任带 3 个(小组),会计带 3 个小组,治保主任带 2 个小组。"(ZWT-WYF-20210711) XC 村村支书 HBH 也为讲述了村级班子分片管理的情况,他们以集体分工为首要任务,即把十一个组划为四个片区,进行任务的分配,如会计事情多一些,就只需管理两个组的片区,其他人员都是三个组一个片区,一人管理一个片区的所有事务,解决不了的再跟村支书汇报,村里再集体开会、集体去解决。对于片区的选择,LY 村村支书 SGX 坚持的是:"一般先让其他村干部挑,挑完剩下最难的、工作最难做的支书负责。"(LY-SGX-20210720)

为了确保分片事务得到有效办理,村民组长得到了精心挑选。"一般每个组我们都安排了一个德高望重的组长,义务给我们管理,没有组长的村民组都是村干部在兼职,分工明确,现在都是以服务性的事情来做。首先责任落实到责任人上,要给他压力,组里有矛盾首先找组长,再来找村干部、找我,不是眉毛胡子一把抓,这样有条不紊的,更好地开展工作,平时村干部就做好自己的本职工作。"(XC-HBH-20210710)

在事务分配上则是按照如下的流程:"每个季度,各网格都会结合党员大会召开村民代表会议,讨论移风易俗、森林防火、秸秆禁烧等公共事务。每个周二,是各网格主任的'巡查走访日'。网格主任进组入户,听取群众的意见和建议,收集民情民意,对网格内能够解决的问题及时解决,网格内不能解决的问题逐级上报解决。网格员则在日常工作中负责排查各类风险隐患,进行社会治安联防,就地调解化解家庭、邻里等各类矛盾纠纷,及时向网格长报告突发情况,并协助解决问题。"(WQ-GSX-20210725)

按照村支书 GSX 的说法,每个网格通过开会落实党员大会的精神,并进行具体任务的布置。如此,网格体系让班子成员的工作任务和责任划分更为明确,实现了上情的下达和民意的上传,有利于提升服务人民群众的质量与效率。其中,质量是通过村内党员同志各负其责,贴近群众来实现的,从村支书的角度来看,并不需要事事去处理,而是抓住大事要事进行关注。"一般有大事会找我,一般的事情就是各个组的点长负责。大事比如说灾后修复,自然灾害发生后,村里一些基础设施被破坏了,会问我怎么处理。我一般会安排点长先去看一下,了解情况,然后再由村里商讨解决。还有就是各个村民组关于一些事情的想法,比如说这次流转土地,我接到的电话就比较多,包括群众对土地流转的想法和意见。"(WQ-GSX-20210725)

为了确保事务办理的效果,村支书 HBH 的工作方法是:"我们一般是每个礼拜统一开一次会,首先是汇报负责的每个片区的工作,做了哪些事,有哪些事情没有完成,有哪些困难,对村里、对片区的工作有哪些建议,开个会形成文字,统一记录下来汇总到我这里。再就是汇报自己的本职工作,本职工作是必须完成的,这是上级布置的任务,比如说村里有 30 个新婚对象,把孕优做好了没有,去医院检查了没有,这是他的本职工作,管理全村的这个事情,组长是配合,组长主要负责生产、解决矛盾纠纷之类的事情,本职工作还是要村干部自己去做。"(XC-HBH-20210710)

很显然,无论是 GSX 还是 HBH,都强调的是分片点长的主体责任,而不是通过纵向的组织层级将任务直接压到村民组长。作为村民组织的网格员负责日常事务的处理,作为网格点长的村委干部则定期进组入户收取民情民意,并将无力解决的问题上报给作为网格长的村支书,这种有一定纵向负责的体系有助于克服村支书"眉毛胡子一把抓"的困境。通过上述的材料可以看到,网格体系与原有的组织体系高度嵌入,体系的同构性较强。与此同时,"分级分片"管理模式通过下沉治理单元,将分散在乡村的各类治理主体纳入组织结构,对既有资源和要素进行重组、改造和优化,使得党组织资源、行政资源和社会资源在最基层的乡村空间中得以重构和整合。正是在这个意义上,乡村的管理体系实践通过网格化体系的"嵌入",塑造了一条"促进纵向秩序整合与横向秩序协调有机衔接"的可能路径①。

2. 横向上的"分工不分家"

相比于纵向的网格分级体系来说,本部分的横向工作责任划分主要考察的是村干部内部的分工问题。村干部作为村级组织的"排头兵",也是村级决策中的重要力量,他们的工作责任划分直接关系到整体决策是否真正考虑到群众利益,是否能够全方位顾及所有村民的利益诉求。他们的积极性、主动性和责任心直接关系到上情下达与民情上传的效率和效度。

(1)量才分工

为了保证工作质量,村级班子一般实行分工协作,村支书一般根据班子成员的工作能力确定各自的工作职责,以下列举两位村支书的分工安排:

村支两委主要有 4 名成员,我就是书记主任"一肩挑",负

---

① 李友梅:《中国社会管理新格局下遭遇的问题——一种基于中观机制分析的视角》,《学术月刊》2012 年第 7 期。

责全面工作,完成上级政府的任务,给村民解决实际问题,服务好群众,明确干部的分工等等,还有一名副主任协助去督导执行工作,一名妇女主任,计生专干,管妇女这一块的,孕优检查、结婚、死亡登记之类的,还有一名财务人员,负责村里报账事务。各自做好自己负责的那一部分事务。另外村里还有一个公益岗位,我们也是当作储备人才在用,主要是协助我的工作,相当于秘书,我管理的那个片区基本上就是他负责,我就有多的时间在外面为村里找些项目。(XC-HBH-20210710)

村"两委"工作由5个人分工协作完成。目前我们村是实行书记、主任"一肩挑"。我是党务工作管全盘,行政工作也管全盘。支委分工是主持党建全面工作,村委分工是主持"两委"全面工作,重点是班子建设、经济发展还有重点工程的推进等;宣传委员、统战委员、纪律委员是支部副书记,在村委分工上主要协助"两委"全面工作,重点是主抓乡村振兴、综治调解、安全生产;组织委员主管文书、党建、民政专干、民兵、武装、民主法治、财务、统计、文化、档案管理、土地等工作;民委委员主管扶贫专干、交通、林长制、河长制、食品药品监管、中心村庄环境卫生、后勤(村部及周边卫生)等工作;计生专干妇联主任主管计生专干、共青团、妇联、关工委、儿童专干和电商等工作。我是主管民委委员和妇联主任所分管的工作,副书记主管组织委员所分管的工作。这些分工都是因人来的,按照个人的能力和特长来的。村里是分工不分家,一般遇到大事都是齐心协力去完成。(WQ-GSX-20210725)

由于村级班子成员基本是村庄本土成长起来的,谁的能力如何村支书都是十分熟悉和清楚的。NQ村村支书ZYS讲述了他的"量才而用"的具体设计,"你像上届,ZGL他这个爱说,我说你管民调;ZHZ,大学毕业,他电脑方面比较好,因为农村这样的人比较缺。我说你跟着这个副书记ZLS管党建,把咱们建党这个系统都完善了,然后准备接替他。因为ZLS岁数也大了,准备退下来了。这么培养他三年,接的副书记。你要安排不好,你安排他干什么去他弄不了,你不白费力吗?"(NQ-ZYS-20200722)

从WQ村村支书GSX对村干部的各自职责范围进行的细致解读中可以看出,一方面,村干部整体负责的事务是多样和繁杂的,印证了"上面千条线,下面一根针"的说法;另一方面,村干部各自负责相应的事务,"按照个人能力和特长"进行分工。

(2)团结合作

对于村级班子来说,根据能力进行职责分工是必要的,但更重要的在于团结,这是村支书要着力解决的方面。"我刚上任支部书记第一次给他们讲课讲了团结的重要性。除了给他们上课以外,就是有发现工作做得不足的地方会进行个别提醒。"只有团结协作才能真正处理好村级组织千头万绪的事情,才能更好满足群众千变万化的需求。对此,村支书HBH为我们详细论述了保持领导班子团结的经验:

> 第一是我们做事情多商量,每个星期碰头汇报工作提意见,讨论,尽量少用一言堂的模式,不用那种命令式的方式去安排工作,其他的村务都是协商讨论;第二是我们做的事情尽量是全部

透明的,做什么事情公开化,这样就不会产生一些猜疑和心理负担,可以放心地工作;第三是公平公正,我们分配工作的时候尽量平均一点,比如分组管辖,就尽量每人管理 3 个组,我们中国人的习惯就是"不患寡患不均",采取这种分工模式;第四是资金和利益福利这方面不占特权,包括我在内,如果买个草帽子,就都要买一个,不搞特殊化,相互才没有意见。(XC-HBH-20210710)

按照 HBH 的经验,村干部之间的分工负责并不能因此而失去团结合作,村干部间的"分工"是一种理性,而"不分家"则是一种感情。对于如何建立"团结奋斗"的工作感情,HBH 强调的是相互帮忙,而不是一分了之。同时,他也强调作为团队领导者对所有村干部的公平性与情感化,而不是搞特殊化和命令式。为了鼓励村干部进行团队合作,HBH 还积极为村干部提供方法:"比如疫情期间,有些女同志办事往别人屋里跑也不方便,我说你们可以你 1、2、3 组一个片区,他 4、5、6 组一个片区,但是我可以建议你们两个组成一个工作小组,你们两个是一个组,两个人一起做,这样团结起来两人一组,互相有商量的余地。"(XC-HBH-20210710)除了这种非正式的相互帮扶之外,也有一些非常态的情况使村干部突破分工的局限。"有时候是这样的,因为农村工作太杂了,还有就是有的时候工作在一条线上,在一条线上任务比较重的时候,我们就需要集中火力把人员集中起来。还有就是有工作比较重的情况,要想把它完成好,往往靠一个人能力是有限的,需要来统筹安排工作,突破原来的分工界限。"(ZC-XM-20210711)

（3）多劳多得

从村干部工作来看,相互之间既有分工,又有合作。作为村支书,除了做好团结和量才分工的工作外,更重要的在于激励团队成员积极工作。这种激励能够转化为团队成员的积极性,在于多劳多得、少劳少得。经济上的激励能够与情感上的合作相得益彰,共同支撑村支书的班子建设能力。因此,在广泛征求广大群众意见的基础上,公平、公正、公开地分配奖金,才能激发班子成员的工作热情,使这种外部的推动力量转化成一种自我努力工作的强大动力。

上级部门的奖励我是作为村里的集体奖励来分配,不能说你的职位低就分少一点。但也存在这种问题,有的工作量大有的工作量小,你辛苦的地方多一点但得的奖金少一点,但平均分配后,下次别人辛苦多一些,你也可以享受平均的待遇。再有特殊的那种工作,比如我们的妇女主任,总是通知党员开会需要打电话。我们会额外给他报销手机通讯费,一年差不多一千块;网格员在电脑上天天打字做表格,一年也会额外补贴一千块钱。这些奖励在会上公开宣布,虽然金额不多,但也是一种奖励,激励他努力工作。（XC-HBH-20210710）

HBH 书记的奖金分配方案强调的是公平,但是针对特殊岗位的班子成员,又会进行相应的经费补偿。如此,HBH 就将公平性与差异性有机结合起来。无论是从奖金来看,还是从经费补充来看,数量都不是很多,但是却能够让班子成员看到村支书的公平公正,这也造就村干部对村支书的认同。很显然,HBH 书记的工作策略不是个案,而是村支书普遍的带队伍的方式,讲求公平公正。如此方能达到班子大多数人的支持,也能够激发村干部干事创业的积极性。

二、民主决策机制

民主是决策科学化的重要基础。中国共产党一直坚持并大力倡导"从群众中来""到群众中去"的领导工作方法,以推进决策的科学化、民主化。村支书作为村级组织的领头人,他的民主决策观念与能力直接影响着决策的科学化水平和质量。尤其对涉及乡村经济社会发展全局的重大事项,对村民利益密切相关的重大事项,村支书能否认真倾听和重视村民的呼声,坚持集思广益、博采众长,是能否充分发挥人民群众主体作用和创造精神,实现决策科学化关键。

1. 强化流程

当前,在村级决策上,党和政府已经进行了制度性规定,即村级重大事项"四议两公开一监督"决策流程,该流程由村党组织提议、村两委会议商议、党员大会审议、村民代表会议或村民会议决议等"四议"和"决议结果公示不少于 5 日、实施结果公开不少于 5 日"的"两公开"和包村干部和村监委全程监督组成,从而把党的领导与村民自治、党内基层民主与村民主人翁地位融为一体,是党组织领导的村级民主自治机制的有效实践形式。这一决策流程是底线性和基础性的要求,并且为村支书所熟知。LY 村村支书 SGX 说:"因为现在上级有政策规定,村里凡是有大事情的话,都是通过'四议两公开'来解决。两委干部本身就有义务要为群众服务或者要为村发展服务,这是他本身的义务。这些事儿不是说支部书记让怎么弄就怎么弄,而是说大家一起商量,支部提个建议,然后大家共同商量怎么做。

如果大家觉得不行就不做了,如果觉得行就做。按照流程规定,一步一步讨论做。"(LY-SGX-20210720)以 SGX 为代表的村支书深刻认识到决策流程的重要性,从而提出"按照流程规定,一步一步讨论做"。

WQ 村村支书 GSX 进一步区分了决策上大小事的差别,"大事都是实行'四议两公开'。村里的大事都是村支委提议、村两委商议、支部大会审议、最后村民代表大会决议。小事都是村两委在一起商议之后决定。"(WQ-GSX-20210725)GSX 所说的"大事"通常指的是资金、资产、资源问题,发展的关键问题或存在的重难点问题。XD 村村支书 CYG 说:"我们现在只要做个工程,大概十万,如果十万块钱以上的项目,我们必须要照按这个流程走。首先我们村委员开会,召开全村村民代表大会,就是每家每户都来一个人,有的在九江住的,在家里有土地有房子的,白天没时间晚上到,马上就要集中在别人家里去开会讨论想要做什么事情,做哪几项。大家都先讨论,讨论过后我们再村委会,我们再上报。"(XD-CYG-20210712)XYT 村村支书 DPX 也说:"村里面有大的事件,或者需要什么大的开支或者项目,都是需要村两委研究的。最近一次是桥头环境卫生的清理,需要动用机械,我们就在会上讨论是否同意,同意过以后,就开始研究工程量、费用等具体的细节,最后两委成员都是一致同意的。村民代表大会是比较大的事情,包括以后的选举等大的事项和项目需要村民代表大会同意。我们上一次开村民代表大会是在 6 月份,准备是申报路灯亮化项目,就召开了村民大会。我们平时召开村民大会也是比较顺利的。我们一个片通知村民组长,让一个片来几个代表,搁在一起就能来几十个了,然后就在村部三楼召开。"(XYT－DPX－20210717)从以上讲述中可以看到,村支书对重大事项的决策流程非常清楚,并遵照流程进行决策。这种决策的优势很明显,即有助于保障村干部把事情干好的同时,确保村里发展不会出问题。

村支书 GSX 也提到了村级小事是由村"两委"商议。LY 村村支书 SGX 说:"你比如说就像是国家的各项政策补助,哪些人群能享受,哪些人群他享受不了,你按照国家的政策其实就自己决定了,就不要再去跟他们商量。如果后面产生了什么纠纷,再给个人私下解释就行。国家现在政策很明朗,大家就按照政策自己对照一下,看看谁能享受,谁不能享受,自己就能决定。"(LY－SGX－20210720)在 SGX 看来,这些政策补助享受已经为政策文件所明确规定,只需要按照要求来做,没有任何讨论的空间,所以村"两委"就能讨论决定。正如 XD 村村支书 CYG 所说:"'两委'这个事情应该说不涉及老百姓个人利益的话,不损害他们,利益主要有利于大家的事情,村'两委'基本上就可以先讨论,先拿个初稿出来,但是还要召集村民大会通过。一般涉及全村的事情,咱们一般都会先组织一个村民大会。假设我想做的事情,'两委'先讨论大概做多大的规模了,要多少钱了,要做什么事了,拿出了统一意见。拿到村民党委召开再讨论。"(XD－CYG－20210712)也就是说,无论是大事小事,商议是必要的,但经过村民大会或代表大会讨论决定更是必须的。正如村支书 LDF 所说:"现在所以说管理方案办法跟原来是不一样,所以现在我一个人说的不算,现在就是说很多你要有规划和方案的。比如说像投资项目需要用多少资金,你要跟老百姓说清楚的,我会召集他们开村民

代表会,这个提案他们通过了我才能实施,现在办事都是很透明,有程序的。"(QL-LDF-20210729)

大部分事情都是,是我们班子集体决策的,我们都是公开公平公正的。我们决策后,都会组织村民开会,进行讲解,进行公示。公示后,大家认同,才能去执行。像我们认定低保户,我们也要进行公示,老百姓都同意,我们才能确认;工业园土地的利用和开发,也要公示,老百姓同意、签字,然后才会开工。总之村里大小事情我们都会公示,通过了才能施行,也就形成了一种透明的机制,老百姓觉得好,我们的工作也好做。如果对公示有异议的,我们就跟他解释,讲道理。跟他讲发展是为大家好,为了整个村的发展,而且老百姓都说好。(SF-YDX-20210710)

2.注重方法

流程上的公开透明固然在一定程度上保证了决策的民主化,但决策的科学化离不开形成决策前的谋划和商议,这也是对村支书引导决策能力的考验。

(1)坚持"开门决策"

自村支两委"一肩挑"后,村支书的权威增强,这种强化容易滋生"家长"作风。为了避免当"家长",村支书一般都坚持"开门"决策,而不是自己一个人做决定。村支书WYF说:"要提一个方案之前,我自己也做了充分准备,对于一些问题我也会进行具体解释,大家也都是可以理解的。而且我在提出一个方案的时候都会先和他们个别人谈一下看法,然后综合大家的意见之后,再把方案拿到台面上来讲。"(ZWT-WYF-20210711)

NQ 村村支书 ZYS 如是说:"你看我们开党委会,要是不着急的事儿,特别是村里面要决定的大事儿。那我肯定是在下面找个别人都谈谈。基本上先统一意见,才形成会议。这样大伙一形成会议,一下就通过了。要有急事儿,肯定是当下就决定是吧。要不着急的事儿,你看我们分占地款。那我就琢磨了好长时间,我找了好多资料。哪个村的分的经验,马场、马营、王庄,他们的具体做法,形成的意见,我都拿过来,我复印了。我让他们看,看咱们按哪个。完了以后再一块开会,决定这个事儿,什么样的该分,什么样的不该分,什么样的分50%,什么样的分 100%。"(NQ-ZYS-20200722)正是重大事情的决策都经过充分的酝酿和会前商议,保证了会议不会陷入无休止的争论或难以形成决议的尴尬境地,也才能保证村级组织决策的权威性。

"一般小事就是村委决定,但如果是大事的话就必须开党员代表大会,例如修桥这种大事。大事的话我们先和村里比较有主见的党员沟通,参考一下他们的意见,然后我们村两委形成方案之后再到党员大会上进行决议。如果有些村民的意见不统一的话,就采取少数服从多数原则。因为这种流程也不太会有分歧,这种主要还是方法问题。还是先个别谈话,找村两委、老党员,然后综合意见,最后大家进行投票决策。"(ZWT-WYF-20210711)SF 村 YDX 更是高度重视村民的意见,在他看来,"一件事怎么做,老百姓定,村里大事小事全部商量,我们那个美丽乡村建设也开了好几次会,每一个老百姓都要签字,每一个老百姓都要按手印,每一个老百姓参与,我才做,不然我不做。也就是一定要尊重老百姓,他才能相信你,你不能觉得你是个领导,高高在上,老百姓不会巴结你,他有事情你不帮他,那不行。

村里书记要当好,要学会做人,做人是关键,在老百姓这块,要多问问老百姓,听一下他们的心声,有哪些困难、哪些矛盾,以及他们有什么想法,要多跟他们交流。每次开党员会的时候,我会把这个事情全部公布出来,看大家有什么意见想法,下一步有什么想法,制订计划后就一定实施好,说到做到。"(SF-YDX-20210710)

村庄事务的决策流程是制度化的,不存在有任何分歧和意见。但是,村支书作为"班长",引导流程的方法极其重要。村支书 WYF 重视个别谈话酝酿与综合意见的方法,YDX 则坚持多听取村民的意见,都体现了高度的开放性。正是通过决策的开放,让广大党员干部和村民都参与进来,使决策更为民主化、科学化。在所调查村支书中,个别谈话是经常被使用的方法,WYF 以村委会选址问题讲述了个别谈话酝酿的重要性:

"像村委会选址的时候,我也听取了一些党员意见。我先大体上给一个大概的方向,就是向南发展不超过哪些地方,向北方发展不超过哪些地方,然后让他们说这个范围里哪个地方好,如果大多数人都说向南发展,那我在党员大会上肯定就综合大家意见,即使有少数不同意见也充分考虑民主集中制。先个别谈话是因为选址这件事很复杂敏感,以前村部在建军一大队,但现在那边建有学校已经没有空间了,所以要么向南发展要么向北发展。如果只是自己定的话,到时候肯定会有意见,以前村部所在的建军二大队就会有想法。所以流程要走好,不能有半点马虎。一定要先征求大家意见,最后开党员大会决定究竟定在哪里,这样就不会产生矛盾。之前个别谈话的时候,他们反问我的意见,我说还是靠近建军二大队向南发展好,因为以后村改社区的话,这里位置比较中心,向北发展的话人口比较集中。大方向就是向南发展不超过 8 个小组,向北发展不超过 4 个小组这么一个区域。"(ZWT-WYF-20210711)

正是在个别谈话中,村支书 WYF 与一些村干部和村民交换了意见,在划定整体区域的范围内逐步集成了大家的意见,最终在综合意见的基础上通过党员大会进行投票表决。投票表决的流程很重要,但先期进行的意见征询和方案商议更为关键。正是在这个意义上,村支书个人的能力就显得尤为重要。村支书始终坚持"两委"班子成员平等的原则,在班子内部,不论资格新老、职务高低、年龄大小,都是平等的一员。因为,村支书只有带好"一班人"的责任,没有超出"一班人"的特权。所以,作为村支书,要有良好的民主作风,尊重委员的民主权利,切实做到当"班长",不当"家长"。

(2)坚持化解矛盾

即便是坚持"开门决策",在实际工作中也会遇到干部间因为意见不和导致出现问题的情况。针对意见不统一等情况,SGX 书记通过做思想工作保证"四议两公开"落实到位。"一般来说是通过少数服从多数。但是现在我掌握的时候,我不是这么做的,虽然你有不同意见,但是我该强的,必须要强,必须要让他明白他提的意见不合适,我们提的意见更合适,最终必须让人认可。然后是在各项工作中,身先士卒,自己先做,让他们看。"(LY-SGX-20210720)面对村干部之间的意见冲突,SGX 书记强调要充分发挥村支书权威的作用,为班子成员指定一个明确的方向,以避免陷入"议而不决"的困境,也才能真正维护村支书的权威。正如 XM 书记所说:"遇到这种村'两委'成员之间有矛盾主要就是第一做思想工作,第二以理服人,很多时候思想工作做不通以后,我把事情做给你看,让你自己知道哪些是对的哪些是错的,用实践去验证。就是要让每一个班子都认识到我们在做什么,为什么去做,为了哪些人去做,做事的出发点在哪里。"(ZC-XM-20210711)

按照 XM 书记的说法,还是要将思想工作放在第一位,确保以理服人。如果工作做不通之后,还是要强调村支书自身的示范性,通过示范带动班子成员参与其中,明确共同的目标导向以及自身的角色。关于如何做班子成员的思想工作,XM 书记为我们举了一个具体的案例:

村子成员之间有矛盾分歧的话,一般都是单独了解矛盾源头在哪里,发现问题根源之后单独与他们交心谈话,进行沟通。打个比方,上一次我们村里的文化广场建设,当时我们会计是四组的人,副主任是一组的人,施工的过程我们是发给施工方了,也协调了村里集体的一个堆施工出土的地方,开过"两委"会,这个土全是用在整个村的文化广场上面进行回填。当时我在镇里开会,然后就是有两个会计把那个土放在四组里面整治过来的塘里面给利用一下。因为我们之前开过"两委"会,定好了这个土要用在文化广场上。因为这个土只有一点了,如果说你主张把这个土用在你这个组上面,那其他每个地方都需要。当时就是副主任和会计两个人产生了口角上的争执和误会。出现了分歧以后,他们就及时和我反馈,然后这个事情也影响到文化广场施工了,我开完会就赶回来了,双方面我都了解了一下,把那个会计单独批评了一下,因为咋说呢,因为村里的哪个事情不是单独的一个组,先有大家后有小家,之前土怎么用已经定好了,就不会再变了,你是整个村里的干部,不是单独某个组的干部。我批评了会计以后,也私下和副主任谈了一下。不能因为两个干部影响到整个施工的过程,老百姓都是看着的,你们两个干部之间发生了矛盾,不管你是对与错,老百姓是怎么看你的?你们之间产生了分歧,可以到办公室来谈,即使桌子拍破也不会有什么事,那你们这个矛盾是在大多数人面前,而且还影响了施工的进度,那么多老百姓在看着你这村干部,怎么行呢。这本来是一件很小的事情,我对这个事情进行批评,我对他们的这个工作也进行表扬,毕竟也付出过,他们在内心中也认识到了自己的错误,特别是那个会计也向我们副主任道歉了,副主任在我的批评后,感觉到了自己的错误,最后也向会计道歉,最后把这个分歧解决了。(ZC-XM-20210711)

为了把思想工作做好,XM 书记并不是急于化解班子成员之间的矛盾,而是首先找到矛盾的根源。在村庄的文化广场项目建设中,会计没有按照村级班子确定的方案进行,而是从自身所在的村民小组出发进行操作,并由此导致了村委副主任的反对。虽然对错很鲜明,但 XM 书记既批评了会计不顾大局的错误,也批评了村委副主任在大庭广众之下与会计发生争吵的不顾影响的行为,从而让两个干部都认识到自身的错误,从而实现了双方的和解。这一案例充分显现,村支书在面对班子矛盾的时候,不能拉一派打击一派,而要在搞清问题对错的基础上,从团结班子的角度出发将矛盾消解于无形。

总的来说,村支书作为村级组织的领头人,他从组织的整体利益出发,统筹各方利益,关注成员能力,充分激发、鼓励组织成员的积极性、主动性和创造性,形成了有效的工作责任机制和有序的民主决策机制。其中,有效的工作责任机制为引导决策明确了责任区分,使决策更加科学和有力;有序的民主决策机制为实现决策提供充分的民意基础,保障了决策的科学化,促进了组织决策的有目的性、有针对性及有用性,最终实现治理目标。

第三节　组织能力是村支书的基础能力

"党的基层组织是确保党的路线方针政策和决策部署贯彻落实的基础。要以提升组织力为重点,突出政治功能。"①作为党在农村基层党组织领头人,村支书充分发挥政治功能,通过引领、组织、凝聚成员把党的路线方针政策落实好,把广大村民对美好生活的需要满足好,大力提升农村党组织的战斗力。同时从这个意义上说,村支书的组织能力具有基础性作用。

一、村支书如何搞好团结

村支书组织能力强弱的直接呈现标准是村支书能否实现组织内部人员的统合,使组织为着一定的目标团结奋进,从而使党的基层组

①　《习近平著作选读》第二卷,人民出版社 2023 年版,第 53 页。

织真正成为基层社会的坚强战斗堡垒。结合前文的分析,我们总结出村支书组织能力发挥的三个关键方面:

一是坚持外部吸纳与内部管理并重以确保组织的"人才红利"。面对在村党员管理、流动党员管理工作上的挑战,村支书凭借其组织能力,使村两委成为村党组织的联系组织,强化了党员的日常化管理,建立制度化联系,拓展村党组织的生长空间,确保村党组织的核心位置。首先,村支书通过落实党建的工作机制和责任网络,结合"线下+线上"党建模式、"党建网格+学习主题"模式等方式方法,抓实党员的理论学习,强化思想政治引领作用,从而提高党员的党性觉悟。同时,村支书在人员管理工作中,在充分发挥自身组织能力的基础上,设立激励机制,极大增强了党员的积极性和班子成员的工作热情。如村支书对回村参与党员大会的人员或优秀工作人员,给予一定的福利补贴。另外,村支书通过优秀党员、优秀党务工作者等评选活动,激发党员的使命感和责任感。

再者,在发展党员流程上,村支书在落实党章和《发展党员工作细则》的基础上,形成了自身的理解与判断。第一,村支书注重优秀人才入党渠道。广泛吸纳回乡大学生、农村致富能手等人才成为入党积极分子,有效解决农村优秀人才"入党难"问题。第二,注重提高村党组织推荐人选质量。一是通过召开党员大会、村民大会等形式吸纳人才。积极组织党员、群众推荐入党积极分子。全面考察解入党积极分子的政治觉悟、思想品质、入党动机、社会关系及执行党的路线、方针、政策等情况,形成综合政审材料,避免把不合格人选作为发展党员的对象。二是村支书对发展对象有自身的标准,具体有三个方面：首先，"品德为本"指入党人员在政治方面要遵法守纪，不能有违规违纪行为；在思想上要忠于党，关心群众；有良好的群众基础。其次，"作用为先"是指入党人员在当前村级工作中是否发挥作用；是否能按时参加村里党组织生活。再次，"预期为要"是指合格人才入党后，要对农村发展作出成绩，确保农村的稳定发展。此外，村支书对入党积极分子的培养过程也非常重视。首先，村支书会定期安排发展对象到实践中去锻炼成长。对那些政治素质好，工作能力强，有培养前途的人才，通过压担子、交任务的方式，让发展对象在艰苦的环境中锻炼，激发他们的进取心和责任感，使他们尽快成长起来。其次，在入党积极分子培养过程中，村支书会进行不定期检查，采取自评与考评相结合的形式，通过听、看、问、读、访等途径，全面、客观、准确地进行评价。可见，村支书通过把控好入党积极分子的质量与数量，不断推动入党积极分子的培养和实践服务下沉，进一步规范了发展党员工作，确保发展对象的质量，为党的执政基础累积社会资源。

二是坚持优势分工与整体协作并行以确保组织的"效率最大"。第一，组织结构的合理化。村"两委"成员的职责划分是非常明确、合理的，源于村支书对每一个班子成员工作能力的熟知。村支书根据班子成员不同的能力特长，对每个人的工作任务和责任进行划分，建立了适合本村的组织体系。从调研中可以看出，班子中的每一个成员都对应负责不同的工作事务。这种组织结构划分并非是随机的和临时的，而是依循村支书对每个成员的工作能力的深入了解，形成的稳定、结构化的组织结构。

第二，村支书将每一个班子成员的工作能力"嵌入"到网格化管理体系中,形成了"分级分片负责"和"分工协作不分家"的网格化管理体系。"分级分片负责"的网格化管理体系是指建立"村(社区)—网格(片区网)—组网(村民小组)"进行分级安排,分片负责。即村支书(网格长)通过村级微信群统一发布工作任务,班子成员(网格主任)在接收到工作任务的第一时间立即将工作通知网格员进行部署安排,网格员在接收到工作任务的第一时间立即将工作分别在网组(村民小组)进行落实、实施。"分级分片负责"网格化管理体系,密切了上下级关系,改善和加强了纵向的沟通联系,更加容易达到上下级间的默契和协调,从而增强组织的工作效率,确保工作任务有效实施。而"分工协作不分家"的网格化管理体系则是村支书按照分组连片的做法,"按照个人能力和特长"进行的分工,就此形成了分则各自负责各自事务、合则齐心协力的局面。"分工协作不分家"的网格化管理体系通过下沉治理单元,将分散在乡村的各类治理任务纳入组织结构,结合班子成员的能力特点进行横向重组和优化,使得组织资源、行政资源和社会资源在乡村治理中得以重构和整合,进而实现组织的治理能力提升。

总体而言,村支书基于自身对组织成员工作能力的透彻了解,嵌入至网格化管理体系中,实现工作"无缝对接",从而形成一个稳定的、高效率的运行机制。正是在这个意义上,乡村治理实践通过网格化体系的整合,塑造了一条"促进纵向秩序整合与横向秩序协调有机衔接"的可能路径①。

---

① 李友梅:《中国社会管理新格局下遭遇的问题——一种基于中观机制分析的视角》,《学术月刊》2012 年第 7 期。

三是坚持遵循流程与注重方法并重以确保组织的"决策最优"。民主决策的全过程,能够正确反映和兼顾不同方面群众的利益,并通过流程化、科学化的方式引导群众以理性合法的形式表达利益要求,解决利益冲突,达到"决策最优",关系和谐的目的。村支书凭借其组织能力,以坚强的组织作后盾,科学的制度作保障,积极引导民主决策过程的合法性和有序性,同时体现决策的"温暖"。主要体现在以下几个方面:第一,决策程序流程化。涉及村民切身利益的重大事项,村支书按照民主决策的基本程序规范管理、有序进行,将调查中收集到的意见整理成若干个议案,由村党组织提议、村"两委"会议商议、党员大会审议、村民代表会议或村民会议决议。对于负责实施的专门班子的工作(工程)进展、经费开支、质量检测等情况,及时张榜公布,接受审查监督。办理完结后,将各种资料整理归档、备案。第二,决策形式规范化。村级民主决策的基本组织形式是村民会议和村民代表会议,由村民委员会组织召开。村民会议由本村18周岁以上的村民组成,其召开的条件是应当有本村18周岁以上村民的过半数参加或者有本村2/3以上的户的代表参加,所作决定遵循少数服从多数原则。第三,坚持"开门"决策。决策流程是制度化与刚性的结合,但引导流程离不开柔性的方法。在班子内部,村支书坚持一律平等原则,切实做好"班长"的角色。面对一些村民对政策的不理解,村支书会耐心为其具体解释,有时还会请专家从不同角度为广大群众进行讲解。最后会根据群众建议,通过村党组织提议、村"两委"会议反复酝酿修改完善方案。可见,为了确保村民会议或村民代表会议决议能够落到实处,村支书要充分发挥好组织能力,帮助村

"两委"和其他部门解决民主决策过程中遇到的问题,形成强大的工作合力。

虽然村支书在组织能力上得到了长足的发展,但由于受到一些客观现实环境的制约,基层组织建设上还存在一些尚未克服的难题。如村庄年轻人的大量外流造成的组织吸纳优秀人才上的无力,流动党员发挥作用有限,等等。同时,虽然村支书的领导地位得到了强化,但仍然面临着责任重、压力大但精力不济的现实。总体来说,基层党组织的建设上呈现规范化日益清晰和精进,但规范化和清晰化也制约了村支书组织能力建设上的创新性发挥。

二、村支书如何提升组织能力

农村基层党组织是乡村振兴的坚强战斗堡垒。乡村要实现振兴,农村基层党组织必须要建强。作为农村党组织的"班长",村支书要不断提升组织能力,着力做好思想统一工作,做好人才配置工作,做好行动示范工作,才能真正团结好大家进一步凝心聚力,使党的基层组织成为推动基层改革发展的重要引领力量。

一是做好思想统一的引领者。思想的统一是行动一致的先导,没有统一的思想认识,行动上就会拉垮。要明确加强党对农村工作的领导,并不是要实现村支书的"一言堂",而是要求村支书通过政治领导确保组织成员在思想上与党中央保持高度一致,同时在集思广益、集合群意的基础上,实现两者的对接。具体来说,村支书不仅要组织广大党员集体学习党的路线、方针、政策和基本知识,学习科学文化和业务知识,加强队伍的自身建设,确保始终与党中央保持高度一致。同时,还要着眼于人民群众具体生活,动员班子成员广泛深入群众之中,倾听群众呼声、听取群众意见,在经过组织成员广泛的讨论基础上达成思想上的一致,从而为村庄发展确定合理的发展方向。

二是做好人才优化配置的推动者。人才资源是第一资源,也是组织的生命。重视培养和选拔优秀人才进入党的基层组织,这是党中央的要求,也是党的事业的需要。面对当前乡村人才外流的严峻形势,村支书需要着力开展"青年人才储备库"建设,严格遴选出愿意投身家乡建设、服务父老乡亲的"四有青年"或"青年精英"进入人才库,进行跟踪培养与动态管理,并建立定期的考核机制,以确保后备人才的培育质量。同时,村支书要做好班子人才梯队建设,着力把优秀人才培养成党员,把党员培养成致富能手,把致富能手吸纳进干部队伍,搭建老中青搭配合理的村级干部队伍,确保村级工作有效衔接。

三是做好行动示范的先行者。乡村富不富,关键看班子;班子强不强,关键看村支书。村支书在农村的班子和全村工作中处于核心地位,肩负着光荣的使命与责任,是农村各项工作的直接组织者、指挥者。村支书表率的态度如何,不仅关系着班子成员,还会影响到周围的村民。村支书带头搞好各项工作,需要模范遵守各项制度,成为经济发展、工作、学习的带头人,成为密切联系群众的带头人,成为廉洁奉公、遵纪守法的带头人,通过"一环带一环",先带动班子成员行动,再带动村民行动。只有村支书带得正、方向不偏,才能让班子成员、党员、人民群众始终在思想上与党同心同向、在行动上同聚同力。

第六章　村支书的自我成长能力

　　《中国共产党农村工作条例》规定："村党组织书记应当通过法定程序担任村民委员会主任和村级集体经济组织、合作经济组织负责人,推行村'两委'班子成员交叉任职。加强村党组织对共青团、妇联等群团组织的领导,发挥它们的积极作用。"①村支书在农村社会扮演着比以往更为重要的角色,时代也要求村支书能够不断实现自我能力的成长。自我成长能力外在表现为自我提升能力,内在表现为自我调适能力。本章将从自我提升能力和自我调适能力这一内外两个层面的能力来解析村党支部书记的自我成长能力,并通过对14位基层村党支部书记的实地访谈分析其自我成长能力的呈现状况和效用、提升的难点等,以全方位评估自我成长能力作为村党支部书记的核心能力如何体现以及如何建设的问题。

---

　　①　《中国共产党农村工作条例》,人民出版社 2019 年版,第 7—8 页。

第一节 自我提升能力

提升自我的过程就是一种成长。随着时代的变换,无论村党支部书记在任职之前的能力有多强,都有可能面临在具体工作时的"本领恐慌"问题。要克服"本领恐慌",就要不断学习、不断提升自我。习近平总书记指出,学习本领是领导干部必须具备的第一位本领,同时要善于把学到的本领运用到实际工作中去,努力做到知行合一、以知促行、以行求知。① 村党支部书记要担负起推进乡村振兴的伟大事业、满足人民日益增长的美好生活需要的重大职责,就必须以高度的积极性和主动性进行能力提升,以不断的自我提升应对工作的难点和风险。

一、能力短板

1. 村支书的能力短板认知

认识到自身的能力短板是进行能力提升的前提。时代发展对村党支部书记的业务知识要求量是不断增加的,互联网等技术的发展趋势又不可逆转,这就要求村党支部书记进行自我能力的提升。然

① 习近平:《在纪念刘少奇同志诞辰 120 周年座谈会上的讲话》,人民出版社 2018 年版,第 14 页。

而,受到年龄、学历结构和知识水平的限制,一些村支书都出现不同程度的能力短板,主要体现在业务能力跟不上时代更新的要求,在群众工作上存在衔接不畅等问题,而在现代技术应用上又学不来。

2. 业务能力跟不上

从前文的分析中,实行村支两委"一肩挑"后的村支书感受到各方面都必须要学习(包括政治、经济、组织、治理等),而且这种学习不能不精,不然就难以带动整个班子乃至于整个村庄发展。对此,年轻的 XM 书记明确指出:"我认为目前我的业务能力上的短板第一就是学得不够深入,在业务方面对群众的技术指导还不够全面。有的时候是回家以后通过查阅资料摸透了之后再给别人说,所以就是业务方面还是有所欠缺。因为业务知识不是一成不变的,每年都有变化,所以需要不断地学习更新,提高自己。所以我平时通过上级领导培训学习还有网上的知识来提高自己的知识能力,帮助自己提高效率。"(ZC-XM-20210711)

XM 书记认为,业务知识不是一成不变的。作为村支书要尽量跟上知识更新的步伐,尽力提高自己。不过,他也反映业务学习可能存在的不足,就是难以学深学透,难以及时地进行指导,尤其是在技术上。作为国家所着力培养的懂农业、爱农村、爱农民工作队伍中的一员,他的业务知识应是广泛的,才能做到不在村民提出需求时一无所知。党中央要求基层领导干部"要熟悉农业、了解农业,农作物的种类和品质、节气、农业科技等方面的基本知识还是要懂的,不懂要抓紧补课"①。

---

① 中共中央文献研究室:《十八大以来重要文献选编》(上),中央文献出版社 2014 年版,第 686 页。

3. 群众工作接不上

村支书直面群众,每天都在与群众打交道,应该不存在群众工作上的短板。但通过对 14 位村支书的调查发现,个别村支书却反映存在脱离群众的问题,在群众工作上存在衔接不上、回应不及时等问题。对此,WQ 村村支书 GSX 说:"我认为自己目前最大的短板就是有的事情脱离了群众。这也是几个原因造成的,一是因为工作量太大了。而且现在很多的工作基本上都是在电脑上处理。二是电话打的多,以往村里干群之间的干群关系更真切,现在干群之间的感情变淡了,就连亲戚之间都是这样。有时候人与人之间的感情,必须面对面交流才能增强。三是现在村里留下来的多是老人、孩子以及妇女,年轻干部下去之后找不到交流的对象,无形中干群之间的隔阂就变大。"(WQ-GSX-20210725)

在 GSX 看来,之所以出现一定程度的与群众脱节的问题,在于工作压力很大,疲于应对,而没有将大部分时间和精力用于与群众交流。同时,由于手机等的应用,与村民能够做到人对人,但是没有面对面的交流更有效果,导致干部与群众的感情相对淡漠。除此之外,是年轻的村干部与在村的老年人或妇女存在沟通上的错位,导致难以达到效果。除了这些客观因素之外,作为村支书的 YDX 则更多地强调了自身性格上的缺点造成群众工作上的困难。

我的不足就是我脾气不好,有时候也比较固执,有时候想要按我自己的想法开展工作,性子比较急躁,有事情我就想赶快做好。我觉得我也要改变,因为村里想要发展好,需要大家的共同努力,我也跟他们说,今后我也一定会改变我的这种态度,大家相互理解。我一直

认为我不是一个很好的人,但我想做一个很好的人。(SF-YDX-20210710)

4.技术能力有待提高

互联网技术的发展,电子办公、网络办公大范围应用与推广,对农村基层工作人员的技术能力要求显著提高。如微信报表、电子数据统计等对于年龄偏大的村党支部书记来说比较困难,以至于 SF 村党支部书记总是写好纸质版材料,由村干部中的年轻人进行电子化。他说:"工作方面这块,我在电脑方面是不行的。我办公室有两个年轻人,我的资料、村里的材料都是我写好,他们再敲到电脑上。"(SF-YDX-20210710)YDX 的情况并不是个案,除了相对年轻的村支书 XM 之外,其他村支书都多少都存在电脑使用方面的困难,只不过程度上有差别。如 ZWT 村村支书 WYF 说:"我现在虽然还不是很熟练,但是还能够适应电脑技术。"(ZWT-WYF-20210711)然而,即便是能够适应现代互联网技术和电子通信技术的发展,由此带来的是群众工作能力的一定程度的下降。WQ 村村支书提到,干群之间的感情离不开面对面的交流。互联网技术和电子通信技术的本意是带来信息交流的便利,反而带来了干群关系的阻隔。

二、提升举措

能力不是天生的,也不是从天上掉下来的。补齐能力的短板没有捷径可走,只能一步一个脚印地做好提升工作。我们的事业越前进、越发展,新情况新问题就会越多,面临的风险和挑战就会越多,面对的不可预料的事情就会越多。我们必须增强忧患意识,做到居安思危,懂就是懂,不懂就是不懂;懂了的就努力创造条件去做,不懂的就要抓紧学习研究弄懂,来不得半点含糊。① 村支书作为农村基层组织的领头人,在新征程上承担着全面推进乡村振兴的重任,而这是一项全方位、系统性的工程,涉及方方面面的工作。只有通过学习不断提升自我,才能适应新的事业要求。

1. 主动学习

村支书要做好自身的工作,只有对工作的热爱才能有学习的主动。有兴趣和压力的学习,村支书的积极性与主动性才能得到最大限度发挥。一旦具备这种意识,自我提升能力也就具备了较为充实的基础。ZWT 村村支书 WYF 说:"我自己的话,首先要学技能、学政策、学法律等等。作为一个村支部书记,对法律法规都没有详细了解的话,如何去做那些矛盾调解? 这些都要在法律框架下做调解。政策要学,时代在变,政策也在调整,如果不学政策,如何更好地为老百姓服务呢? 技能也要学,现在报个表,交个材料,还得自己会用电脑。"(ZWT-WYF-20210711)

从 WYF 书记的讲述中可以看到,这种主动学习是一种压力下的学习。因为时代在变化,政策在调整,作为村支书必须要经历学习才能适应时代要求,才能按照政策要求去做好群众工作。同时,他也强调电脑技能也要学,即便因年龄的原因学得不好,也必须要适应现代社会的节奏。与 WYF 不同,CTL 则有着很强的学习积极性。

---

① 《习近平谈治国理政》第一卷,外文出版社 2018 年版,第 23 页。

"我是特别喜欢学习的,每天的《新闻联播》都注意看。我跟企业家都说,你们再忙,也要看《新闻联播》。国家在治理环境污染呢,你再开一个塑料厂?《新闻联播》你一定要每天看,这个是主要的。再一个就是参加各种培训班。我的经历也多一点,比如:保险公司的业务培训,我还做过健康产业。在北京,我参加过专门的演讲培训班,你看这次我们那个大客户,我老鼓励他参加些培训。这个人吧,有的时候,他学的这点东西可能觉得没有什么,但是你懂人家的这种思路办法。比如人家组织会场是怎么进行的,这些你可以学到。再一个我做过婚庆工作,那时候在农村,那时候也没有网络,你一打开能搜什么什么的。(婚庆词)都是自己想,慢慢就有了思路了。"(TX-CTL-20200721)

从 CTL 的讲述来看,他认为积极、开放的心态加上虚心、踏实的学习是提升自我的重要方式。在他看来,提升自我首要的是要发挥自己的主观能动性,兴趣是最好的内在驱动力与最强催化剂。正如 C 书记所说,每天看《新闻联播》获得相关信息可以找到进行具体工作的切入点,这种方式就是村支书搜集信息、感悟信息的能力的显性表征,是村支书自我提升能力的重要构成因素。其次,从村支书 CTL 的个人经历可以看到敢于尝试、开放心态的重要性。从其话语和访谈中了解到 CTL 书记是退伍军人,又在保险行业、健康产业、婚庆行业等多个领域有过实践和培训,这些经历提升了他的综合素养,使得他的个人能力呈现多样化。

2. 被动学习

与村支书 WYF 和 CTL 不同,我们在采访另外 3 位村支书时更多是从组织培训这个角度谈起。LYC 的村支书 SGX,他从 20 世纪 80 年代就参与到村务工作,是一位资历较深的优秀村支书。在问到到自我提升的主要途径时,S 书记表示:"支部书记经常有去党校进行培训的机会,自己曾经到过登封、郑州等地的党校参加培训。一般村支书每年都会有至少两次的培训机会,每次大概有一个星期的时间。自己感觉培训对我的帮助很大,尤其是在解读政策方面帮助很大,并表示外出参观学习其他优秀村,想办法和搞得更好的村多交流也是一种重要方式。"(LYC-SGX-20210720)QL 村的村支书 LDF 表示:"我们每一年实际上都要外出学习,比如去参观一些优秀社区,比如说我们到党校培训,这些都是一个很好的学习途径。学习一些技术管理知识,根据社区的管理模式,讲讲一些服务概念,包括我们参观很多发展中的社区,听他们讲述社区是如何变化的,老旧社区改造。XXX 社区我们才刚去了,他们讲当时是如何通过老旧社区改造、管理等,这些都会给到我很大的启发。"(QL-LDF-20210729)SF 村的村支书 YDX 则表示:"自己一般都是参加政府安排的培训学习,曾被派到无锡、湖州调查学习,还有去一些党校学习。还是很有帮助的,我在外面看到他们的好做法、好经验,回来以后都会作出改变,虽然我们 SF 村在我们这里已经做得不错了,但是出去一比就不是那么回事了。帮助最大的话,我觉得就是可以引进别人一些好的技术、好的发展理念,可以帮助我们村致富。有的村之前比我们还穷,但是人家现在就发展得很好,我们就要去学习。"(SF-YDX-20210710)

从以上 3 位书记的讲述来看,他们更多是依靠党和政府组织的培训,而这种培训由在党校的理论学习和外出的参观学习两部分组成。对于理论学习,村支书 SGX 认为其功效体现在理解政策上,这种有组织的集中性培训学习可以使村支书在短时间内得到较为系统全面的知识体系。例如在理解党和国家的大政方针上,党校的系统学习与理论阐释有着"润物细无声"的教育意义。同时,这种集中性培训为村支书间的交流与合作提供了契机。作为"同行",村支书间既有不同的疑惑与不足,但也普遍存在某些共同性的问题,这种共性使得他们更容易产生共鸣与理解。集中性培训学习为村支书间的交流提供了较为充裕的时间和场所,他们有了更为充裕的当面交流、共同学习的机会。村支书既可以从其他人的经验中取长补短,也可以就自身所遇到的共性难题展开头脑风暴,群策群力得出更为有效有力的提高。相对来说,村支书更为感兴趣的是参观学习和交流,它对村支书自我能力的提高有显著的作用,可以帮助村支书增进交流,积累经验。通过走访参观,村支书可以学习到优秀村支书的管理经验与有益做法。这些优秀基层党组织与村支部书记在鲜活的基层实践中不断开拓创新,掌握了一些具有地方特色的建设经验和典型案例。这些经验案例是身边的榜样与教材,这种实地走访交流能形成正向的传导效应,为培育村支书的自我提升力提供更为接地气的"营养剂"。

还有很多要学的,比如带领群众致富的能力。我们所做的很多事情都是为了让老百姓过上更好的生活,这需要我们学好技能带领他们。像我们前期做的基础设施建设也好,人居环境整治也好,都是为了村容村貌的提升,提供一个好的生活环境,然后才能吸引一些有情怀的人回来发展产业。

努力方面的话,现在自己带头搞合作社也是一种尝试。当我摸索成功后,我要带动别人。因为有风险,所以先自己做,等看到效益了再来带动群众。不然初心是好的,结果盲目搞就造成事与愿违了。(ZWT-WYF-20210711)

总的来说,从对自我能力短板与做一名优秀村支书的能力图景认知,再到通过学习不断进行自我提升来看,村支书始终保持着"本领恐慌"。这种"本领恐慌"说明他们能够认识到自身能力的不足以及努力的方向,就不会在心态上变得"佛系""躺平"。然而,从村书记清晰地描绘能力提升的方式来看,他们也没有因为"本领恐慌"而乱了方寸、失了阵脚,而是"行动派",通过理论与应用的积极提升克服"本领恐慌",实现自我能力的提升。

第二节　自我调适能力

适度的压力是促使人们实现既定目标不断超越自我的强大动能。然而,压力要转化为动能,离不开自我的调适与转换。如果自我调适能力不够,压力就难以转化为干事创业的动能,反而会成为压垮人的"最后一根稻草"。村支书处在"上面千条线,下面一根针"的"针眼"位置,又处在领导群众推动改革发展的前沿位置,他们面对的是具有挑战性的压力。

SF村的村支书YDX表示:"说实话一个支部书记承受的压

力不是一般人能承受的,当个一般的书记好当,我就管那一亩三分地能管得很好。有时一个好的支部书记一定会付出很多的心力,但是还会被别人误解。有时候自己想想我自己都能流泪,感觉很委屈,有很多这样的时候。你想做好,很难的。老百姓和你想得不一样,不管你做得多么好,总有人不满意。压力很大的,包括这次换届,我还在考虑要不要继续干。村子现在发展的脚步特别快,现在看着感觉没什么成绩,但是今后两年肯定有翻天覆地的变化,现在是发展的高峰期,所以压力更大。"(SF-YDX-20210710)

从 YDX 的讲述中可以看出,村支书要承受的压力很大,而且越是发展,压力越大。这些压力如果调适不当,将会导致村支书生理与心理上产生问题,甚至会干扰其正常的工作。因此,自我调适能力成为做好村支书工作的一个先决性条件,同时也是培养村支书能力的一项重点工程。本节将结合访谈内容,尝试回答当前广大农村地区村支书所面临的主要压力源包括什么?调适的主要途径有哪些?提升自我调适能力的动力因是什么?

一、村支书的压力源

进行自我调适首先要明确压力表现这一调适对象,只有明确对象,才能使调适更为精准。但村支书的调适不是外在的,而是内在的,只有积极主动地自主调适,才能实现转化。只有明确压力源和动力因,才能使村支书更好地实现将压力转化为动能的目标。

1. 工作上的压力

工作压力是村支书的主要压力源。不同村支书对工作方面的压力表现有不同理解。通过对 14 位村支书的调查发现,回应群众期待的压力是最主要的工作压力。

> 我感觉现在的工作压力大,压力主要来源于老百姓对我的期望。现在社会的这个矛盾,全国都面临着一个共同问题,就是人民日益增长的美好生活需要和不平衡不充分的发展之间的矛盾。就是现在老百姓的诉求更多了,需要更长的周期去解决。路是一步步走出来的,饭要一口一口吃。(ZC-XM-20210711)

在村支书 ZYS 和 XM 看来,人民的美好生活需要越来越多元化、多样化。老百姓的"东家长西家短"的事情很多,而且这些事情都需要寻求村支书解决。不过,XM 书记也坦言,通过自身的工作满足人民的美好生活需要"一步一步"地解决。裹足不前不行,然而,在团结带领群众为美好生活而奋斗的过程中,ZWT 村的村支书 WYF 进一步提到了群众工作的压力。"最难的地方我觉得是在家的老年人思想观念跟不上节奏,一旦跟不上节奏,他的一些不良习惯、思维很难跟自己在一个频道上。所以在引导他的时候,还是有难度的。"(ZWT-WYF-20210711)从这可以看出,仅有带领群众为美好生活而奋斗的想法也是不行的,必须要充分关照到群众的习惯与思维,通过耐心细致的群众工作,脚踏实地、稳扎稳打,实现人民对美好生活的需要。

以新冠疫情期间的疫情防控为例,党的二十大报告指出:"面对突如其来的新冠肺炎疫情,我们坚持人民至上、生命至上,坚持外防输入、内防反弹,坚持动态清零不动摇,开展抗击疫情人民战争、总体战、阻击战,最大限度保护了人民生命安全和身体健康,统筹疫情防控和经济社会发展取得重大积极成果。"①农村社会是筑牢常态化疫情防控的重要屏障和关键地区,其中村支书则担负着做好农村常态化疫情防控的重要责任。访谈中,W书记向我们展示了疫情防控期间其对村民发送的一段语重心长的话语,可以让我们从侧面了解到村支书在做好疫情防控工作上的辛苦付出与工作压力。

亲爱的村民朋友们,这个时候相信大家应该已入梦乡,而就在刚才我还依然在接听镇指挥部的电话,就目前严峻的防疫形势,我的内心久久不能平静,今天下午接到市指挥部的紧急指令,要求大家回到屋内,闭门锁户。在督促村民的过程中,言语有些过激,可能有些村民不能理解,认为我们小题大做,管理太过严格。大家不妨静下来换个角度想想,在这个危险风口,我们为什么要下组入户劝导你们,为什么要声嘶力竭地吼大家,难道是我们吃饱饭没事儿做了吗? 当然不是,言语过激是基于我们掌握的情况远远比大家想象的严重复杂,而看到大家依旧是盲目自信状态的一种焦虑,严格管理是基于一种责任,一种爱,就像父母对子女的一种爱,我们就是想担起这份责任,保护好每一个村民。就是希望我们每一个村民都能挺过这场灾难,都能健

---

① 习近平:《高举中国特色社会主义伟大旗帜 为全面建设社会主义现代化国家而团结奋斗——在中国共产党第二十次全国代表大会上的报告》,人民出版社2022年版,第3页。

健康康地活着。除此之外,别无他求。危难时刻,我们也齐心协力,共渡难关。希望大家积极配合,支持理解我们的工作。(ZWT-WYF-20210711)

这封信既言辞恳切,又很接地气;既有无奈,又有沉甸甸的责任。它的最终目的是唤起群众与村干部一起共同抗疫,应对疫情带给每个人生命的挑战。这比一般的工作压力更为沉重,它关涉的是每一个人的生命。

作为村支书,既要保证"不出事",又要努力推动发展,稳定是发展的前提,发展是进一步维护稳定的保障,所以工作就像村支书GSX所说的那样是"弹钢琴"。WQ村的村支书GSX说:"但是压力的大小,这个看自己怎么承受。承压能力强的话就不大,承压能力弱的话就大。我自己也学会了去调节。压力肯定是有的,都说上面千条线,下面一根针,就看我自己怎样去弹好这个钢琴。每天都有工作压力,钢琴弹得好就是一种快乐,钢琴弹得不好就是一种压力。特别是在重大节假日的时候,我们都是把维稳放在心上、拎在手上,发展没有稳定的环境肯定是不行的。"(WQ-GSX-20210725)

2. 家庭的压力

除了工作上的压力,村支书大多为"一家之主",家庭对其工作支持与否影响着他的工作积极性,也影响到他的工作压力是得到消解还是增加。在与大多数村支书的访谈中,我们能够感受到村支书们对家庭的亏欠。ZWT村的村支书WYF说:"除了事业上的压力,家庭上的压力肯定也还是有的。我家里也是两个小孩,我老婆有时候也说不如出去做点什么,毕竟还有一些工作基础。因为始终都要平衡一些事情,这个也很不好平衡,确实有亏待小家。"(ZWT-WYF-20210711)XDC 村支书 CYG 也说:"别人说的时候心里多少可能也有点不怎么平衡,收入在外面肯定比在村里多,我们在村里工作大概是 5 万多块钱,什么都加在里面,不如别人在外面做水电木工,确实是这么回事,但这个怎么说总要有人做。对吧?"(XD-CYG-20210712)

不论是从经济上,还是从对家庭的付出上,村支书都不同程度地背负着家庭的一些压力。问题的关键是,村支书无法以经济上的高水平来弥补对家庭付出的亏欠,这就衍生了付出与收获不平衡的问题。对此,JYC 村支书 FDM 说:"我前段时间也跟几个书记在一起聊过这个问题,跟镇里领导也反映过这个问题,比如说我们村里的书记做事情特别多,但是收入不高。付出和收入有点不平衡。"(JY-FDM-20210712)

然而,家庭压力和村支书对家庭的亏欠是一回事,村支书所在家庭对他们工作的支持则又让这些压力得到缓解。NH 村村支书 LJH 是一位女性支书,但在被问到家庭与工作冲突的情况时,她的回答是:"很少,我的爱人也非常支持我。做我的司机,天天给我开车。我不会开车,都是我老公开车带我。我家里的卫生,都是我爱人搞,说你去做你的事情,不用管。老百姓有的时候找到家里来了,他还跟老百姓解释,帮我们做工作。"(NH-LJH-20210714)HX 村村支书 FXH 也说:"我家里对我这个工作是绝对支持的,所以我没有后顾之忧。"(HX-FXH-20210712)从这可以看出,虽然每一位村支书都不同程度担负着家庭的压力,但从其自身层面来说,也获得了来自家庭的支持。没有家人的理解和支持,村支书就没有稳定的"后方",更遑论真正做好自身的本职工作。

俗语说,"有压力才有动力。"一定的压力能够对人产生促进作用,关键在于转化。正如村支书 WYF 所说:"工作有压力正常,有压力才有动力,但是一定要想办法把压力转变成动力。从大的压力来讲,无非是现在村经济还没搞上去,产业还没发展起来,这些都是压力,潜在于内心里的。只有这些压力存在,才会有动力去推进这方面的工作,去找这方面的机会。"(ZWT-WYF-20210711)

二、村支书的奋进动因

村支书能够经受委屈、承受巨大压力而不为其所动,反而更加坚守岗位,离不开一定的奋进动因。在对材料进行梳理的基础上,笔者从两个层面进行分析:从作为党员角度看,村支书的奋进是因作为共产党员的信仰和组织对其的信任催生的;从作为所在村庄成员角度看,村支书的奋进动因是对家乡的情怀和带动村民致富的责任感催动的。

1. 信仰与信任

习近平总书记指出:"中国共产党人的初心和使命,就是为中国人民谋幸福,为中华民族谋复兴。"[1]村支书作为党员,有着坚定理想、百折不挠的奋斗精神,能够在受到委屈与压力时正确面对,从大

---

[1] 《习近平著作选读》第二卷,人民出版社 2023 年版,第 1 页。

局出发,不因个人利益而放弃党组织和群众所赋予的重任。在谈到村支书工作的最大动力时,XYT村村支书DPX只回答了两个字:"信仰!"(XYT-DPX-20210717)DPX书记表示:"支持我的动力第一是我的初心,我永远跟党走。"(ZC-XM-20210711)XM书记表示:"首先自己是一名共产党员,即使自己不是支部书记,党需要你的时候你就必须站出来,也必须去做。支部书记就是要按照党员的标准要求自己。"(ZC-XM-20210711)

从以上的讲述中能够发现,保持党性、坚定信仰是村支书奋进的重要支撑力量,而这也是他们党性锤炼的结果。这种自内而外的党性修养在转化为奋进动因时,离不开组织的信任。正如ZWT村村支书WYF所说:"党组织把这么大一个村,几千人交给自己负责,首先就要对得起组织,要有一颗感恩的心。你的荣誉、平台、让你实现人生价值的渠道,都是党组织给你的,你肯定要跟党组织保持高度一致。"(ZWT-WYF-20210711)SGX书记也表示:"最大动力是上级党委对我个人的信任,群众对我的信任。"(LYC-SGX-20210720)从以上访谈中,我们切实感受到了党组织对作为基层党员的村支书的信任与帮助是支持他们不断前进的最大底气,党员身份、信仰力量促使他们在面对委屈、压力时依旧激发出不畏困难的果敢态度和坚毅行动,迸发出最大的动力以做好村支书的工作。

2. 情怀与价值

除了坚定的信仰和组织的信任之外,村支书要把压力转化为动力,也离不开干事的情怀和价值实现的成就感的加持。习近平总书记指出:"培养造就一支懂农业、爱农村、爱农民的'三农'工作队伍"①,这种"爱"就是一种情怀。正如 CTL 书记所说:"还是得有情怀。情怀是大的。"(TX-CTL-20200721)GSX 书记表示:"就是希望把穷村变富村。"(WQ-GSX-20210725)ZYS 书记表示:"这是什么呢? 这是一个事业心。我老这么说,我说这届班子(成员),你们几个都是年轻的,你们一个个把它当成一份事业来干。为什么啊? 你上村里干来,你就把村里这事儿当成个事业来干。你干成了,将来会觉得很欣慰。"(NQ-ZYS-20200722)CYG 书记表示:"反正这样讲,既然进了村委会做这个事,就尽心尽力。把这个事情做好,有一份能力就发一份光,尽我自己最大的努力。毕竟选择了这个职业,就不惜一切把它做好。"(XD-CYG-20210712)HBH 书记表示:"最大的动力是实现自己的抱负,年轻时的梦想没有实现,现在想要实现了,为老百姓做点实事,把村里建设好,把村里搞成示范村,因为我们现在正在申报示范村。"(XC-HBH-20210710)没有要做点事的情怀,没有把穷村变富村的干事决心,是很难有持续的动能的。

当然,情怀来自于村支书由内而外的坚守,通过群众由外而内的认可得以巩固。LJH 书记表示:"老百姓的幸福和笑脸。老百姓发自内心的那种感动,这件事就是越做越有劲,越做越有动力、越有激情。这里有这么多年轻的干部,还有年轻的人才在我们村,村里做了长远的规划,没有道理不努力。"(NH-LJH-20210714)YDX 书记表示:"最大动力应该是老百姓对我的信任,他们也都希望我能多干几年,

---

①　中共中央党史和文献研究院:《习近平关于"三农"工作论述摘编》,中央文献出版社 2019 年版,第 6 页。

把村里建设好,如果老百姓不希望我干,我可能早就不做了。上次换届的时候,我专门跟他们谈了两次话,我说我年纪大了,要退,怎么办? 他们都想让我坚持再干。如果真的政策下来,我没法干了,我还继续到办公室办公,我得培养一个人,我得带着他,把村搞好,这是我希望的,也是老百姓希望的。"(SF-YDX-20210710)WYF 书记表示:"我觉得(做村支书)这是一种人生价值的体现,不能用金钱来衡量。在社会上自己做好每件事都会有一种成就感,当你得到别人认可的时候,真是会感到很欣慰。"(ZWT-WYF-20210711)

正如俗语所说,"金杯银杯不如老百姓的口碑。"YDX 书记说的信任,WYF 书记说的成就感,都是来自老百姓的认可。这种认可不仅使村支书能够坚持下去,更使得村支书不愿意"丢下村民去过自己的小日子"。村支书 WYF 坦言:"我觉得人首先要有一种情怀,如果说对农村没有感情的话,就不可能认真踏实地去做每一件事情。还要有责任感,党组织把这么大一个村,几千人交给自己负责,首先就要对得起组织,要有一个感恩的心。你的荣誉、平台、让你实现人生价值的渠道,都是党组织给你的,你肯定要跟党组织保持高度一致。然后还要感恩群众,村干部都是群众选举出来的,群众这么相信你支持你拥护你,那你做的每一件事都要对得起他们。这是一个人的良心,我也是凭自己的良心去做事。"(ZWT-WYF-20210711)正是这种被承认被认可的精神激励,使得村支书能够尽自己最大的努力把事情做好,能够把村支书的工作当成自己的事业,充满责任感地在这个岗位上坚守与奉献。

三、村支书的调适举措

村支书承受的压力很大,奋进的动因不小,这就需要村支书通过自我调适来将压力转化为动能。通过对14位村支书的访谈发现,村支书缓解压力的主要途径与方式主要有三种类型:

1. 坚持原则不计较

坚持原则不计较型,主要指的是村支书本人在应对负面评价时,从原则底线出发判断自身的对错。对于一些个人评价,村支书不做回应,并最大限度上避免这些负面评价影响到自身的心态与心情,保证各项工作能够按部就班地推进,不因为某些话语和评价而影响整体工作的推进。坚持原则是很多村支书所秉持的一种工作宗旨,也是自身能坦然面对不同意见和评论的最强精神保障。一方面,坚持在原则内做事,村支书的工作就能做到问心无愧,能够心无旁骛地投入工作之中。另一方面,坚持以原则为评价标准,村支书就能顶住压力把该干、想干的事情扎实做下去,用不断呈现出来的工作成效让群众满意。

2. 荣誉激励缓释

荣誉激励缓释,主要是指村支书通过上级领导部门以及人民群众对自己以往成绩的赞许和获得的荣誉来宽慰自己,在面对压力时进行正向激励,使压力得到缓释,并在荣誉等正向激励中继续鼓励自己顶住压力、迎难而上。正如YDX书记表示:"怎么缓解呢,说心里话,首先是党和政府给了我很多荣誉,这些年,我是一届市人大代表、政协委员、一届省人大代表,市里所有干部都很支持我,提出的问题都会给及时解决,党和政府给我的荣誉和支持让我很欣慰,就算以后我回想起来,我也会觉得我干这几年是有意义的,是有成就感的。现在我有时会觉得没有困难、没有惊险、没有酸甜苦辣,人生反倒太平凡。一路走过来,真的太难太难了,无法用语言来形容。所以我这一路的困难真的没法形容。现在大环境比以前好多了,我可以一心搞发展。再就是老百姓开心,我就心里好受。这段时间确实压力很大,9月份这一阶段任务结束,压力可能会小点。我也经常跟其他干部说,一定要平和自己的心态,要对得起党和人民。"(SF-YDX-20210710)

在 YDX 看来,党和人民所给予的荣誉是其坚持做好村支书工作的奋进动力。市人大代表、政协委员、省人大代表这些代表身份既是党和人民对其工作所取得的成绩的肯定与鼓励,也在另一方面增加了他作为村支书的自豪感和成就感。同物质奖励对比,这些荣誉所带来的激励作用更能发挥长效的激励作用。正如 YDX 所说的那样:"党和政府给我的荣誉和支持让我很欣慰,就算以后我回想起来,我也会觉得我干这几年是有意义的,是有成就感的。"

当然成就感不仅是一种外在的认可,还可以体现为自我的成就感。这种自我认可是基于工作成就与群众认可的一种自我感觉,它可能不体现为党和政府的荣誉,而仅体现为自己的认知和群众的认可与支持。NQ 村村支书 ZYS 谈到,每为群众办完一件事,都有一种成就感;也正是全心全意为群众办实事,每到选举都得到高票数,在他看来,每次得票率都达到 80% 以上,这还是表现出来的。

群众是以实际的支持来回应村支书的工作,这种自我的成就感对村支书的激励也是很大的。

3. 沟通解决证明

沟通解决证明主要是指村支书通过及时沟通、畅通交流渠道来对群众和相关领导部门所反映的问题进行及时回馈解决,通过自身对现有问题的解决释放压力,最终用行动将群众或相关领导部门施加压力解决掉。正如 GSX 书记表示:"群众对工作不理解,这是正常现象,都是存在的。遇到这种情况,我们一般都会跟他们解释,解释清楚之后,他们就能理解了。上级不满意主要是单项工作当中,对工作进度或者成绩不满意。因为村里想把每项工作都做好,而且每次都走在前三名那是不可能的。这些不满意我觉得也是正常现象。另外,我们村也会把具体工作中的短板找出来,不断采取适当的方法方式,把它补救回来。我觉得各项工作中只要做到问心无愧就行了,政策该我落实的落实,群众该我去宣传、引导、发动和帮扶的都做到了,只要用心、用情、用力去做,其他的像成绩那些都是次要的。"(WQ-GSX-20210725)

与 GSX 书记类似的还有 XM 书记,他在访谈时也谈到了应对压力与负面评价时,自己往往通过实践解决问题来证明自己,最终达到缓解压力。X 书记表示:"有些时候工作难做,有很多的不理解,当时我心里就很不舒服。但出现问题的时候,没有想过不干了,只想着把事情解决。如果想着不干了那就要问自己为什么要选择这个职业呢?选择这个职业就要面对老百姓的不理解。就我内心而言,做工作酸甜苦辣都有,要靠自己不断调适。"(ZC-XM-20210711)在这里GSX 与 XM 两位村支书自我调适的主要途径是沟通解决。其一,良好的沟通是调适工作压力的前提。通过及时有效的沟通,可以使群众对村支书的工作有更多的理解,也能使上级领导正确识别村支书的工作思路与工作目标,这种有效的沟通既能获得上级领导的支持,也能最大限度让群众满意。其二,解决问题是调适工作压力的治本之策。无论是上级领导的支持还是群众的满意,归根到底是需要村支书的实际工作成效来巩固的。

第三节　自我成长能力是村支书的核心能力

唯物辩证法认为,任何事物的产生、发展和灭亡,总是内因和外因共同作用的结果。毛泽东指出:"外因是变化的条件,内因是变化的根据,外因通过内因而起作用。"[①]相对于其他能力,村支书的自我成长能力是其履行职责、完成工作的内生动力,是村支书的一种核心能力。这种核心能力是保证村支书具备以及提高其他能力的一个前提性能力,正所谓"打铁还需自身硬"。党和国家对村支书的要求与期许是与日俱增的,村支书身上的担子也变得越来越沉,村支书的自我成长能力则显得越来越重要。

---

① 《毛泽东选集》第一卷,人民出版社 1991 年版,第 302 页。

一、村支书如何合时代

村支书的自我成长能力不是一种玄而又玄的抽象概念，而是落在实处看得见摸得着的实质性能力，是同村支书的政治能力、治理能力、发展能力、组织能力既有区别又相互关联的整体，是一种内驱性动力，是激发出村支书提高自身各方面能力的内生动力，体现在村支书所从事工作的方方面面。如果村支书的自我成长能力不强，就难以与时代发展需要相契合、与人民美好生活需要相接合，难以匹配与日俱增的村务工作，就会出现组织不力，在管理村务中出现不作为、懒作为、胡作为的行为。

"我们村能搞得这么好，有一个主要原因就是我们班子给老百姓一个很安心的存在，让他们感到很安心、很安定，他们觉得我们做的事情确实是为他们好，这是第一要素。因为老百姓看一个干部，就是看你是不是在为他做事，这对他们来说就是主要的，如果你做的一件事情有一点点是为自己，老百姓看着，老百姓就不会再相信你。老百姓就看我们怎么做，看是不是往发展里做、是不是为了他们的幸福生活去做，这个东西就是这样的。

对我来说，首先就是把老百姓的事当作自己的事来做。为什么呢？有句老话说老百姓无大事，但是老百姓的事没有小事的，他的事都大。他找我的事不是大事，但你一定要当大事来做，他才能相信你，他才能听你的，要不然，他根本不理你。像我做这个书记，我就是要给老百姓"打工"，他可以不理你，但你一定要理他，做事要做到老百姓心坎上，这一点一定要清楚。

再就是你做的每一件事情都要公开公平，不是说有关系才给好好做，一件事怎么做，老百姓们集体定，村里大事小事全部商量，我们那个美丽乡村建设也开了好几次会，每一个老百姓都要签字，每一个老百姓都要按手印，每一个老百姓参与，我才做，不然我不做。也就是一定要尊重老百姓，他才能相信你，你不能觉得你是个领导，高高在上。老百姓不会巴结你。村里书记要当好，要学会做人，做人是关键，就如何对老百姓这块，要多问问老百姓，听一下他们的心声，有哪些困难、哪些矛盾，以及他们有什么想法，要多跟他们交流。每次开党员会的时候，我会把这一个的事情全部公布出来，看大家有什么意见想法，下一步有什么想法，制定计划后就一定实施好，说到做到，这也是赢得老百姓尊重的主要原因。

按照市里规定，我年龄有点过大了，但老百姓都想让我干。担任书记，说实话，你不担责任你不能当书记，但是老百姓不支持你，你当什么书记？我有一次好像是 2003 年的选举，我是百分之百的票数，其中有个老人以前跟我扯皮挺厉害的，我就问他，你在选票上还写了我呀？他说虽然有矛盾，但是我看只有你能搞好。这就说明老百姓心里已经有你了，这也说明老百姓有矛盾了，要尽快解决。所以说，你说好还是不好，老百姓的口碑才是重要的。"（SF-YDX-20210710）

结合 YDX 的谈话可以看出,村支书实现能力与时代需要相合的目标至少包含两个维度的考量。第一,要坚持在自我成长与担当作为中百炼成钢。自我成长能力越强,越能敢于担当、积极作为。自我成长能力越强,村支书对自身的崇高责任认知就越深刻,对做好这项工作的热情就越高涨。在这种基于崇高责任的自我认知之下,村支书就不会在重大村务决策判断上有畏难情绪,就不会在思想上头绪不清、包袱过重、无法全身心投入到关键决策中去,反而会在一些重大决策上做出更为符合本村的发展实际,契合群众的真实需要的关键性裁断。在决策的执行与运行中,乡村群众的认可度就会更高,事项的推进与发展就会更有效率和质量。

第二,要坚持在引导帮助与自我更新中实现双向成就。当前一些村支书的自我成长能力上的短板比较明显,即受到年龄等多方面因素影响,个别村支书的知识结构更新较慢,与高速变迁的社会难以快速匹配。这也是党着力推进村级干部队伍年轻化的重要动因。但推进村级干部队伍年轻化,并不意味着简单地以年轻干部代替老龄干部,而要进行梯队配置,引导将老年干部的经验和年轻干部的创见结合起来。村支书在通过自身的不断努力竭力跟上时代的同时,时代和人民应该给予村支书一定的成长时间,这是一种双向成就。

二、村支书如何更好提升自我成长能力

党的二十大报告指出:"全面推进乡村振兴。全面建设社会主

义现代化国家,最艰巨最繁重的任务仍然在农村。"①目前,全面推进乡村振兴的宏伟蓝图已经绘就,接下来的重点是我们如何将蓝图变为现实,用汗水与奋斗完成乡村振兴的伟大历史使命。村支书作为农村党组织带头人,自然而然成为全面推进乡村振兴的关键性人物。完成乡村振兴的各项重点工作离不开村党支部书记各项能力的发挥,也时刻检验和培养着村支书的各项能力和素养。村支书需要让其自我成长能力发挥作用,将这种内生动力转化为源源不断的各项能力来助力乡村振兴。

从具体层面上看,乡村振兴中需要村支书具备经济建设的本领、学习宣传先进农业技术的本领、巩固脱贫成果发展产业的致富本领以及大抓基层党建的组织本领等能力内涵,而这些本领的背后是村支书的自我成长能力的发挥。因此,在今后一个时期内必须着重培养村支书的自我成长能力,在保证质量的基础上,造就一批批适应农村现实又符合党对基层治理现代化建设要求的高素质村支书队伍是时代所需、人民所需。

第一,要紧扣基层治理能力现代化的要求进行能力的靶向提升。村支书的自我成长能力不是一种随机的不可控因素,而是对应任务使命的靶向供给。因此,可以说只有符合村支书自身职责任务要求的自我成长能力才可以称为有效的村支书自我成长能力。基层治理是国家治理的基石,统筹推进乡镇(街道)和城乡社区治理,是实现

---

① 习近平:《高举中国特色社会主义伟大旗帜　为全面建设社会主义现代化国家而团结奋斗——在中国共产党第二十次全国代表大会上的报告》,人民出版社 2022 年版,第 30—31 页。

国家治理体系和治理能力现代化的基础工程。这一庞大的工程为村支书提出了要求与条件,村支书的自我成长能力必须对标基层治理需要,有条件有选择地进行加强和提高,使村支书的自我成长能力符合基层治理能力现代化要求。

第二,要紧扣韧性的目标导向进行能力的储备。在加强基层治理体系和治理能力现代化建设的大背景下,国家与社会在多个层面向村支书提出了相关要求,这些要求可能形成对村支书履职的压力。村支书掌握或匹配这些要求,应对这些压力离不开自我能力的成长。村支书的自我成长能力是村支书必备的一种"内功",这种"内功"最终导向的是一种韧性。"韧性"最早是一个物理学概念,表示材料在塑性变形和破裂过程中吸收能量的能力。韧性越好,则发生脆性断裂的可能性越小。只有具备强大的韧性,才能应对一切内外的压力,也才能真正把压力转化为动能,让村支书能够有强大的信心带领班子成员,迎难而上,不断前进,敢于面对前进道路上的一切风雨挑战。

结　　论

　　坚持和加强党对农村工作的全面领导,坚持农村基层党组织的领导地位不动摇。"火车跑得快,全靠车头带。""办好农村的事,要靠好的带头人,靠一个好的基层党组织。"①农村基层党组织是农村工作的"头",而农村支部书记则是农村党组织的领路人,选拔和培育千千万万名优秀的农村党组织书记是时代所需,也是基层之要。

一、村支书的能力体系与能力实践

　　一位农村党组织书记是否优秀,关键在于其能力构成与展现。要加强基层党组织带头人队伍建设,注重培养选拔有干劲、会干事、作风正派、办事公道的人担任支部书记,团结带领乡亲们致富奔小康。这一论述明确了优秀村支部书记的能力性质。本书从村支部书记所处的框架结构出发,对其能力构成进行剖析。

---

① 中共中央党史和文献研究院:《习近平关于"三农"工作论述摘编》,中央文献出版社 2019 年版,第 189 页。

1.村支书的榕树型能力网络

从静态维度看,以村支部书记自身为中心,其工作囊括了"上""下""内""外"四个维度,这四个维度上的能力构成又是附着于村支部书记身上,从而形成了一种榕树型的能力网络体系。

首先,村支书的内在潜能层构成了"榕树之根",是所有能力的养分来源。没有前置的能力积累,普通村民是很难以成长为村支书的;而没有积极的意愿,村支书也是很难履行好村支书这一职务的。而且村支书的所有能力展现,离不开职业经历的积累和任职意愿的积极。职业经历的积累对村支书的能力呈现方式直接产生影响,甚至决定了他们能力的凸显度;任职意愿积极与否甚至直接决定了他们在处理面临事务上的付出度。

其次,村支书的自我成长能力与政治、治理、发展和组织能力分别构成了"榕树之干"与"榕树之枝"。其中,自我成长能力是其他能力能否扩展的基础,每一个工作维度则组成了树枝,具体的工作能力附属于相应的树枝之上,但又通过村支部书记这一具体的人而呈现出来,如同榕树垂下的根须于主干保持着养分上的融通。如此,以村支部书记的自我能力为依托,由四个维度发散开来十种能力,形成一种能力簇,如同榕树形状。之所以是能力网络,在于村支部书记的能力并不是绝然分立的,而是贯穿于村支部书记一人之身,甚至于连作为具体实践中的村支部书记也无法厘清到底是哪方面能力在主导着他的行为指向。

2.村支书能力的非均衡性

本书的这种静态能力体系描述,是为了更好地区分村支部书记的能力构成和区间指向,但并不意味着村支部书记任何一方面的能力可以分离甚至分立开来。这五大方面的能力虽是应然的,但却是有机统一的,统一于新时代村支部书记搞好农村工作、带领群众实现乡村振兴的伟大实践中。通过对较发达村的 14 位村支部书记的能力实践情况的实证调查与分析发现,村支部书记的能力呈现出显著的非均衡性。

首先,这种非均衡性与村支部书记的能力基础有关,也与其能力的成长性有关。有部分村支部书记在村任职长达几十年,经历了不同的时代变迁,经受了充分的能力锻炼,长于群众工作,有深厚的群众基础;有部分村支部书记属于返乡经济能人,眼界开阔,长于谋划,能够精准选定村庄发展方向,带领村民致富,等等。每一位村支部书记在担任书记职务之前的人生和工作历练都是其能力的积累过程,这构成其作为村支部书记能力的基础;担任村支部书记后的能力成长则是在这一能力基础之上所进行的能力调适。

其次,村支部书记能力呈现的非均衡性也与一定的环境结构有关。在中国特色社会主义进入新时代以后,各种国家资源进入乡村社会,各级党和政府对村党支部书记的支持和重视也日渐增强。村支部书记能否做好工作,离不开这个大环境,也离不开村级领导班子和广大基层群众的支持和帮助。当然,村支部书记能力呈现的非均衡性并不代表村支书能力的不足,也不是只有走向全面的均衡才是合格的村支部书记,合格的关键在于村支书的能力要与所在村庄发展与治理的需要相匹配、与所在村庄人民日益增长的美好生活需要相适应、与整个大时代对村支部书记的定位和要求相一致。这就要求每一位村支部书记既不能故步自封,也不能自我满足,而是要不断追求自我成长能力的完善,从而在讲政治、谋发展、寻团结和求稳定等诸多方面做得更好。

二、能力非均衡性与村支书类型

村支部书记五个方面能力既是一个有机统一的整体,又是相互分立的。研究将首先从五种分能力的维度考察村支书的能力特点及其实践效用,进而将五种能力进行综合考察村支书的整体能力特点及其实践效用。

1.分能力视域的村支书

通过对14位村支部书记的访谈,在每一种能力的细致描绘中都能够看到其所呈现的非均衡性,从而能够在注重某一能力的过程中对单向能力的呈现进行一种类型说明,这种类型说明只是作为村支部书记的能力呈现侧重所致,并没有高低之分。

(1)政治能力:落实型与转化型

政治能力是村支部书记的首要能力,这种首要性在于村支部书记是党的组织体系的末梢,其最重要的是要宣传党的主张、贯彻党的方针政策。这种宣传和贯彻在村支部书记身上的能力体现为政策领悟力和政策执行力,这是前后相继的贯通能力。

从本书14位村支部书记的政治能力呈现来看,有全面落实型和积极转化型两类。全面落实型偏重的是对党和国家的方针政策等进行不折不扣地执行,很鲜明地体现出讲政治的特质。与此相比更深一层地讲政治,积极转化型则是对党和国家的方针政策进行积极转化,将本村的实际和村民的现实需求进行适配,从而将国家的方针政策转化为适合本村发展与治理需要的政策。在中国这样一个大国,各地的情况千差万别,农民的需求千变万化,任何党和国家政策所强调的在把握原则方向之下的因地制宜,是要求在积极转化基础上的不折不扣执行。不折不扣地执行才能确保基层实践能跟党中央始终保持一致,实现政策落地;积极转化才能确保党和国家的方针政策能够与地方相适应,实现政策落实落细。从村支部书记的角度看,全面落实型指向村支书做好政策的理解和对村民的政策宣传,积极转化型则指向村支书能承担好理性责任,而不是简单地宣传与服务。如何在不折不扣地执行基础上推进党和国家方针政策在村庄的积极转化,是新时代村党支部书记所要着力提升的方面。

(2)治理能力:服务型与务实型

治理能力是村党支部书记的关键能力,这种关键性体现在乡村治理是国家治理的基石,也是关乎党在农村执政基础是否稳固的大问题。它具体体现在村党支部书记联系群众的能力如何,是否能够应急处突化解可能的治理风险。联系群众的能力检测的是村党支部书记的群众基础,它也决定了村党支部书记面对可能风险性调动人力、物力等资源的能力;而村党支部书记应急处突能力的强弱也关系到群众的获得感、幸福感和安全感。

从本书14位村党支部书记的治理能力呈现来看,有细致服务型和开放务实型两类。细致服务型村党支部书记侧重于以真心实意的服务对待村民,为人亲切和善,把涉及村民的每一项工作做细做实,从而以心换心赢得村民的拥护和支持。开放务实型村支书则是善于根据现实需要把握基层问题处理的方式和原则,从而以公平公正赢得村民的认可。如果说细致服务型是以情动人,开放务实型则讲求以理服人。而在联系群众和应急处突两种能力上,联系群众应着力以心换心,应急处突则应以理服人。在基层治理的一线场域中,村党支部书记治理能力呈现的理想状态应是情理兼顾,既要对村民做到服务细致,又要能够务实开放;既讲求原则的坚定性,又寻求策略的灵活性。如此,方能真正破除基层所面临的各种风险挑战,引导广大基层群众自觉听党话、跟党走,夯实党的执政根基。

(3)发展能力:积极型与维持型

发展能力是村支部书记的重要能力,其重要性体现在中国的乡村不是城市化的"牺牲品",而是要走向乡村振兴。"民族要复兴,乡村必振兴。"①乡村振兴不是哪一个方面的振兴,而是涉及产业、组织、人才、生态和文化等诸多方面的振兴。村支部书记作为引领乡村振兴的重要"领头雁",其发展能力如何直接影响着乡村振兴的效果。村支部书记的发展能力直接体现为能否链接广阔的政府、市场和社会资源为村庄发展助力,又是否能够带动集体经济的发展和村民致富。链接资源是实现集体经济发展和村民致富的前置性条件,链接资源的密度影响着带动致富的程度;带动致富的能力越强,也就能够链接更多的资源,从而不断提升致富的程度。

从本书14位村支部书记的发展能力呈现来看,有积极发展型和

---

① 习近平:《论"三农"工作》,中央文献出版社2022年版,第38页。

求稳维持型两类。这两者是以村支部书记与村庄发展成效之间的关系来论定的,并没有明确的界限。其中,积极发展型村支部书记具有开阔的发展视野,能够凭借自身链接广阔的资源,在带动村民致富的同时,能够实现村庄集体经济的发展;求稳维持型村支部书记则表现为资源链接能力较弱,难以带动村庄集体和村民致富。他们通常转而寻求村庄既有发展与治理成果的维持,以求稳的心态应对村民的发展需要。村支部书记如果一味求稳维持,就只能依靠国家的资源投入来实现村庄集体经济的可能增长,最终形成的是一种"没有发展的增长"。村庄的发展固然离不开外力的支持,但更重要的在于内力。村支部书记作为村庄发展的"领头人",他是否能够积极追求发展至关重要。然而,求稳维持型所给予的启示是要造就一种和谐稳定的村庄发展氛围。没有和谐稳定的村庄发展氛围,积极发展最终也难以实现可持续发展。在新时代全面推进乡村振兴战略背景下,村支部书记应在营造和谐稳定的村庄发展氛围基础之上,充分借助政府资源、广泛借助市场资源、积极拓展社会资源,以积极的心态整合村庄内外各种资源推进发展,实现集体经济发展和村民个体致富的共同推进。

(4)组织能力:决策型与统合型

组织能力是村支部书记的基础能力,它的基础性体现在村支部书记是村级党组织的"带头人",是所属农村组织党员干部队伍的"班长"。按照一位村支部书记的朴素话语表达是:"作为书记你是领路的,但领路的得有人支持你。大石头没有小石头支,你可稳?"在"上面千条线,下面一根针"的政治情境下,农村千头万绪的工作,不可能光靠村党支部书记一人所能承担,而是以村支部书记为首的整个村级党员干部队伍共同的事业。在这个意义上,村支部书记的组织能力,就是其作为"班长"能够组织、协调和调动整个村级党员干部队伍的能力。它具体体现为村支部书记的组织建设能力和引导决策能力。一个村级组织建设得越坚强有力,就越能够高效作出科学合理的决策,从而引导村庄的发展;村支部书记能够在方法和行动当中引导整个班子作出科学合理的决策,也就越能显现出他在村级班子建设上的能力。

　　从本书14位村支部书记的组织能力呈现来看,有管理决策型和意见统合型两类。管理决策型村支部书记侧重集中领导,其自身能力较强,有长远眼光和战略布局,能以其前瞻性带领整个班子围绕确定的目标而努力;意见统合型村支部书记侧重民主统合,他并不讲求个人权威的塑造,关注班子内部成员意见的充分表达,在寻求团结的基础上凝聚村庄的发展共识。在以村支部书记为首的基层组织工作中,理想的组织能力应是民主与集中的有机结合,这是党的根本组织原则要求。然而,村支部书记在处理自身与整个团队的关系上,由于个人性格、组织环境等多方面因素,形成了有所侧重的组织能力。侧重集中领导的村支部书记要更多地发扬民主,以克服权力的"异化";而偏重民主统合的村支部书记则要避免意见的过多和过于分散而使得村庄发展错过难得的机遇。只有切实实行民主基础上的集中与集中指导下的民主的有机结合,农村基层党组织才能够更好发挥战斗堡垒作用,才能真正发挥好凝聚人心、聚力发展的功能。

（5）自我成长能力:沉稳型与开创型

自我成长能力是村支部书记的核心能力,政治能力、治理能力、组织能力和发展能力都是附着于自我成长能力之上。村支部书记如果不与时俱进地进行能力提升,政治、治理、组织和发展能力就很难以适应时代所需、很难以解决现实挑战。自我成长能力既是一种具体指向的能力向度,也是一种综合囊括的能力框架,它具体表现为自我提升能力和自我调适能力,自我提升指向环境对自我能力要求的增长,自我调适指向自我与结构之间张力的释放,两者不可偏废,有机统一于村支书身上。如果说自我提升能力是一种主动适应,自我调适能力则指向一种被动选择,一张一弛方能实现能力的有效增强。

从本书14位村支部书记的自我成长能力呈现来看,有沉稳型和开创型两类。沉稳型村支部书记侧重既有能力的维持和发扬,他更多是受到自身年龄和知识水平的限制而难以自我成长;开创型村支部书记侧重既有能力的拓展和适应,主张以积极的心态应对时代挑战。正因为侧重既有能力的维持和发扬,沉稳型村支部书记的自我调适能力更为突出,把一切压力和挑战都转化为常规性释放;而开创型村支部书记则不断寻求自我提升,由此所产生的张力也不断增加自我调适的挑战。村支部书记自我成长能力的理想状态应是自我提升的最大化和自我调适压力的最小化,这便需要在沉稳中寻求开创,在开创中不忘沉稳,方能实现村支部书记在面对来自各方的挑战中始终成为村庄发展与治理的坚强领导核心。

2.能力综合视域的村支书

通过以上分维度的能力类型的考察可以发现,现实中的村支部书记的能力类型是不同维度能力类型的组合。这种组合在实践呈现为优能型与均衡型两类。

(1)优能型村支书

所谓优能型,指的是村支书某一方面的能力显示度很高,从而在与其他四种能力的对比中呈现优势。然而,这种优势并不仅仅是一种能力强度的对比,更重要的在于这种能力优势的凸显能够造成村支书在其他事务上的递推效应。从显示度来看,发展能力的显示度最高,村支部书记的发展能力与村庄的面貌改变和村民经济条件的改善密切相关,而政治能力、治理能力和组织能力很难以直接通过村庄的变化显现出来,属于显示度较低的能力维度。

自改革开放以来,经济能人治村或先富能人治村在实践中广泛兴起,也得到了学界的广泛关注。这种关注既是村支部书记发展能力显示度高的表现,也与整个社会追求发展的氛围有关。在所调查的 14 位村支书中,大多数村支书都属于优能型,而且最为凸显的能力是发展能力。这与村支书是作为致富能人被选任为村支书密切相关。发展能力的显现使得村支书瞄准发展,从而使村支书将其他能力服务于发展能力。这种服务造成的效应是,村支书反过来以谋求发展的思维来定位和解决其他不属于发展范畴的事务(即便这些事务理应归属于政治、治理、组织或其他方面),从而形成发展的递推效应。从积极方面看,这种发展能力的凸显与党推进乡村振兴的战略要求有效契合,能够带来村庄发展的不断升级;从消极方面看,发展的凸显蕴含着村支书独立决策能力的增强,固然会带来强大的权威,但也潜藏着自主理性扩展的奉献。

（2）均衡型村支书

所谓均衡型,指的是村支书并没有哪一个维度的能力特别凸显,而是呈现为五种能力的综合平衡。然而,这种均衡并不是一种绝对的力量均衡,而是由不同维度能力相互作用下形成的相对平衡为结果。相比于优能型来说,均衡型村支书并没有很好的前置能力基础,而是在实践工作中不断保持与实践需要的能力提升,最终以均衡形态呈现出来。

在中国特色社会主义进入新时代,全面推进乡村振兴上升到国家战略层面的当下,党对村支部书记的能力要求更高更为全面,村支书不仅要提高政治能力,还要具备突出的治理能力和高超的发展能力,也要具备优秀的组织能力和不懈的自我成长能力,进而要寻求不同维度能力的一种优势组合,这是作为理想意义上的。在现实意义上,由于每个村庄的基础条件不同,所处的发展阶段不同,这就需要党组织能够根据村庄发展与治理的需要进行精心挑选和有力培养,使每一位在任或后备的村支部书记都能够胜任党所赋予的神圣责任,团结带领所在村庄的村民走出各自的乡村振兴道路。

三、村支书能力与乡村治理现代化

党的二十届三中全会明确提出,进一步全面深化改革的总目标是"继续完善和发展中国特色社会主义制度,推进国家治理体系和治理能力现代化"[①]。农村是整个国家治理版图上的最弱项,推进农

---

① 《中国共产党第二十届中央委员会第三次全体会议文件汇编》,人民出版社 2024 年版,第 18 页。

村基层治理现代化在一定意义上就关系到国家治理现代化的实现。党的二十大指出，全面建设社会主义现代化国家，最艰巨最繁重的任务仍然在农村。坚持农业农村优先发展，坚持城乡融合发展，畅通城乡要素流动。加快建设农业强国，扎实推动乡村产业、人才、文化、生态、组织振兴①，《中共中央国务院关于加强基层治理体系和治理能力现代化建设的意见》中明确提出，推进基层治理现代化，要坚持党对基层治理的全面领导，把党的领导贯穿基层治理全过程、各方面。村支书作为党在农村工作的领导核心，深处基层治理一线的中心位置，是新时代加强和改进农村治理最重要的力量。村支书是不是具备讲政治、顾大局的能力，是不是紧密联系群众、善于化解风险挑战，是不是有发展眼光、积极带领村民致富，是不是能够团结队伍、把组织建设得坚强有力，是不是不断学习、勇于进取，这方方面面的能力如何，对一个村庄的振兴发展、村民的美好生活需要满足都至关重要。

中国共产党始终重视村支书的能力建设。尤其是自党的十八大以来，党中央不仅高度重视村支书的选拔，着力选拔德才兼备的人员担任村支书，同时高度重视村支书的能力建设，不断提升其讲政治、谋发展等诸多方面能力，实现了村支书能力的提档升级，为助力实现乡村振兴战略提供了有力支撑。然而，应该认识到，与乡村治理现代化的目标要求相比，村支书的能力建设仍有待加强。补齐村支书的能力短板势在必行，但也不能好高骛远、急于求成，而要顺应时代的

---

①　《习近平著作选读》第一卷，人民出版社 2023 年版，第 25 页。

趋势与要求,如此才能以自身的能力呈现不断推进基层治理现代化。这不是一句空话,而是需要村支书切切实实地以开放的心态加强学习,不仅要提高政治能力,还要精研业务能力,也要增强技术本领。以学习增强能力,以能力成就未来,这是新时代村支书的使命,也是必须的担当。

附录　村支书能力访谈提纲

提示：

1. 本调查提纲适用于村级党组织书记,要注意选择村庄发展较好、比较健谈、有一定能力的村支书进行访谈,尤其重视挖掘他们处理的事务案例。

2. 本调查以提供的访谈提纲为主,但访谈提纲只是一个"指南",在访谈时应围绕所列问题展开,但绝不能局限于提纲,要根据能力的事实性拓展和深化提纲。

基 础 篇

(一) 村庄背景

1. 村庄所在的行政区划? 村庄的主要地形? 村庄的自然和行政村构成。

2. 有关村庄起源的传说、故事等,村庄的区划变迁状况和重要事件。

3.村庄人口状况(户、人、劳动人口、在村人口),村民的主要职业特性,村庄的主要文化特征(宗族文化、宗教文化、民间文化等),村民的主要娱乐生活状况。

4.村庄的耕地(水田、旱地)状况及其变化,主要作物类型,山林情况。

5.您认为咱们村变化最大是什么时候?原因是什么?您认为咱们村还有哪些重要特点?

(二) 个人经历

6.简要介绍个人的生活和工作经历,从事过哪些职业?何时入党,哪年开始在村里当干部,分别担任何职务?是如何担任此职务的(主动参加竞选、乡镇领导干部动员出来、村民推荐等)?什么时候开始担任村支书?

7.您家所在的宗支、房支、家支在村内是什么情况?您觉得这对您担任村支书是否有什么影响?

8.您为什么愿意成为村干部?在您担任村支书前后,有什么使村民信服的、值得称道的事?当时的情况是怎样的?到现在为止,有没有什么值得让您感到自豪的事情?为什么?

重 点 篇

(一) 政治层面

最近一两周或一个月,政府给你们安排了什么政策任务?您是如何看待这些政策任务、如何理解的？您是如何执行的,执行中有什么困难吗？又是如何克服的？有没有什么是难以克服的,您打算如何解决？

1. 政策领悟

(1)您平常是通过哪些方式了解国家或地方的政策？您认为了解政策的方式与之前有什么不同？为何会产生这种变化？

(2)您是如何理解"要吃透政策精神的"？您在这方面有什么经验吗？试举一例谈谈您是如何做到的？如果遇到您理解有困难的政策,您会怎么做？您觉得这样处理有效果吗？

(3)您是如何向党员干部传达政策精神的,都有哪些好方法？在他们不理解的时候,是怎么处理的？您是怎样让政策涉及的村民理解这些政策的？在村民不理解的方针政策时,您是如何解决的？有哪些好办法？您怎么理解我们领导干部要做好政策的"宣讲家"这句话？

(4)您有没有遇到过不同部门的政策间存在冲突的情况,如果有,您是怎么处理的？如果没有,您会如何解决这一冲突？

2. 政治执行

(5)现在已经是全面乡村振兴阶段,咱们村是(或者说准备)从哪方面破题？您的主要考虑是什么？有没有什么困难,原因是什么？

(6)咱们村上一届村民选举的投票状况如何？村民的参与热情如何？您是如何动员村民投票的,都有哪些好举措？不愿参加投票的村民主要是什么原因？

(7)咱们村是否是书记主任"一肩挑"？您觉得"一肩挑"与本

村实际是否符合？您觉得"一肩挑"的优势和难点在什么地方？

（8）党中央要求基层党组织要发挥战斗堡垒作用，您是如何落实中央这一要求的（如政治学习、党员管理等）？

（9）村里有新时代文明实践中心吗？它在宣传习近平新时代中国特色社会主义思想的过程中是怎么发挥作用的呢？宣传效果怎么样呢？您认为影响村民参加文明实践活动的原因有哪些？您觉得还可以在哪一些方面做一些工作，进一步提高文明实践中心的影响力？

（10）您觉得应该怎样把习近平新时代中国特色社会主义思想落实到具体的工作实践中？在执行过程中，哪些理论落实得比较好？您认为原因是什么？落实的不好，存在的困难是什么？

（11）您觉得这些要求的政策任务较之前的政策任务的来说在执行上有什么变化？您认为变化的原因是什么？您怎样看待这些变化？

（12）作为村支书，在执行这些政策任务时有没有什么方法技巧让您能够比较好的完成这些工作？

（二）治理层面

1. 联系服务群众

（1）在精准扶贫工作中，您负责联系多少户？采取了哪些方式与群众沟通联系？采取了哪些方式向群众传达政策和征求群众意见，群众又是通过什么途径向您反映情况或诉求？有没有群众不配合工作或不理解的情况？您是怎么处理的？有哪些困难是您目前克服不了的，是什么原因？可否举个例子详细说说。

（2）请问您联系咱们村的哪几个村民小组（包片或包组）？这种包片或包组主要是要承担哪些工作？片区或联系组的群众有事一般是找您吗？您在包片中遇到哪些困难，是如何解决的？能否举个例子说说详细经过？

（3）请问您平常主动与哪些类型的村民打交道比较多？主要因为什么事情打交道的？采取了哪些方式？在与不同类型村民打交道中，主要沟通哪些事情？沟通中遇到哪些困难？怎么解决的？您觉得现在与村民打交道比以前更难了，还是更容易了？为什么？与哪些类型村民打交道容易了，与哪些类型的村民打交道难了，难在哪儿？

（4）您觉得日常的人情往来等非正式联系对您的工作帮助大吗？能不能举例说明。除了自身的亲戚之外，与您人情往来较多的是哪类人？

（5）您认为目前村民亟须解决的烦心事有哪些？您觉得村民为什么会有这些烦心事？您是如何帮他们解决的？解决过程中有什么困难？是如何克服的？如果没有解决，哪些困难还没有解决，为什么？

（6）您觉得在为村民服务上应该把握哪些原则？咱们村在服务群众上有哪些好的做法吗？

2.日常矛盾化解

（7）近三年来，村里主要的矛盾纠纷有哪些类型？能否给我们举个例子详细说说这些不同类型的矛盾您是如何处理的？处理这些事情，您是如何想到这些措施的？您遇到了哪些难点？有没有什么矛盾解决不了,主要是什么原因解决不了? 解决不了,您会怎么做?

(8)您认为目前村里矛盾纠纷事件相比之前是多了还是少了? 哪一种类型的多了,哪一种类型的少了? 为什么会出现这种变化? 您认为将来几年村里哪些矛盾会变多,哪些会减少? 为什么会出现这种变化?

(9)您认为农村矛盾纠纷事件的处理应把握哪些原则? 您认为最重要的是什么原则? 针对不同类型的矛盾,处理起来有什么不同的策略和讲究吗?

3. 重大突发事件处理

(10)面对重大突发事件,您是如何应对的? 在思想和行动上如何动员群众和为群众服务? 取得的效果如何? 处理这件突发性事件的过程中,遇到过哪些难点? 如何克服这些困难的? 上面的政策要求是怎样的? 您在推进中遇到了哪些困难? 是如何克服的? 能否举具体例子为我们说明一下。

(11)您还处理过哪些突发性事件? 如何处理的? 可否跟我们举个例子,谈谈事件的具体处理经过。 您是怎样想到这些解决措施的? 在这些突发性事件的处理过程中,您有没有遇到过什么困难? 有哪些困难? 您是如何解决的? 对于当时无法解决的困难,是出于什么原因解决不了?

(12)您对未来突发性事件有没有准备什么预防措施? 有哪些? 是否对村民开展过或打算开展安全应急培训? 有的话主要有哪些培训内容? 大概培训过多少次? 为什么会想到为村民科普这方面的内容? 培训的效果怎么样? 没有的话,今后是否会开展? 准备如何开展?

（13）突发事件一般难以掌控,您认为在应对突发事件上要把握哪些原则或技巧?

（三）发展层面

1.争取项目

（1）近三年来咱们村获得了哪些政府发展项目的支持? 哪些是上级分配的? 对于上级安排的发展项目,您是如何实现项目落地的? 有没有遇到什么困难,是如何解决的? 项目的效果如何? 哪些是主动争取的? 在向上争取项目的时候您扮演什么角色,遇到了哪些困难,您又是如何争取到的,举一两个让您印象深刻的例子和我们说说。有什么项目是您想争取而很可惜没争取到的,您认为没争取到的原因是什么?

（2）根据咱们村的实际情况,您认为咱们村亟须哪些发展项目支持? 您打算从哪着手去争取?

（3）您认为现在向上争取项目与之前相比有哪些不同? 这些变化对于您向上争取项目有什么影响? 您是怎么应对的?

（4）您认为能争取到政府项目受到哪些因素影响? 您认为您能争取到项目主要靠的是什么?

2.引进企业

（5）请问咱们村现在有哪些外来企业或者与外来企业有哪些合作项目? 您为什么要引进这些企业? 您能详细谈下在引进企业遇到了哪些困难,您又是如何解决的? 企业进村为村庄或村民带来了什么？企业在咱们村发展中遇到过哪些困难,您在帮助企业发展上做了哪些工作？目前企业的效益如何,它的发展趋向是什么？

(6)您认为咱们村吸引投资的优势和短板有哪些？适合什么企业来投资,您在这方面有什么打算？

3.集体经济

(7)请问咱们村的集体资源是由哪几块构成的,哪些已经被盘活利用起来？在盘活或者发展村集体经济时遇到了哪些困难,后来又是如何解决的？（村民+土地+政策+投资）有哪些集体资源没有被盘活,为什么没有被利用起来？难点在哪里？您认为咱们村集体资源有没有更好的利用方式？您为此做过哪些努力,未来您将打算怎么把它们利用起来？

(8)您如何理解集体经济发展与乡村振兴的关系？咱们村在发展壮大集体经济时遇到的最大阻力是什么？您觉得您还需要哪方面支持,才能更好壮大集体经济？

(9)请问咱们村村民的收入主要由哪几块构成,比例大概是多少？您为增加村民收入做过哪些努力？您为何会有这种想法？您是从哪里获得信息的？您的这种想法实施了吗,实施过程中遇到了哪些困难,您又是如何克服的？效果如何？如果没有实施,您认为难点在哪,您接下来有什么打算？

4.发展能人

(10)咱们村常年外出务工人数占比多少？有回来投资创业的吗？他们当初为什么选择回村创业？您做了哪些工作动员他们回村投资创业,您又为他们回村的发展提供了哪些帮助？请举例说明。

如果没有或很少,原因是什么?

(11)咱们村有没有本土成长的致富能手,他们在哪些方面比较突出?您为他们的发展提供何种支持?您认为除了这些能人,咱们村有哪些人可以培养成为村庄发展需要的人才?您打算如何激活这些潜在人才?

(12)您认为咱们村吸引人才的瓶颈是什么,还需要哪些支持条件?您对今后培育本土人才或者吸引优秀人才有什么打算?

(四)组织层面

1.人员吸纳

(1)咱们村的党员结构状况如何(年龄、学历等)?村民申请入党的积极性如何?您是否会去动员村民入党,您在考量入党积极分子上有什么考虑吗?去年和今年申请入党的人员情况(年龄、身份、职业等)如何,为何吸纳这些人员入党?

(2)对于新进入党组织的党员或年轻党员,您采取了什么举措提升他们的党性修养或以什么方式起示范带动作用呢?这些举措的效果如何?您觉得阻碍年轻党员发挥作用的因素有哪些?您有什么有针对性的解决办法吗?

(3)您觉得什么类型的党员对您的日常工作帮助较大?为什么?有没有出现党员干部对您的工作不支持的情况,您是如何解决的?您觉得合格党员的标准是什么?您是如何调动党员的积极性的?我们在党员评先评优方面是如何做的?

(4)遇党和国家重大节日、庆典之类的时间节点,村里是如何策划庆祝的,开展了哪些活动？都有多少党员参加？活动效果如何？

（5）在咱们村有没有发掘并培养后备干部人才,如果有,是如何发掘出来的？又是如何培养的？培养中有没有困难,效果如何？如果没有,有没有这方面的打算？难点是什么？

2.党员管理

（6）咱们村党组织上次党会是什么时候？党会主题是什么？参与人员有多少,以什么类型的参与者居多？没参与的党员主要是什么原因？

（7）您多久给党员讲一次党课？您上次讲党课的主题是什么？有多少党员参加？您觉得讲党课对党员来说有什么帮助吗？

（8）咱们村的流动党员有多少？对流动党员是如何管理的？您认为应该如何发挥流动党员的作用？您具体做了些什么,效果如何？

3.班子建设

（9）咱们村村支两委班子成员的分工是如何确定的？您觉得这种分工有没有发挥好各自的业务优势？您觉得遇到哪些事情会突破分工界线,能否举个例子。如果没有发挥好各自业务优势,您做了哪些工作来弥补不足的？您觉得难点在哪？您所期待的理想班子状态是怎样的？您觉得目前的差距在哪？

（10）您结合自己的工作经历,跟我们谈谈您是怎么统一班子成员的意见的？特别是班子成员之间有矛盾分歧的时候您一般会如何处理？试举一例进行说明。您觉得就目前村里班子的情况来说,要保持思想上的统一,需要做好哪些具体工作？为什么？

（11）村里在什么事情上由村支两委干部自己决策？在哪些事

情上会广泛征求党员和村民代表的意见？一般采取什么形式？在这个过程中会遇到什么困难？都是怎么解决的,您跟我们谈谈让您印象比较深刻的一次。

（12）您跟我们讲讲在您印象中什么工作是因为我们班子成员起到了很好的示范带头作用开展得很顺利,受到村民们的肯定的？您有没有什么措施、方法来加强我们村干部在基层工作中的这种表率？您怎么理解我们党员或领导干部在工作中的引领示范作用的？有没有什么经验要给我们分享一下的？

（五）自我层面

1. 自我提升

（1）您平时都会参加些什么样的培训学习？哪些类型的培训学习对您的帮助大？哪些类型的培训学习对您来说是浪费时间？您期待哪些类型的培训学习？

（2）您觉得就您来说,目前工作能力上有哪些短板吗？您平时是如何提升自己的知识水平或业务能力的？您觉得效果如何？

（3）在互联网时代,各项工作的网络化、表格化、电子化,您是否能够适应这种工作方式？如果不适应,您打算如何解决？

（4）在您眼中什么样的村支书是一个优秀的村支书？如果要对村支书的能力进行一个排序,您认为哪些能力是重要的？您如何评价自己的工作能力？

2. 自我调适

（5）您觉得支持您在村里工作的最大动力是什么？作为书记如

果群众对您的工作不理解,或领导对您的工作有意见,您都是怎么看待这些负面评价的?会被这些评价影响吗?哪种负面影响对您的触动最大?为什么?有没有想过撂挑子不干了?那您是怎么说服自己的?能不能举个具体例子说明。

(6)您作为村支书肯定面临过比较为难的情况,您有没有过工作和家庭相冲突的感觉?那您是怎么平衡家庭和工作之间的关系的?您会觉得您的付出和收获成正比吗?特别是在经济上的。您是怎么消化这种负面情绪的?

(7)您平时工作压力大吗?都来自于哪些方面?您想没想过为什么会有这么大压力呢?您平时压力大的时候都怎样缓解的?有没有很难排解的,做什么都不管用的时候,您会怎么办?

(8)您觉得这份工作让您感觉最难的是什么?您觉得最大的收获是什么?这样的经历会对您的工作状态有什么影响吗?这种影响持续的时间长吗?

后　记

　　中国式现代化不是天上掉下来的,而是党团结带领人民经过艰苦奋斗创造出来的。农村作为全面建设社会主义现代化国家版图上的重要"拼图",它的现代化程度是党在农村一线的村支书带领广大党员干部和农民群众奋斗的直接呈现。本书以基层视角看国家战略,从村支书这一农村基层的关键角色观察国家现代化,聚焦个体能力呈现审视国家治理,对于新时代新征程以中国式现代化全面推进中华民族伟大复兴具有重要的理论意义和实践价值。

　　价值来自平凡,更凝聚了太多人的努力和付出。在笔者的长期基层调查中,始终绕不开的一个核心角色就是村支书,他上承下达、内外兼顾,对于一个村庄的治理和发展有着至关重要的作用,也是作者经常交流的对象。不过,在时时重视他们、密切关注他们的过程中,逐渐萌生了要对他们——村支书这一群体进行全方位观察的想法。于是,我和我的学生们启动了这一计划,决定通过锁定村支书的能力这一核心主题,立足于通过大量的访谈调查考察村支书的能力建设与发挥问题。经过深入的访谈调查、分析综合和研究,才形成了这本书。它的成形,凝聚了太多人的辛苦付出。

在开展研究的过程中,笔者一直坚持要把"论文写在祖国的大地上"。为此,我带领我的博士后以及研究生们对整个项目规划做了周密安排。第一阶段,在对访谈提纲进行精细打磨和试调查的基础上,汇聚了包括博士后、博士生、硕士生和本科生四个梯次的人员20多人参与了此次田野调查。第二阶段,在田野调查基础上,每位参与调查人员进行了调查心得分享,孩子们也受到了深刻的教育。同时,我还带领他们按照规范要求对访谈资料进行了细致整理,做到了"四有",即有文字、有录音、有照片、有资料(相关文书、档案资料等),形成了45万字的访谈材料。第三阶段,在精研访谈资料的基础上,进行了本书的写作。

团队在调研过程中得到了地方党委政府的大力支持,也感谢不吝贡献自身经历和智慧的村支书们。本书只能尽力记录下你们为改变中国农村的现状和为追求更加美好生活需要而奋斗的努力,但愿本书能够表达"象牙塔"中我们的敬意,也希望能够引起更多人对村支书的关注和支持。

由于各种原因,本书难免有疏漏之处,敬请广大读者批评指正。

岳 奎

2025 年 5 月

责任编辑：赵圣涛

封面设计：胡欣欣

图书在版编目（CIP）数据

乡村振兴背景下村支书群体能力提升研究 ／ 岳奎著.
北京 ： 人民出版社，2025. 4. -- ISBN 978－7－01－027098－2

Ⅰ. D267. 2

中国国家版本馆 CIP 数据核字第 2025KZ6093 号

乡村振兴背景下村支书群体能力提升研究

XIANGCUN ZHENXING BEIJING XIA CUNZHISHU QUNTI NENGLI TISHENG YANJIU

岳　奎　著

人 民 出 版 社 出版发行

（100706　北京市东城区隆福寺街 99 号）

中煤（北京）印务有限公司印刷　新华书店经销

2025 年 4 月第 1 版　2025 年 4 月北京第 1 次印刷
开本：710 毫米×1000 毫米 1/16　印张：20. 5
字数：320 千字

ISBN 978－7－01－027098－2　定价：109.00 元

邮购地址 100706　北京市东城区隆福寺街 99 号
人民东方图书销售中心　电话（010)65250042　65289539

版权所有·侵权必究

凡购买本社图书，如有印制质量问题，我社负责调换。

服务电话：(010)65250042